U0853623

主编 吴晨光

自媒体之道

中国人民大学出版社
·北京·

本书顾问（按姓氏笔画排序）：

马昌博　王晓辉
兰　洁　杨　峰
吴　亮　张　现
陆先高　陈韵强
孟　波　赵　承
赵何娟　赵治国
袁国宝　夏　林
柴继军　陶　磊
韩　辉　曾光明
薛晨子　魏　伟

主　　编：吴晨光
副 主 编：魏　言　胡晓菲
封面设计：苗艺辉
版式设计：管　华
制　　图：张静波　陈　磊
录音剪辑：下　文　九　紫

自媒体之道

目录

目录

新水源决胜局

吴晨光

巅峰对话

中国人民大学逸夫楼大讲堂里，飘散着淡淡的花香。时值2015年立夏日，我主编的《超越门户：搜狐新媒体操作手册》一书的发布会即将开始。

三年后的今天再看这部作品，我的心依然澎湃。全书共23章，近20万字，涵盖了新闻遴选、标题制作、版面编排、策划、直播、H5页面制作等多项技能，围绕优质内容生产和分发次第展开，其中80%的章节与移动互联网相关。书中收录了300多个案例以及11个深度案例，素材全部来源于我和搜狐新闻中心上百名同仁三年来的业务笔记。正如书的套封上所言：这是“新一代互联网新闻人的光荣与梦想”。此书首印的20 000册很快售罄，得到圈内人热捧，并被很多高校师生用作新媒体操作类的教材。

被业界誉为“中国互联网新闻教父”的陈彤，坐在我身边。他为《超越门户：搜狐新媒体操作手册》撰写了序言。十年前，时任新浪网总编辑的他出版了《新浪之道》一书，解构了“第一门户”的成功路径。另一位重量级嘉宾是中国人民大学新闻学院教授高钢，他曾任华声龙脉网总编辑，《新浪之道》的序言由他撰写。

担任论坛主持人的，是有“女神”之称的彭兰教授。今天，她已经调任清华大学新闻与传播学院。没有人比这位温文尔雅的女士更适合这场论坛主持人的角色，因为她也出版了一本专著：《中国网络媒体的第一个十年》。

新书发布论坛的主题围绕“十年”展开，聚焦于这十年来互联网新闻的发展。“十年磨一剑，霜刃未曾试。今日把示君，谁有不平事！”

今天，我依然能够清晰地记得那天的很多场景。北京市委网信办的一位领导默默地坐在后排，听完了两个多小时的论证。他后来对我说："晨光，非常感谢你，这个行业太需要一个标准了！"

陈彤的一段话更是让我印象深刻。他把这段话写到了《超越门户：搜狐新媒体操作手册》的序言里："当我们打开一些资讯类或者社交类App，我们会发现好的内容不是没有，但充斥着各种东拼西凑、捕风捉影。"他还说，互联网新闻正变得越来越不堪入目。但作为媒体人，我们对好的内容是有责任的。

执掌一点资讯内容部三年之后，我逐渐领悟了这段话的含义。这是一个3 000万个自媒体可以随时发布内容，而不经过"三审三校"的时代；这是一个算法、社交与总编辑在内容分发上三分天下的时代。也正因信息量迅速增大且鱼龙混杂、泥沙俱下，优质内容的生产、审核和传播变得更为重要，而内容导向和内容安全，始终是一个负责任的媒体平台追寻的第一要义。我的前老板——搜狐董事局主席张朝阳也有过类似说法："内容团队是做'水'的，产品团队是做'瓶子'的。"

水的品质决定了一个媒体平台的生死。

转型之痛

2015年4月末，《超越门户：搜狐新媒体操作手册》出版的同时，我离开了供职三年的搜狐，转战一点资讯，任副总裁、总编辑。

一切仿佛是在轮回。一点资讯当时的办公地点——清华同方科技广场D座7层，恰恰是搜狐新闻客户端产品团队曾经工作之处。当我首次进入办公室时，墙上还贴着搜狐的企业文化口号：用户至上。

上班第一周，就赶上了尼泊尔大地震。当天加班到很晚，我依然住在此前在搜狐工作时常住的七天酒店。《超越门户：搜狐新媒体操作手册》的很多章节，就是在这家酒店完成的。酒店前台那个服务员姑娘的微笑依然甜美，但门口那条尘土飞扬的小路，已经变成了宽大的柏油路。

因为有了此前门户的经验积累，对这次大地震的报道还算说得过去。但我发现了一个问题，即在一点资讯上的阅读模式，和门户的新闻客户端完全不同：前者以下拉为主，更接近"信息流"模式；而后者以上滑为主，依然没有摆脱门户的影响。更重要的是，类似尼泊尔地震这样的非特别重大的突发事件，在这种按用户兴趣分发的客户端上，并非每个用户都能看到。

面对现实，我只能思考如何转型：从千人一面到千人千面。

一家媒体在采访时曾问我：你觉得什么叫作转型成功？我回答：转型成功不是从一个岗位到了另一个岗位，从一个公司到了另一个公司，从一个媒体到了另一个媒体，而是能够在新的岗位、新的公司、新型的媒体里找到新的自我——包括在格局上、战略上、思维上、行动上去适应变化，做全面突破。

一点资讯的转型和突破是一个漫长而痛苦的过程，我将其比喻为中国从计划经济到市场经济的转型。之前的媒体——从100万年前原始人的口语传播，到现代报纸，到19世纪的广播、20世纪的电视，再到1997年门户网站在中国出现，尽管传播介质有所变化，但都是“千人一面”——在保证内容导向和内容安全的前提下，总编辑和编辑有权力决定把什么样的内容放在什么样的位置上，读者只能是被动接受。

这正如中国曾经实行的计划经济——由国家判断供给量。

但一点资讯改变了这种传播模式，开始“千人千面”的探索。它把用户放在了“甲方”的位置，通过用户的位置、机型、个人信息，以及在App内的浏览习惯等，判断个人兴趣、给出用户画像，然后把经过细分的内容匹配给相应的人。算法开始逐步和总编辑一样拥有内容分发的权力。

这正如中国今天的市场经济——由市场决定供需。

所以，一点资讯的转型，更多的是要理解算法、理解人工智能的工作模式，并把我和团队的专业经验同算法团队相互分享，形成一个水乳交融的工作模式，但在提升分发效率的同时，要保证内容导向和内容安全，避免算法带来的若干陷阱，把总编辑负责制坚决落实。既然是千人千面，对于稿件的要求就高了一个层次。只靠机构媒体供稿，远远满足不了多样化、个性化的需求，我们必须开发出新的水源——丰富而优质的稿件。

2015年国庆前夕，我得了严重的肺炎。在39度的高烧中刷一点资讯App，正好看到一篇关于金庸武侠小说《倚天屠龙记》的文章。迷迷糊糊中，我感觉稿源变成了倚天剑，而算法变成了屠龙刀，大家都在争抢——如果有人能将它们同时掌握，就可以号令武林。

我一下子清醒了，从床上跳下来，在记事本上写道：水源、算法！这就是“超越门户”的方向，新的格局从此开启。但如果你想驱动倚天宝剑和屠龙刀，必须有深厚的内力。这种内力，就是对内容导向和安全的判断，是对价值观的判断，以及对新闻专业主义的坚守，是多年记者、编辑、主编、总编辑从业经验的积累。如此，才能判断好的源在哪里、它好在什么地方，并协同算法，将最优质的内容推送给喜欢它的人。

自媒崛起

优质内容究竟在哪里?

当我加盟一点资讯时，这种聚合类App的内容主要来源于两个方面:

其一是与机构媒体进行版权合作，通过购买或流量互换拿到新闻，这和传统门户没有区别。一点资讯的头部内容——诸如重大时政、社会报道，目前仍靠这种方式获取。例如新华社、《人民日报》，因为掌握着所有重大新闻的第一发布权限，所以几乎是所有客户端的合作伙伴。

其二是机器抓取，这是类似百度的获取内容的方式。它的优势是可以全网化，但弊端也很明显——且不说泥沙俱下、质量无法保证，版权也是一个亟须解决的问题。2014年，今日头条遭遇的版权危机，就是源于此。

另一个问题是，当我到一点资讯工作的时候，传统媒体的衰落日趋明显。到了2016年，数十家知名平面媒体停刊，甚至包括曾经一纸风行首都的《京华时报》，最终变成了“京华烟云”。

那些离职的记者编辑们纷纷转战微信。比如“六神磊磊读金庸”“石榴婆报告”，这些粉丝百万的公号，都是前机构媒体人的作品。此外，微信的巨大影响力也让很多专业人士、政府及企业看到了新的传播方向，他们从微博、博客来到这个平台，通过公众账号，深度传递自己掌握的一手素材和观点。

据不完全统计，在中国最大的自媒体平台微信上，目前注册的公众账号超过3 000万个，其中数百万个属于活跃账号，坚持每天发文。

这就是自媒体。在我的理解中，“自”是个性张扬，是个人品牌，是更为直观和鲜活的自我表达。但“自”同样有自作主张、以自我为中心的含义。一个人独处时管理自己的难度，要比加入一个群体难得多，这是自媒体面临的最大问题。正因为缺少操作规范，导致传播谣言、标题党等不良现象屡屡出现，甚至引发了行业危机。

我们聪明的竞争对手已经在2014年开始全力运营自媒体。他们的口号是，“做全球最大的中文创作平台，没有之一”。在一点资讯开始建立自己的自媒体系统时，“头条号”为今日头条贡献的内容已经超过了60%；今日头条负责人在演讲中多次表示，“要把中文两个字去掉”。

所以，对于一点资讯，建立自己的内容生态系统注定是场苦战。2015年8月，当我接手一点自媒体时，这个平台上的自媒体不足5 000个，一点自媒体的全部运营人员只有一个，产品人员均为兼职。在相当长的一段时间里，我们一个自媒体都没有请进来。

名利双收

我开始着手做两件事情：一是迅速建立自媒体拓展团队，负责“拉客”；二是督促产品团队迅速搭建平台，让自媒体人实现“入驻快、发文易”的目标。这是我在一点资讯工作最重要的成绩之一，因为一点的水源生态布局是从此开始的。

当时，内容部最流行的一句话是：“这个号有没有？”，就和北京人见面问“吃了吗”一样。每周例会，主编们都会就头部账号与竞争对手——特别是今日头条进行对标，看是否入驻了。每一个重大新闻或者重要话题出现时，我们都会根据它涉及的内容，与对手做账号入驻、发文的对比。后来，我们的“问候”延伸到第二句话：“这个号发文了吗？”以及第三句话：“发文速度和对手比，是快了还是慢了？”

所有压力几乎都被传导到内容部和拓展部。因为这是最重要的考核指标（KPI）之一。我们经常为一两个号没有入驻或者几篇文章找不到而被公司领导严厉斥责。很多负责拓展的同事，甚至因为无法完成苛刻的任务而离职。直到大半年之后，我才渐渐缓过神来（有点笨，但确实感谢这种执着）：其实决定这场战争胜负的，固然和我们的努力程度有关，但关键点只在于两个字：名与利。

与熙熙攘攘的天下人相同，自媒体——也包括机构媒体入驻一个平台，无非是为了流量和收益。流量就是名，收益就是利。因为BAT等大平台的流量和烧钱实力远远高于中小平台，这从各种各样的计划就能看出来，10亿、20亿、50亿、100亿、300亿……平台的补贴一路飙升，“千人万元”“芒种”“大鱼”“熊掌”等，让人目不暇接。而微信——中国最大的自媒体平台，虽然没有明面上的补贴，但超过7亿的每日活跃用户的流量可以轻易制造无数个10万+和它背后的广告分成。

没有传播的支持，不可能成就良好的内容生产环境；相反，没有优质、丰富内容的生产，也不能成就千人千面、市场化的分发模式。这句看起来简单的话，背后其实有一部血泪史，因为鸡生蛋、蛋生鸡的逻辑，争论到今天依然没有说清。我们所做的事情，只能是在权力有限的条件下，最大限度地争取相关部门的理解、支持和协作，最大限度地提升效率，一步一步迈向“水乳交融”的目标。

所以，在后期的运营中，我不再强调媒体入驻的绝对数量。入驻只是养鸡，发文才是生蛋，只有把鸡蛋放到集市上卖出好价钱，才能买回鸡饲料继续养鸡。这是一个循环。更恰当的比喻是一个鱼缸，如果把自媒体、机构媒体看成养的鱼，那么用户量和阅读篇数就是水。鱼水之间的平衡，是生态平衡的基本点。我们需要寻找的，是内容获取和内容分发之间的最高效率点、最佳平衡点。

水源清理

在专注于自媒体运营的两年多里，我也领悟到：机构媒体、自媒体的发展历程，和中国经济体系的发展变化一脉相承——你可以把自媒体看成改革开放之初诞生的那些个体饭馆；而机构媒体，就是国有老字号。

与机构媒体提供的资讯相比，自媒体的优势非常明显。第一，它的站位不同——以第一人称的方式进行写作，而不是以往的第三方记者视角；第二，大量专业人士比如医生、律师、运动员等加入了写作队伍，可以百花齐放、百家争鸣，内容的专业性远远超过那些一知半解的记者；第三，因为不需要过“三审关”，大量接地气的内容、鲜活的表述得以完美呈现，对用户的吸引力提升了几个层次。

但也正因为没人把关，大量有害政治信息、低俗内容、标题党文章、虚假广告以及口水贴，如同污水一样不断涌入，正如陈彤之前所说的“让互联网变得越来越不堪入目”。这就如同没人监管的个体餐厅，为了利益，频频把劣质饭菜给顾客端上桌一样。

在进入互联网之前，我在传统媒体工作了14年。在中央电视台、《南方周末》、《中国新闻周刊》这些中国顶级的媒体上留下了至少150万字的报道作品和500万字的编辑作品。当年，为了核实一个细节的真实性，我们需要向三个互不相干的信源进行验证；但在今天，“网传、网曝”已经司空见惯，有些自媒体文章后面甚至出现了“本文纯属猜测，如对当事人造成影响，概不负责”的注解。

“在拓荒的同时，我们必须除草。”我对一点资讯的审核团队说。于是，我们又开启了“水源清理”计划，拟订比较严苛的审核标准，在2016—2017两年里，清理了几十万个自媒体，其中财经、股票、古玩、健康、情感方面的自媒体是重灾区。2017年年末，一点资讯发布了年度“黑榜”，曝光了这一年因发布违规信息被封号的自媒体，得到了主管部门和网友的高度赞许。

很多自媒体作者并不理解这样的做法，投诉电话有时候会被打爆，有人甚至威胁客服。但我一直坚持。因为这就是媒体人的责任和态度，我们与那些完全靠机器判断、靠人性弱点吸引用户的平台迥然不同。

同样重要的是：我们的用户是有限的，每个人每天的阅读量是有限的。任何平台——哪怕你再有钱——提供的资金都是有限度的。如果把这些流量和收益都分给了垃圾内容，必然会大量挤占优质内容的空间，让好的自媒体得不到名与利，最终导致它们的离去。如果任凭劣币驱逐良币，那就不仅仅是自媒体作者的悲哀，也是平台和整个互联网的悲哀。

2016年10月中旬，我陪同一点资讯董事长刘爽出席了在贵阳举行的第十六届中国网络媒体论坛。他在主论坛上做的演讲聚焦于“警惕算法带来的三个陷阱”。其中的一个陷阱，就是“靠标题抓眼球”这一算法“点击推荐模式”带来的阅读浅薄化甚至低俗化。

他说，看某些客户端常有这样的体验：标题很精彩，但点开了就那么回事，甚至有时像吃了死苍蝇。之所以会产生这种情况，是因为海量数据的运算是基于点击，有无穷多的用户是被非常耸动的标题吸引过去了。虽然他个人的阅读体验很不愉快、会立刻走人，但他点击的行为留下来了，又被算法捕捉到了。这样就形成了恶性循环：被吸引的人越多，这则新闻的权重越大，就越会被推荐出去。

为了避免出现这个问题，有责任的人工智能公司不但要看点击量，还要根据很多其他指标，比如停留时长、转发分享、收藏评论等来确定文章的推荐权重。同样，我们还要看文章稿源的质量、用户市场，来最终评定文章的质量。这样，才能避免让读者阅读庸俗、低劣的内容。

而在随后的发言中，我诠释了这个观点：

这是一个140个字的信息传播时代，也是一个标题党横飞、病句错字连篇的时代。互联网的使用让信息传递的效率提高了无数倍，但也让信息的质量大幅度降低。缺乏审校、一个人说了算的自媒体，尤甚。

人们对美的理解，可谓环肥燕瘦、各有千秋。但在任何时代，东施都不会被公认为美女。所以，我们今天依然需要美文——凝练的主题、严密的逻辑、优美的文字、精致的包装……也只有这样的文章，才能称得上是真正的10万+。

在发言的最后，我强调：

对于平台方，我们所能做的是，更细致地梳理、引导水源。从自媒体账号的分类、评级，以及不同级别对应的不同推荐权重，到文章画像的细化——长与短、时效与非时效，作者、体裁、态度、情绪等。这就如同要对每一条汇入大海的江河进行了解一样。坚决堵住污水管，或者把它彻底净化、治理；而对于优质水源要拓宽渠道，加大其引入的力度。只有这样，才能保证大海的清澈。

王者归来

2016年11月初，我应邀前往深圳“大梅沙创新论坛”，以《水源决胜局》为题再次做了演讲。我认为，决定未来媒体生死的因素集中于两个方面：一是内容获取能力，二是内容分发能力。

内容获取，要求丰富而优质。所谓丰富，不是单纯的海量，而是能够覆盖各个领域，满足“千人千面”的需求；所谓优质，是指要把各个领域内最好的东西拿到，而不是鱼龙混杂、泥沙俱下。

内容分发，要求快速而精准。所谓快速，是要在第一时间把重要内容传递给用户，这在移动互联时代尤其重要；所谓精准，是要做到真正的“懂你”“给你所想”，但又要避免过分讨好用户而让他们陷入信息孤岛。

总而言之，快、准、优、宽是用户的核心需求。只有本着这样的理念，新一代App才能真正超越门户。

我又重新诠释了关于“主”的概念。在《超越门户：搜狐新媒体操作手册》一书中，我曾经解释过这个字：内容不是王，产品不是王，渠道不是王，技术不是王。它们都是其中的“一”，三横一竖才能组成一个“王”字。而王上面的那“一点”就是用户，得用户者可“主”宰天下。而在今天，这个字更深层的含义是：如果把内容比作水，产品就是瓶子，渠道就是超市。水要放在瓶子里，用户才能喝得到；瓶装水要放在超市里，用户才能买得到。而技术——确切说是算法，就是快递员，可以根据用户下的订单进行精准配送。

演讲结束后，我来到了大梅沙海边。大海苍茫辽阔，与远处同样苍茫的夜空相接。深圳这个地方，开启了中国的改革开放之门，开启了从计划经济向市场经济的转型之路；我的转型也在此走上了一个全新阶段——从此前的门户思维、编辑思维到了水源思维、用户思维。

格物穷理

2016年12月，作为一点资讯内容部及资源拓展部的年度巨献，《自媒体之道—— 一点号操作手册》非公开出版。与《搜狐新闻采编规范》相同，这本超过12万字、拥有17个章节、收录了数百个案例的小册子，引起行业的震动。甚至不少同行因为找不到书而从一点资讯的编辑手里借走后去复印。

但从我个人的角度说，总觉得该手册不够丰满：它分为上编和下编，上编主要是说内容生产，下编主要是说账号运营和内容分发，问题出在下编。

道理很简单：从1997年我进入传媒行业到2016年年底，内容生产的工作已经做了19年；而对自媒体账号的运营、对算法分发的理解、对自媒体产品的理解，也就是一年半时间。不是不聪明，也不是不勤奋，是经验和教训太少，换句话说：交的学费不够。

我唯一能干的事情，就是继续交学费。所以，在2017年这一年里，我把大部分精力都花在了自媒体的运营之道以及人工智能的理念的学习上——几乎是事无巨细，并学会了对数据的观察、分析，以及根据数据对策略调整进行判断。我渐渐领悟到，高远的格局与细致入微的体察同样重要。前者能保证你准确地找到赛道、不误入歧途；但没有扎实的基础，高楼很快会坍塌，甚至根本没有盖楼的机会。

与《超越门户：搜狐新媒体操作手册》成书前的2014年相比，2017年对我而言，表面上没有那么波澜壮阔、险象环生。但在看似平静的生活和工作下，实质上更是暗流涌动、压力重重，甚至危机四伏。特别是能否拿下史上含金量最高的“互联网新闻信息服务许可证”，能否将中共十九大报道做好，以及如何直面传媒行业的再次巨变，只要走错一步，就可能前功尽弃。

戊戌除夕，我按惯例与公司的同事一起值夜班。这已经是我在公司度过的第六个除夕，前三年在搜狐，后三年在一点资讯。我写下了给一点内容运营部全体同仁的新年献词，以“生于忧患，死于安乐”来形容过去的一年，以及我们的未来：

各位同仁：

从2012年进入互联网起至今，我的感触是，互联网发展越来越快、竞争越来越激烈，特别是随着流量入口的集中，活下去会越来越难。所以，我们必须要坚决摒弃大公司心态，回归一个创业公司的根本。

一个好的创业公司，最需要的就是忧患意识。这种忧患，不是怨天尤人的抱怨，也不是唉声叹气的等待。我们需要像一个狙击手，随时保持清醒的头脑、清晰的判断，随时警惕对手的枪口指向自己的太阳穴，也随时准备把自己的子弹射入敌人的眉心。也正因为忧患，所以要快速判断风口，快速突破、创新；正因为忧患，所以更需要“亮剑”精神。

在这种忧患意识下，结合一点资讯的特殊定位，我们必须加强几方面的探索：一是寻找内容导向、内容安全与商业成功之间的平衡点；二是寻找人工编辑与算法推荐之间的平衡点；三是寻找机构媒体与自媒体之间的平衡点；四是寻找主流观点与民间表述之间的平衡点。针对这些探索，我们正在做出各种尝试，包括《自媒体之道》的出版、《算法行业标准》的出台，包括我们和中纪委、国台办等国家机构合作的新产品，都在其中。

孟子曰：生于忧患，死于安乐。这个两千多年来已经被证实了无数次的哲理，在今天的互联网大潮中又被一次次印证。凡是看笑话、将自己置身事外者，往往就是下一个悲剧的主人公。在移动互联网的推动下，时代已经高歌猛进，不可能还有类似20年前那样的铁饭碗、那样安逸的岗位，庇护着我们生存下去。

我们一定要相信，我们的每一分努力、每一分警觉，都会得到回报。正如《生死之论》文中所说："故天将降大任于斯人也，必先苦其心志，劳其筋骨，饿其体肤，空乏其身，行拂乱其所为，所以动心忍性，曾益其所不能。"（《孟子·告子下》）今天，天已降大任于一点。希望大家在新的一年里，在忧患中奋起，迈向成功！

在这个纷繁复杂、随时变化的环境里，我也开始努力寻求内心的安定。我们需要随时保持忧患意识，但不能每天生活在焦虑中。只有内心安定了，才能在做事时更加从容，也更容易获得成功。

我阅读了大量关于心学的著作，也逐渐理解了王阳明的一些观点。这位明代大儒，是中国历史上为数不多的"立德、立言、立行"之人。他的成功源于心学。心学和佛学都讲求内心的通透，但心学寻求安定的方法是"入世"，就是"事上见"，所以它是积极的、进取的。它讲求不停地分析事物，洞察万事万物运行的规律，以达到"此心光明"的境界，所谓"无善无恶心之体，有善有恶意之动。知善知恶是良知，为善去恶是格物"。

迈进"新时代"

2017年的中国也站到了历史的全新方位上。10月18日，中共十九大召开，"习近平新时代中国特色社会主义思想"被写入党章。随着中国特色社会主义迈入新时代，这个国家社会的主要矛盾也转化为"人民日益增长的美好生活需要和不平衡不充分的发展之间的矛盾"。

在主管部门组织的、结合个人所在行业特点学习贯彻落实十九大精神的业务总结中，我分析了"新互联网时代"的特点，以及我们一代网络媒体人要面对的新问题：

问题一：上千万个自媒体"自由表达"的尺度问题

互联网发展到今天，内容生产已经发生了本质的变化。以前是专业人士拥有生产内容的权力，但今天，每个人都可以成为报道者、评论者。据权威统计，目前中国的自媒体已经超过3 000万个，新媒体从业者超过1 000万人。

自媒体的兴起，一方面带来了更直接、更接地气的表达，也让很多长尾领域的内容被用户知晓，极大地提升了公众的知情权；另一方面，因为没有规范的审核制度，谣言、标题党文章横生，中间还夹杂着不少有害政治信息、低俗内容，以及对企业和公民进行污蔑、人身攻击的信息。

这里的问题在于，从自媒体开始崛起的时候，我们并未认识到它的威力。当年，办报纸需要严格审核，特别是要有刊号；但现在，一个影响力远超报纸的媒体，却能随时注册、发文。管理的难度，就在于此。

要破解这种不平衡，一是靠政府的监督，二是靠平台的管理。但最终的解决之道，还是要靠公民责任意识的觉醒。1992年，中国实行社会主义市场经济初期，大量假货涌入、大量食品安全问题出现，甚至出现了自己喂的猪自己不敢吃、自己种的菜自己不敢吃的怪现象。但大家渐渐发现，你喂的猪我吃了，结果我中了毒，我种的菜你吃了，结果你中了毒，社会变成了你害我、我坑你的地方。今天互联网发展的阶段与市场经济初期的情况相仿，如果大家在网络上肆意妄为，结果只能伤害彼此。因此政府应该加强这方面的管理和引导，特别是对自媒体人的教育，让每个人都有这方面的认知，这样自媒体才能自由而有序地发展。

问题二：算法分发与编辑推荐之间的平衡问题

毋庸置疑，因为遵循用户至上的逻辑，算法分发的效率要远远高于编辑分发，这从CTR（点击率）上看就能一目了然。但算法分发带来的“茧房效应”、标题党文章和低俗内容泛滥的问题，需要得到彻底解决。编辑推出的内容更容易满足导向要求，但效率比较低，而且无法满足用户千人千面的兴趣点的要求，而丰富的资讯，也是人民日益增长的美好生活需要的重要组成部分。

所以，如何运用好这两个杠杆，需要深刻思考。如果说算法解决的是效率，那么编辑解决的就是公平。放弃任何一方面，都会导致问题出现。这与市场经济的理念一致：我们追求效率，同时强调公平。而且，编辑的意志在某些时候代表着国家意志。新闻有一个基本定义：应知、欲知、未知的信息。如果说算法是满足用户欲知而未知的内容，那么编辑就应该满足应知而未知的内容。只有这样，在一个用户的世界里，信息才是完整的。

更重要的是，问题一和问题二之间有着因果关系。正因为公众已经不满足千人一面的说教式文章，所以才出现了大量的自媒体；也正因为自媒体已经成为现象级产品，所以算法分发才进一步升级。如果想解决好这两个问题，就必须在机构媒体、自媒体、编辑干预、算法推荐，以及社交分发之间找好平衡点。这种平衡，就如同江河大海中的生态平衡。

2018年元旦，我根据过去一年的思考，画出了一张水源生态图（见书前彩色拉页）。又利用了将近两个月时间，我把这些思考整理成一篇万字长文，并作为本书最后一章。文章写完后，我再次来到北京西北五环的安和桥下，望着寒风掠过的冰面，想象着冰面下东流的河水，回忆着三年前《搜狐新闻采编规范》意外走红后，我来到这里时同样的场景。

不知道为什么我会对安河桥以及桥下的流水有那么深的感情。也许，是我一直把内容比喻成水源；也许，是因为安河桥的名字代表着内心的一种安定；也许，是因为宋冬野的那首歌，代表着一种对青春的梦想与怀念：

我知道　那些夏天就像青春一样回不来
代替梦想的　也只能是勉为其难
我知道　吹过的牛逼也会随青春一笑了之
让我困在城市里　纪念你
让我再尝一口　秋天的酒
一直往南方开　不会太久
让我再听一遍　最美的那一句
你回家了　我在等你呢
我知道　那些夏天就像你一样回不来
…………
我已不会再对谁　满怀期待
我知道　这个世界每天都有太多遗憾
所以　你好　再见

上编

如何生产一篇10万+的文章

总则：选题、采访、写作与包装

吴晨光

一篇文章的优与劣，体现在这四个环节：选题、采访、写作、包装。媒体人和自媒体人的创作都会围绕这几个方面展开。

一、选题

选题指在写作之前，对文章所要描述的主题的初步确定。

好的选题应该具备：

（1）可读性——用户对它感兴趣；

（2）重要性——有价值，而不是可有可无；

（3）信息增量——独树一帜的切入角度、高屋建瓴的视野、入木三分的深度等；

（4）正确的价值观。

如果选题不好，即使你有猛料、美文、好标题，也不能提升文章的层次。换而言之，选题是关键，就如同食材的选择对一道菜的重要性。

二、采访

采访指记者（或者自媒体作者）获取素材的过程。

采访分为狭义采访和广义采访。狭义采访是指通过提问、观察等手段获得素材；广义采访既包括对相关资料的查阅，也包括日常生活中的经验积累。对新闻记者而言，狭义采访会更多；对于自媒体人——特别是专注某垂直领域的自媒体人，广义采访被使用的概率很大。

采访分为几个层次：

（1）从权威信息源拿到核心信息；

（2）从非权威信息源拿到核心信息；

（3）从权威信息源拿到一般性信息；

（4）从非权威信息源拿到一般性信息。

我们要努力做到第一个层次。做到了，就是言之有物；反之，就是巧妇难为无米之炊。

三、写作

写作指将拿到的素材写成文章的过程。

词不达意、浅尝辄止、病句连篇绝不是新媒体的特色；在任何时代，我们都要追求：

（1）凝练、鲜明的主题；

（2）严密的逻辑；

（3）精美的文字。

而且，新媒体给作者提供了更丰富的表现手段——除了文字和图片之外，还有视频、音频、VR（虚拟现实）等。利用这些新形式，可以让“写作”达到新境界。

四、包装

包装包括起一个有冲击力的标题，配上让人过目不忘的图片，在排版上更为流畅、精致等。

虽然包装是最后一个环节，但它直接决定了文章的点击率。特别是在标题的制作上，做好标题但不搞标题党，是媒体人的基本功。

第一章　好选题四大典型特征

吴晨光

编者按

本章内容延续了《超越门户：搜狐新媒体操作手册》第一章的部分内容。

之所以在两本书中都将相似的内容放在开篇，是为说明选题的重要性。习近平总书记在十九大报告中指出：不忘初心，方得始终。一个媒体或媒体人的初心，就是生产优质内容并推荐给更多人阅读。而优质内容的生产、传播，选题是第一环节。仅仅靠写作和包装，无法成就一篇真正10万+阅读量的文章，更无法成就一个能拥有100万粉丝的大号。

除了选题的可读性、价值、信息增量之外，我们在此特别强调“情绪”。为什么有些报道看似很小，却能形成刷屏效应？因为有情绪的因素裹挟其中。我们鄙视只靠贩卖情绪追流量而忽略了事实真相的选题，但也应该看到，情绪的背后，是社会现实在网上的集中反应。特别是在算法推荐和社交传播大行其道的今天，选题中带有的情绪更不能忽视。

一、选题的卖点

卖点，指可读性，就是某一个选题是否能吸引更多人关注，是否能形成更广泛的传播。卖点由以下要素构成。

（一）时效性

狭义的时效性指“新闻发生的时间”距离“该新闻被报道的时间”的长短；从广义上说，时效性是指作者是否最早获取线索、最早进行价值判断，以及最早介入采访、写作和传播。特别是在移动互联网占据主流传播阵地的今天，出版周期已经从月、日、时加速为秒，这也让选题的时效性变得更为重要。

（二）地点的显著性

地点的显著性指新闻发生地的知名度大小。同样的新闻，发生在不同的地方，传播效果会大相径庭。一般而言，首都的显著性>省会>地级市>县城。但一些此前并不知名的地方，会因发生过重大事件变得备受关注，如雄安、汶川等。地点的显著性可用于新闻的包装，尤其是标题上。

例1　比较下面两则新闻：

（1）在天安门金水桥前，发生了一起交通事故；

（2）在河北省廊坊市建国道，发生了一起交通事故。

很明显，前一条报道的关注度大于后一条。

（三）贴近性

贴近性指选题所关注的事件影响到了公众的生活甚至生命。

例2　小到水电煤气、衣食住行、交通天气信息，大到2003年的“非典”疫情、2008年的三聚氰胺事件，之所以受人关注，就是因为信息的贴近性——可能影响我们的生活甚至生命安全。

思考：2003年爆发的“非典”疫情与2008年的汶川地震，都属于特大新闻。请从贴近性的角度比较两者的异同。

（四）冲突性

新闻中出现的冲突越激烈，越吸引眼球。冲突包括人与人的冲突（如凶杀），种族、民族之间的冲突（南非种族隔离政策），国家之间的冲突（战争）等；也包括人与环境的冲突（破坏林地），环境与环境的冲突（沙漠侵蚀绿洲），以及不同观点、价值观之间的冲突（比如对市场经济规则的认知不同）等。

例3　中央政法委官方公号“长安剑”，是最受欢迎的政务号之一。它曾多次发文描述新疆武警清缴恐怖分子的细节，比如《恐怖分子把匕首插进武警战士的嘴里时，这位武警开了枪》。因为冲突非常激烈，很多类似文章的阅读量超过100 万。

（五）人情味

人情味指选题中有关情感的元素的多少，能不能换来读者的共鸣。特别是涉及老人、儿童及其他弱势群体的选题，关注度很高。

例4 “红黄蓝幼儿园虐童”事件之所以能引起全社会关注，其中很重要的原因是新闻的主角是未成年人，而涉事女教师的做法严重违背人性。

（六）名人效应

选题涉及的主人公知名度越高，传播效果越好。

例5 普通人离婚不是新闻，王宝强离婚则成为重大新闻。普通人出轨不是新闻，林丹出轨却引发了高度关注。有时候，新闻对人不对事。

（七）神秘性

未知比已知易传播。选题中的科技含量或神秘效应，是一个报道成功的重要元素。

例6 马航MH370 失联事件，为什么至今仍然如此让人关注？是因为这条新闻还有太多未知的因素——这到底是个阴谋还是一个机械故障引发的悲剧？

（八）趣味性

趣味性指有意思、好玩的选题。它符合“悦读”的特性，可以让读者轻松接受，并形成谈资，所以利于传播。

例7 “视知TV”推出的动画片《三分钟看懂中国官员级别》，就是把一个严肃的政治话题变得轻松活泼，获得了10万+的点击量。

（关于“视知”传媒案例的深度分析，请见本书上编深度案例之三《解密视知TV：知识短视频一哥诞生记》。）

（九）性

食色性也，不多解释。但要严守底线，切忌把此类报道做成黄色新闻。下三路的新闻，应该向上三路做。

例8 搜狐图片关于“性治疗师”的原创图片专题集，赢得了流量和口碑的双丰收。成功的秘诀是，以严肃、严谨的科学态度，完成了这个关于性的选题。

（十）差距与情绪

这是自媒体和媒体寻找选题时特别需要注意的一点。为什么很多选题看似不起眼，却能在网上，特别是在微信上形成刷屏效应？因为它代表了一种情绪（比如民族情绪、仇富、仇官情绪），情绪的背后，则是中国社会现状在网络上的深刻反映。

例9 2016 年春节，一条关于“上海女孩与男友为何分手”的帖子刷爆朋友圈。事件最早从某贴吧传出，讲述了一位出身小康家庭的上海女孩跟随江西男友回农村过年，最终分手的故事。

女孩在文中称：自己谈了个外地男友，快一年了。“人工作能力蛮强，卖相是我喜欢的那种，但是因为没有家底，估计两年内没钱买房。”但在男友的再三要求下，她随男友到老家过年。

但“不去不知道，一去吓一跳”。在昏暗的灯光下，四五个颜色灰黑的菜让人难以下咽。当晚，上海女孩便打电话给父亲，让堂哥开车去接她，并表示坚决与男友分手。“（农村生活）比我想象的要差一百倍，我接受不了。”

分析：尽管此事最终被定性为“假消息”，但其传达的却是一种最真实的情绪——基于中国城乡二元结构，农村人和城里人之间的差距以及对立情绪一直存在。这也正如《人民日报》所评论的：春节返乡团圆，是对农村出身与社会关系的再次确认；而那位女孩的连夜出走，也正是对这种社会关系的拒绝。“农村大学生在改变个体命运之后，还需要完成社会身份与社会关系的重建。而后者，是一个更加沉重的任务。”

媒体或者自媒体利用社会情绪寻找选题、追求10万+，从本质上无可厚非。但切忌炒作公众情绪，甚至编造谣言营造负面情绪。相反，在一些重大事件中，负责任的媒体应该负担起尊重事实、疏导公众情绪的职责。管理者也应该从中看到背后存在的社会问题，并采用行之有效的对策解决矛盾、化解情绪。

二、价值

仅仅追逐选题的卖点，往往会陷入“负面扎堆”的选题环境中。所以，我们必须同时强调选题的价值。如果说卖点是新闻可读性的反映，价值就是必读性的反映；卖点是生猛的，价值就是隽永的。

选题价值，指其重要性。有人说，一条时政新闻的重要性，体现在其如何影响政策；一条财经新闻的重要性，体现在影响财富流动的多少。这些说法都没有问题。但一切报道均为“人的新闻”，其重要性最终体现在对人的影响上。

（1）影响了多少人。一个两个，还是成千上万？

（2）影响了什么人。影响七个普通人和影响中央政治局七个常委的新闻当然有差别，新闻的“功利”也体现于此。

（3）影响到什么程度。比如一场疫情袭来，是只能让皮肤起个红点，还是能致命？

思考：比较汶川地震和2010年4月青海玉树地震的选题价值。

三、信息增量

信息增量，指给读者提供“欲知、应知、未知”的内容。换而言之，是不重复其他媒体已经报道的东西，不说正确的废话。我们追求“黑天鹅”——当其他人都说天鹅是白色的时候，我们要善于发现另一个角度；但切忌哗众取宠——当所有人都说煤球是黑色的时候，我们不能说煤球也有白的。

提供信息增量，主要体现在以下三个方面。

（一）角度

对同一事件的不同看法。自媒体，应该是一个充分体现作者个性的媒体，其独到的视角更为重要，久而久之才会形成自己的品牌。所谓“报道就是这么多，看看我家怎么说”。

尤其是针对所有媒体都关注的信息，选择什么样的角度介入，是能否独占鳌头的重要手段。切忌大而全、切忌“about”（关于某某的一切）报道，要求“小切口、大主题”，所选择的角度一定在意料之外、情理之中。

例10　有一则《80岁嫖客找62岁“小姐”》的新闻一度引起舆论关注。在这一简单新闻还在传播的时候，搜狐网《点击今日》栏目以“80岁老人为何要找小姐”为切入点，从老人性健康的角度入手，将人们的兴趣点转向社会问题。

例11　在李天一案件中，受害人一度被爆出是“小姐”。《点击今日》根据上述思路，做了一期节目“强奸性服务者算不算有罪？”，从人权和法治的角度将话题引向深入。

“高大上”的时政新闻，反而应以“小切口，接地气”的方式处理。一个案例是“2 000万听障者如何看懂十八大报告”，从电视上手语老师如何翻译十八大

报告为切口，讲“科学发展观”与“三个代表”等名词用手语如何表达。

（二）高度

从选题上开始构思，争取把所要报道的事件上升到现象，提炼概念，并分析规律、趋势，所谓“述一论一道”三个层次。

例12　2014 年山西官场大动荡中，搜狐财经将此事件定位为地方政府过度介入能源产业多年后，中央政府进行的整风和肃毒。将官场窝案引申到权力与市场的良性互动关系上，使得系列报道立意更高。

（三）深度

网络有碎片化传播，但追求深度应该是自媒体人的终极目标。深度报道不是说文章很长字数很多，而是把报道的重点从前4个W转移到“Why”。

例13　请参阅《中国青年报》前记者张建伟所著《深呼吸——未曾公开的新闻内幕》（下册），其中有对深度报道的经典论述。

四、价值观（态度）

虽然很难用一句话描述价值观的真正含义，但它并非虚无缥缈的东西。它是一种态度，并在很大程度上依赖于选题。左与右、黑与白、民主与独裁、开放与封闭、进步与倒退，一切都可以在选题中体现。在以习近平同志为核心的党中央的领导下，坚守正确的导向和价值观，是所有媒体和自媒体应该遵循的基本原则。

深度案例之一　关于角度：如何把下三路做到上三路

吴晨光

编者按

涉性内容的尺度，是非常难把握的。稍越雷池一步，一篇科普文章就可能变成低俗小说，进而遭到删除乃至自媒体封号的惩罚。

所以，变换角度对此类内容进行报道，是高水准的体现。总打擦边球，很难避免出界的危险；但变换场地则意味着变换比赛规则，空间会极大增加——你们去打乒乓球时，我来打羽毛球。

一句话：把下三路的新闻做成上三路，是处理涉性内容的重要技巧。

互联网的发明，让线上的性和线下的性全都蓬勃发展起来。

不管在哪个网站，如果排出当日文章点击量的前十名，涉性内容一定占比不小。道理很简单：食色性也，这是人最基本的需求，符合新闻“贴近性”原则。

处理涉性内容最难的是尺度问题。宽了，会让公号、网站变得低俗，甚至引来被封的危险；过严，会扼杀很多好题材、好文章，阅读量会大幅度降低。当下涉性内容中的大多数，做得比下三路还下三路。内容已经很低俗了，标题更露骨，还要配上暧昧的图片。

所以，自媒体作者需要找到一个更好的角度，让这些可能涉嫌低俗的内容变得优雅起来。

一、不描述细节，而是上升到社会现象

例1

一个80岁的老先生找了一个62岁的性工作者。两人正在交易时，警察破门而入……2012年，搜狐新闻《点击今日》栏目选择这样的角度做了报道：

谁来关心老年人的性健康？研究指出：除了某些特殊疾病之外，高龄男子可以将性生活保持到70岁甚至80岁，60岁以上的男子有性欲者超过90%，其中54.7%有较为强烈的性要求。

搜狐新闻在“编者按”中写道：

当网络热衷于此事的离奇、八卦，当大量的评论嘲笑“80后”的老不正经时，一个严肃问题摆在了我们面前：老年人，尤其是鳏寡者的性问题如何解决？另一个问题是：为什么老奶奶会成为性工作者？

例2

《南方周末》曾发表文章《谁来保证性工作者的生存权》。某记者在申报选题时称：

我们发现，性工作者被打、被抢、被强奸的事情很多，而这类事情发生后，受身份的影响，她们又不敢去报案，导致了此类事件越来越多。但她们也是中国公民，有生存的基本权利。

选题通过后，南周记者深入东莞，围绕这个角度展开了调查，最终写出了非常深刻的报道。

二、可以普及性知识，但不能大量描述场面和技巧

这其实很好理解，就如同卫计部门播放的婚前性教育科普片与日本动作片的区别。前者是知识的普及，而后者是纯场面的刺激。

以下几个案例，都是偏科普类的相关资讯。

（1）关于身体（某些部位）的健康问题，比如《男人尺寸太小，究竟如何治疗》。

（2）关于性病、艾滋病的防治，比如《艾滋病传播主途径：从卖血到性交感染》。

（3）关于生理卫生，比如《青春期自慰应该禁止吗》。

（4）关于技巧问题——这个最需要注意，距离黄色小说只有一步之遥。还是那句话——不去描述性场景以及性行为，而是从运动、医学、食物等方面讲解如何提高质量和能力。

在这类内容中，有些自媒体人会把标题党发挥到极致，特别喜欢放大某一个细节做题目。其实，根本没有必要，因为涉性内容本身已经具备很好的关注度，不需再火上浇油。

三、配图的角度

使用一些抽象图片是正解，不能使用大尺度图片。2000年《中国新闻周刊》封面报道《一夜性情》的配图，就是以一张出人意料的图片描述了一个“低俗”话题。

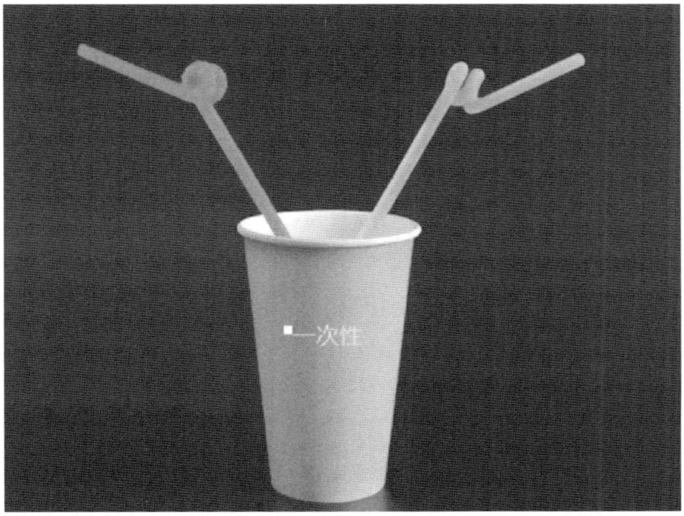

注：由于年代略久远，彼时《中国新闻周刊》封面报道《一夜性情》的原图已难觅踪迹。上图为场景重现：一次性纸杯+“一次性”三个字。

第二章　用特稿手法写公众号，你会吗

南香红

编者按

人们对美的理解，可谓环肥燕瘦、各有千秋。但在任何时代，东施都不会被认为是美女。同样，鲜明的主题、独到的角度、严密的逻辑，以及优美的文字、精致的包装……这些对美文的标准永恒不变，也只有这样的内容，才称得上是真正的10万+。

以《南方周末》南香红、李海鹏，《中国青年报》沙林、郑琳等为代表的名记者们，在20年前创造出一种全新的写作体裁——特稿。这是当代美文的代名词。在以短内容、碎片化传播为主的今天，重读当年南香红写下的这篇文章，意义更为深刻。

正如南香红所说："我惧怕新闻的速死性。从业那么多年，每年写那么多的东西，有多少留下来了？所以我想写一些放一段时间还能看得下去的东西，想在速死的新闻中发现点永恒的东西。"

中国的特稿采访与写作，似乎总是无法摆脱《普利策新闻奖·特稿卷》的影响。在甄别一篇报道是特稿还是非特稿的时候，普利策的条件是“除了具有独家新闻、调查性报道和现场报道的共有的获奖特质外，特稿更加注重高度的文学性和创造性”。

现在看来，在尝试着用一种自己能够驾驭的文体进行新闻表达的时候，我就是在写“特稿”了。1997年我为《南方周末》等媒体写《野马的故事》《塔里木河，在一截一截地消失》《圆沙古城之谜》的时候，只是想把一则新闻写好——好到投递出去可以被选中，被选中之后还有人读了夸好。新疆离中原那么远，新疆的新闻对北京来说也是远、慢、旧的状态，能被选中并不是一件容易的事。我想，要让大家接受新疆的东西，就得给他们讲故事，讲好一个故事，讲一个好故事。

这就是我坚持十多年的核心内容，也是我特稿写作的开始。

一、什么样的东西能流传下来

这里包含着这样三个层面的问题：

（1）什么样的新闻可以成为特稿？

（2）同样的新闻，为什么在你的笔下呈现的是特稿，而在别人那里是消息、特写，或者是通讯？

（3）你为什么要用特稿这种方式来写作？

先说最后一点。其实，特稿只是我写的新闻中的一部分。在我的记者生涯里我还写了大量的消息、通讯，以及我自己都无法分类的东西。一个记者在一家媒体做，总是要接受各种各样的任务，而这种任务是记者不能选择的，必须去完成的。

但是我总是对一些题材感兴趣，比如考古。当我读一大本一大本考古报告的时候，同事就问我怎么能读得下去。他们觉得那东西太枯燥深奥了，但我觉得里面稀奇古怪的东西挺有趣。再比如，我做“北京旧城改造系列”，从南池子的拆迁开始。有许多记者和我一样都做过这样的题材，但做过一次后他们就去做别的了，但我会发现里面还有很多可做的东西。中国城市规划与建设、旧城的文化价值、文物保护与拆迁、私有财产的确立与保护等等问题，一个个的题目做下来，我在这个领域里越走越宽，最后的作品也竟然成为一个系列。

我惧怕新闻的速死性。从业那么多年，每年写那么多的东西，有多少留下来了？所以，我想写一些放一段时间还能看得下去的东西，我想在速死的新闻中发现点永恒的东西，以新闻的短暂生命挑战恒久。

或许是特稿这种方式可以给人以更大的空间，让人去延展自己想表达的东西。但特稿不仅仅意味着长和更细致的写作，而是它观察事物的角度、它所追寻的内容与别的新闻样式不同。

而特稿的特质又是什么呢?

一些事实，如地摊上分堆卖菜一般，这一堆是萝卜，是可以写成特稿的，那一堆是白菜，它们是再怎么整也不能整成特稿的，凭什么这么分类？界线在哪里?

特稿首先得是一个好故事。

好故事应该具有戏剧性、冲突性、独特性、唯一性等等要素，但最主要的要素我认为应该是延展性和复杂性。或者这个故事并不具有爆炸性的、冲击力的质素，它只是安静的、常态的，但它却有足够的深度、广度和复杂度，它就有了特稿的特质。它安静的表面下包涵了一些本质的和长久的东西，就像是一座矿脉绵长的金矿，虽然它一时一地的储量并不丰厚，但它给了你足够的开掘空间，这就是特稿需要的。

想办法把繁杂的历史和现实进行还原，还原成最普通的简单的东西，还原成妇孺皆知的东西。而这些最本质的东西，是最能够引起不同人群的共鸣、最长久的东西。

面对一个新闻的时候，可能用本能来判断就不会错到哪里去，比如这件事是否奇，是否险，是否独特，是否包含着诱人的魅力，是否暗含着难以察觉的东西。一个媒体人应该随时对此保持着敏感，这是一种天性。

我们现在面临的，是需要作者用沉静的眼光来观察这个迅速变动的世界，需要作者用多维视角来认识这个复杂纠葛的世界，需要作者以人文的态度理解这个充满活力和欲望的世界，同时也需要作者以细腻的笔触来描摹和表述这个纷繁的世界，需要作者在诸多的传播渠道中以简单而容易被接受的方式来传达这个复杂的世界。至于作者所写的东西是特稿还是其他，倒在其次。

这里强调一下简单、易读。特稿并不意味着复杂。特稿所面对的新闻事件可能大多是复杂而充满矛盾的，但特稿的呈现可以是简单而易读的。这就需要记者在采访写作的过程中充当一个角色，把复杂的事物简单化，把芜杂的事实进行提纯。

特稿的选择，是一个记者理解世界的方式的选择，是一个记者对新闻的解读方式的选择，同时也是他呈现方式的选择。

记者从某种意义上来说是一个流浪者，他总是在这个世界上不停地游走，哪里有新闻他就去哪里。我在众多的新闻中可能关注的还是人的生存状态，人的心灵状态，我总是想在新闻的事实里找到另外的一些什么东西，这一件和那一件新闻，它们彼此没有什么干系，但在深层或许你会找到一些共有的物质，我把它们叫作新闻中的“永恒”要素。

什么是可以永恒的东西？或许它们并没有一个模式，但有一点是相同的，就是它们都会感动很多人，它们对不同的民族不同的国家的人来说都是有意义的，它们在本质上都和长久永恒有关。我想这些东西可能正契合了特稿的某些特性。

我这样理解这个社会，所以我这样写；我觉得某些东西足够重大，所以我要用最容易理解的方式把它写给更多的人去理解。

有人说，南香红，怎么能把野马这样一种动物当作新闻来写，而且把一匹马写得这么有灵性。我不知道，我想马本身就是有灵性的，马伴随了人类上升的全部过程，马给人飞翔的翅膀。这些也是新闻，它虽然不是显性的，但也是新闻的一部分，正因为马的高贵的灵魂才让读者有了更多的联想和共鸣，而很多报道野马的记者可能忽略了它。

二、特稿需要洞察与发现

特稿之所以成为特稿，绝不是仅仅因为写作文本的形式。特稿似乎更需要记者对新闻的洞察与发现。

日常新闻大家都认为是新闻，媒体一拥而上，而特稿可能是在大家都认为不是新闻的时候，发现其中的要义。一般的新闻记者就像追着球满场跑的运动员，而特稿记者要站得离事件远一些，以便能够看到事件的全貌；要站得更高一些，以便能在纵横各方面为事件定位。日常报道的记者们都离去了，满地扔的都是废料，特稿记者才在现场寻觅，寻找真正想要的东西。

日常报道记者是扑向新闻的一团火，而特稿记者就像是在穿越一条通道，前方只有很微弱的亮光，特稿记者心里明白只有耐住性子，不断向那里开掘，才能寻找到光明。

在一些别人不关注的、陌生的领域发现重大新闻，从凝固的历史中发掘流动的新闻，从流动的生活中发掘历史的蕴涵。如此，一个旧闻完全可以变成新闻。

中国历史正遭遇千年未有之变局，其复杂性变幻出各种炫目的色彩。解读中国有各种角度和方式，经济的、文化的、历史的、哲学的等等，此类著作可谓汗牛充栋。但媒体——也包括自媒体——的记录，在现代社会中永远是不可或缺、不可替代的，就像二十四史，那是中国古代的媒体记录。否则，我们怎么能从司马迁的《史记》中，读到如此真切、生动、扣人心弦的、有关那个时代的完美记录呢？

现代中国无论在哪个领域，只要潜心研究与发现，总能成就好作者、好作品，不管这个作品以什么样的方式呈现。特稿，只是呈现方式的一种，相对于其他样式的新闻作品，它可能更饱满一些，更可读一些，或者因为它的独特的表达方式而给人带来更多阅读文字的快意。但不管在哪个领域或者表达方式怎样，从本质上来讲都需要你在神奇的地方发现生活的最朴素的一面，在平凡的地方发现生命的神奇。这种发现不仅需要眼睛，还需要心灵。

我在野马身上已经花了十多年的时间。关于野马的报道到现在为止，在《南方周末》上已经发过五次。我的《南池子之劫——北京旧城改造》系列也持续地关注报道了近十年，多层面多角度地展现了发生在北京城的历史文化与现代建设发展之间的矛盾冲突。我们用5次、每次3～4个版面来进行报道，想来也有近十万字的内容了，没有哪一家媒体比我们做得更充分，揭示得更深刻。

通常情况下，几篇报道出来之后，有人认为这个事件可能已经是一个老话题，已经让读者疲倦了，于是编辑部便劝你放弃，或者根本就不再做下去了。这时候就更需要你的发现与洞察。当然，在这个自媒体横行的时代，你可以摆脱编辑部的束缚，在公号上随意发挥。这真是一种幸福。

我们做的“野马”和“北京旧城改造”，每一次做都不是在重复。每一次都是在发现新的新闻点后再做的。而做下去的结果现在就是这个样子，它不仅没有让人视觉疲劳，反而是一部生动的连续剧。野马到目前还是可以做下去的，直到它们变成真正的野马，而跟踪的意义要远远大于一篇报道。正如读者在评报时所说，这就是在记录历史：“四合院的拆迁不仅关乎文化，也关乎利益，还关乎老百姓的家园之感，它会像当年梁思成保护北京老城一样，成为一大历史公案。持续关注，是对历史负责之举，成败利钝倒在其次。”

这是记者的积累，也是报纸的积累。这种积累和厚度，不是一天两天就可以完成的，在今天中国媒体业转型和分化、日渐走向娱乐和嘈杂的时代，要能够保持一种定力，坚持自己的尺度。在这种坚持中媒体和记者一同成长、成熟。

可惜的是，在平面媒体地位一落千丈的今天，这种坚持更艰难了。

三、特稿需要多维度采访

特稿的采访是一种非常仔细小心的采访。

它不仅仅是现场的，记者必须把自己的眼光放在一个广泛的区域里进行搜集。这个范围可能深入到历史深处，横向旁及一切与之相关的信息。并且在时间的纵轴上，它可能还是一种长久的持续的关注观察和思考。

举例来说，一般的限时新闻可能是现实层面随新闻变动而动，特稿就需要升上去俯瞰、沉下去打捞。特稿记者可能都会有这样一种体会，就是每当做完一篇稿件的时候就可以成为这个领域的准专家。在国外的一些媒体，一篇特稿可能要用半年或者经年的采访来完成。有时候特稿的采访是对一个状态的长期跟踪。它关注的是一个新闻的成长过程，特稿记者在陪伴着这个新闻长大成熟，成为它的每个关键过程的见证者和记录者。当新闻长大成熟的那一天，特稿也就完成了。

作为记者，总是需要面对社会变动中诸多复杂而敏感的事实，这些事实通常是被故意掩盖、修饰和剪裁的。你的困难在于，要在很短的时间内，拨开缠绕在事实外部的芜杂枝节，一步步逼近事件的核心，寻找孤立事实背后的深层关联。

特稿记者这时候更像是地下宝藏的开采者，剥开一层层的岩石，去掉无数的砂土，在一次一次的宝藏是否存在的怀疑中艰苦地工作。

一个记者很难在短时间里洞悉他所面临的复杂事物的所有奥义，这里有知识储备的欠缺，也有事实的过于复杂和被掩盖。比如，我在做《南池子之劫》的时候并不能完全明白保护区的这种拆迁对于整个北京意味着什么。当我有了纵向历史感，知道了北京城自新中国成立以来拆与保的公案。继而把眼光放得更远，了解了北京城八百年历史后，看现实的眼光就一下子变得清晰。然后，再将眼光放在世界都城的维度观照北京，又是一番豁然开朗，再进一步探索北京的未来，得出的结论就更加准确。

这可能就是能把“北京旧城改造”常做常新、持续关注多年并写出十多万字的一个原因。

一般的新闻可能是从事件发现出发，向未来的维度里寻找，而特稿还必须向历史的维度开掘，向未来的反方向寻找；一般的新闻可能更多地把眼光集中在这件新闻本身，而特稿可能就要兼顾左右，在看起来不着边际没有多大关系的事件里发现。所以特稿的采访必须是多维度的。特稿需要再现一个完整的世界。这是特稿应该做到的，而且必须做到的。一般的新闻作品却不容易做到，因为它短，需要抢时效。

但是，特稿也不意味着就是慢三拍、没有时效性的东西，特稿也是新闻，是新闻就有着新鲜性和时效性的要求。速度与深度，这两者的矛盾似乎永远难以调和。有时候记者会感觉他要找的就在不远处，但以百米冲刺的速度直奔而去时，目标又变成一团遥不可及的模糊云团。而且在接近这目标时，他不得不左闪右躲，避开故意设置的种种陷阱和障碍。所以特稿记者可能更需要一些韧性和耐力，需要坚守，否则他就很难在四周全是悬崖峭壁、似乎无路可走的地方坚持下去。常识是，一个容易搞清的事实，往往新闻价值含量不高，采访的难度，永远和事实的惊心动魄成正比。

我们的生活是复杂的，我们面对的新闻也是芜杂的，但它们背后的有关文化、人性与变革的东西是清晰的。而这正是我们这个社会需要了解和关注的，也是一个记者所要守望的。

四、特稿需要真实的文采

特稿以文采见长，这是显而易见的。特稿是具有文学色彩的新闻，但并不是文学，它是新闻，不能虚构。

与特稿相对应的是“报告文学”、长篇通讯。报告文学产生于1980年代中国文学杂志，它是那个年代报纸被禁锢、只能用宣传语言说话而出现的某种叛逆。报告文学从来不忌讳它的文学性，甚至将其作为它的一个标识。长篇通讯还不能完全摆脱宣传语言的限制，它的构架、语言方式和思维方式都是固化的，它拘泥于事实和客观，但生动性不足。

相比上述二者而言，特稿的珍贵之处就是真实。文本的完美表达是另一个层次的要求。只有在真实的前提下优美表达，才是有价值的。

那么，什么才是最好的表述方式呢？有两个指标应该是基本的：

（1）对事实最大限度的准确传达。

（2）对事实最大限度的精彩传达。

如何使你的报道扣人心弦充满魔力，如何使你的报道形神兼备栩栩如生，如何使你的报道一波三折充满悬念，如何使你的报道感性丰满、理性超拔，如何使你的报道宏观概括高屋建瓴、微观描述细致入微，这是个表述问题，更是个认识问题；这是个写作问题，又是个采访问题。细节的捕捉、场景的还原、理性的筛选、价值的判断同步进行，高速运转的大脑和敏锐的眼光相互呼应；既要时时入乎其中，又要时时出乎其外，此时的记者似乎有分身术，一个匍匐在地搜寻事实的鳞片，一个高居云端悲悯众生。

记者是一个旁观者，也是一个参与者；是一个调查者，也是一个判断者。当他要把一个事实搬到纸上时，最大的困难在于，既要避免主观武断，又要体现记者立场，其间有着微妙的平衡和分寸。最重要的是，他的叙述要打动读者，他的判断要说服读者，而这种打动和说服，不仅要靠事实本身的力量，还要靠记者充满智慧和趣味的叙述，靠他富有弹性、充满色彩的文字。

我常常对入行不久的记者说，千万别将这个过程想得太复杂了，也别试图将一个事实复杂化而显示自己的能力。实际上，内容的最高境界就是一篇作品是一个“干干净净”的作品。它没有华丽的辞藻，没有那么多的定语和状语，没有更多的感情渲染，这便是好的作品。

尽管特稿是一种有文学色彩的新闻，但我的理解是它只是借用文学的方式而不是文学本身。

画面感、镜头感、冲突、结构、情节的安排、叙述的方法，都是可以借用文学的技巧来安排的，但事实本身是不可以安排的。

特稿是新闻的展开；特稿是对新闻关节点的深入；特稿还是一个好故事。这种新闻的展开可能就需要借助文学或小说的手法，为整个故事搭起一个好的结构框架。它可能有一个平白朴素但意味深长的开头，可能有意安排一个戏剧性的开头，但不会像限时性新闻的导语一样总是一个模式，然后安排后面的故事。

我写稿子的时候总是试图在一开头就抓住读者，如果自己感觉没有做到这一点，就会重新安排整个结构。

采访和写作是一种境界和情怀。这是一个虚无的问题，也是一个无法说清楚的问题，但它是作品的灵魂。它的因素很复杂，可能有作者的价值观，对人生的看法、生活阅历、态度、性情等。

有时候当你合上笔记本结束采访的时候，采访才真正开始。随意的聊天，气氛突然之间的一次开敞，真正的东西出现了。这时候你所能做的就是静静地听，让自己融入这种氛围里，进入无我之境。

有时候坐在电脑前，眼睛从窗户上漫无目的地望过去，现场的东西才会如电视画面一般一幕幕放出来。文字对于现场的还原永远是有局限的，但文字有文字的魅力，当它能够捕捉到画面的时候，这种画面就因为文字的锁定而固定下来，文字也因此具有了一种美。

看特稿是一种愉快的阅读，这是一篇好特稿必须做到的。即便是非常严肃的题材它也应该是赏心悦目的。特稿之“特”还表现在记者用独特的文字方式与读者建立一种亲密的、个人化的关系。其实，自媒体的“自”的深层次含义，也应如此。读者在读这篇稿子的时候，知道是和谁在交流，他明白这个记者讲述的方式，他熟悉记者的遣词造句，他甚至熟悉记者行文中常常出现的一些个人化的小瑕疵。他从记者所摧绘的或在身边的故事里看到了自己生活的影子，或者他被记者带到了一个遥远的地方，那里的事物仍旧会是陌生的，但他却在记者用文字打开的窗户里看到了一种陌生的美。

互联网的兴起改变了信息的传播方式，已经有报纸走向了无纸化。特别是在移动互联时代，特稿这种依赖于文字和纸媒的新闻表达方式还会存在吗？也许，它会慢慢消失。但特稿的精神不会死去，因为它代表着精益求精，代表着在瞬间易碎中成为永恒。

扫描二维码阅读南香红经典作品野马系列、北京南池子改造系列

《野马》

《南池子之劫》

作者简介

南香红，曾任《南方周末》高级记者、《南方都市报》首席记者，中国非虚构写作的开拓者，作品以历史记录价值和文本阅读价值被业界评价为“对抗时间的写作”。著有《王选的八年抗战》《巨灾时代的媒体操作》《野马的故事》等文章。

深度案例之二　《江豚之死》的编辑手法

曾怿　吴晨光

编者按

《江豚之死》原文中表现出的问题，是很多记者和自媒体人的通病。不能让人惊叫的导语、混乱的逻辑、无用的细节，以及繁复的数字，都是我们在行文中应该避免的。改后的稿件虽不能说是点铁成金，但会明显增强阅读快感，提升用户在本文的停留时长。

【原文】

2012年4月14日14时许，岳阳市江豚保护协会会长徐亚平接到消息：洞庭渔都附近开餐饮船的陶九九在太平咀附近发现一头死亡江豚。15时24分，江豚被抬上岸。这头江豚长1.63米，胸围1.1米，雌性，是3月以来发现死亡江豚中最大的，已经高度腐烂，头部有明显的伤口。

16时许，有渔民报告："有一头死亡江豚正运往洞庭渔都！"17时许，第2头死亡江豚被运上岸。

18时45分，又有渔民电话报警：太平咀有一头雄性死亡江豚。

中国科学院水生生物研究所豚类研究专家王丁，在接受媒体专访时表示，12头的（死亡）数量已经到了不可容忍的地步，这将预示：洞庭湖江豚有可能成为长江流域最早灭绝的种群。

时间往前推。还有更多江豚死亡记录：4月13日，1头雌性江豚；4月15日，1 头雄性江豚；4月12日，2头；4月9日，1头；3月3日，一雄一雌2头成年江豚，母江豚肚子里还有1头未出生的小江豚。

【问题总结】

（1）逻辑混乱，先说什么后说什么不清楚。

（2）行文啰唆，大量无用细节。

（3）导语（文章开头）不够精彩。

（4）很多数字堆砌在一起。

（5）还有病句……

【改后文章】

当她被打捞上来时，身体已经高度腐烂。

这是一头1.63米长的雌性江豚，头部还带着明显的伤口。在洞庭湖太平咀附近，她的尸体被一位船老大发现。随后，徐亚平——岳阳市江豚保护协会会长，得知了这个消息。

噩耗接二连三地传来。16时许，有渔民报告："一头死江豚正运往洞庭渔都！"18：45，又有渔民电话报警：一头雄江豚漂在太平咀附近的水面上，已经一动不动了。

"2012 年4 月14 日，是江豚的灾难日。"徐亚平说。

此前，这位动物保护者已经接到了诸多类似消息。从4月9日起，至少有六头死亡江豚被发现；而在3月3日，一头死亡的雌性江豚的肚子里，还怀着小江豚。

"12 头的（死亡）数量已经到了不可容忍的地步，"中国科学院水生生物研究所豚类研究专家王丁说，"洞庭湖江豚，有可能成为长江流域最早灭绝的种群。"

【分析】

1. 理顺逻辑。行文逻辑有很多种，比如时间逻辑、空间逻辑、因果逻辑等。西方人喜欢从细节切入，逐步放大；金庸的武侠小说也是如此。而中国媒体更喜欢先"戴帽子"，然后再进入细节描述。但无论如何，要有一个逻辑，这样才能让人看懂。本文改后的逻辑是"点—线—面"，由细节切入，逐步展开。

2. 我们强调细节，但好的细节一定是为主题服务的。原文中的细节，比如"洞庭渔都附近开餐饮船的陶九九"，是个典型的无用细节。因为文章的主题是江豚死亡，陶九九的身份不重要，用“一位船老大”足矣。相反，水生生物研究所专家的身份很重要，这就是有用细节。如果一篇文章里有大量的无用细节，就会被贴上“啰唆”的标签，越看越乏味。

3. 导语。导语有很多种写法，参见《〈华尔街日报〉是如何讲故事的》。但原文用时间作为导语，是最常见也是最俗的一种，因为在很多时候，时间都不是新闻最重要或最吸引人的信息。所以，在修改时，使用了一个细节“头部已经腐烂”，这个导语和文章主题“江豚之死”密切相关。

好的导语，应该让人看了后对文章欲罢不能。

4. 数字的使用。数字可以让内容变得言之有物，但也能让文章变得枯燥乏味。简单堆砌，是使用数字时最忌讳的。一般而言，重要数字要实，比如一场灾难里的死亡人数；不重要的数字可以虚，没必要精确到小数点后几位。此外，还有一些很形象的表现手法——比如50 000 平方米，可以换一种描述：大概相当于七个标准足球场。

5. 字词的使用也是很重要的。比如“春风又绿江南岸”“红杏枝头春意闹”。王国维在《人间词话》中说，“著一闹字，则境界全出”。尽管文章不比诗词，但精益求精的精神是自媒体人需要追求的。

关于文章的写作，这是一本书也讲不完的。在此推荐几本经典著作，也是很多优秀记者的教科书：

（1）《〈华尔街日报〉是如何讲故事的》；

（2）《普利策新闻奖·特稿卷》；

（3）《深呼吸：未曾公开的新闻内幕》（《中国青年报》前记者张建伟著）。

在这个每天刷朋友圈耗时间的年代，希望大家能静下心来，读几本书。

第三章　不靠标题党，还是10万+

白兰　范吉鹏

编者按

在《超越门户：搜狐新媒体操作手册》一书中，“只做好标题，不搞标题党”就被定义为互联网编辑的重点技能之一。随着自媒体数量的暴增，“不转不是中国人”“不看就删了”等标题更为泛滥——这是文章能达到10万+的捷径。

这种骗取点击率的行为已经引发越来越多人的反感。类似一点资讯、今日头条这样的平台，每天会收到大量对标题党的举报。除了编辑审核外，平台开始利用算法模型清理标题党。点击率不再成为评判文章分发效率的唯一依据，转发、评论以及用户平均停留时长的数据指标正越来越多地被算法捕捉，并成为判断文章质量的重要依据。

在打压标题党的同时，本章作者也试图让读者了解真正的好标题是如何出炉的。特别是怎么做标题才能被算法青睐，让文章得到更多的分发——所谓“不靠标题党，还是10万+”。

一、标题党的定义

所谓标题党，指标题不能准确表述文章中心意图或重点，而是靠无中生有、夸大其词、断章取义、偷换概念等手段，骗取用户的点击。

二、标题党的特征

下图中出现的词汇，都是典型的标题党：

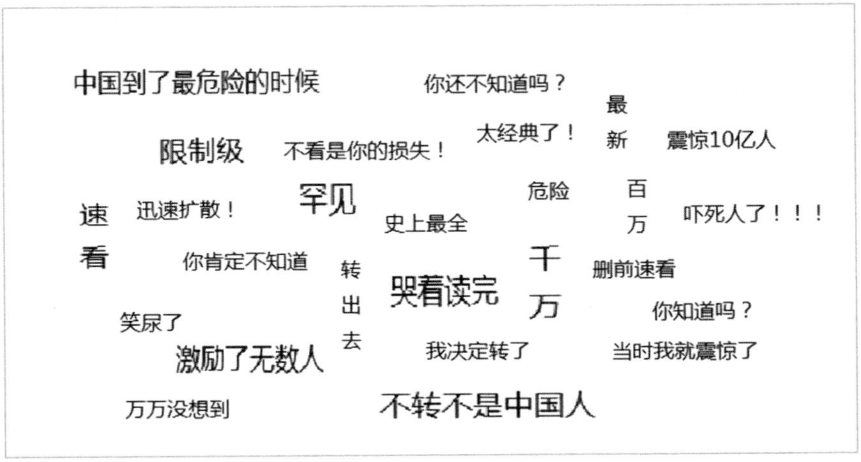

具体表现为：

（一）故弄玄虚

例1

美军百架战机逼停我舰队，随后傻眼了！（其实就是中美海军实力对比）

老婆不小心把银戒指掉进了牛奶里，不可思议的事情发生了！（其实就是过期牛奶用途）

男孩好奇探地洞，里面一幕他终生难忘！（其实就是一只狗掉到了洞里）

（二）夸大其词

例2

这个国家比日本对中国威胁还大：仅仅几百士兵击退一个满编坦克团（其实就是印度）

普京哭了：俄罗斯被美逼上梁山，经济破产在即（俄罗斯至今没有破产，普京也没有哭）

美国在南海策反一大国，中国这次遇到大麻烦了（恭喜印尼跻身“大国”行列）

（三）断章取义

例3

丈夫想离婚，只因妻子“一宿需要三四次”（夫妻间各种矛盾，只点了性生活不和谐）

世界上最大的动物，长着世界上最大的丁丁！（其实只是科普蓝鲸）

（四）偷换概念

例4

男朋友一个星期要七次！我要不要跟他分手……（其实是说男友一周要吃某种美食七次）

广东第一美人，她来自湛江，你知道吗？（说的其实是湛江海湾大桥）

（五）文不对题

例5

三国五虎上将之最：关羽身高最高，武艺最高的是他？（根本没说谁武艺最高）

（六）无中生有

例6

证监会凌晨报：A股意外剧变，大盘走势三个字或让散户抱头痛哭（证监会表示躺枪）

证监会利剑出鞘重击A股：大盘或将一泻千里，散户遭殃，撕心裂肺（证监会又双叒叕躺枪）

（七）“他她”系列

例7

他成名时，黄渤还是素人，如今不敢和黄渤说话！

她40岁改行赚25亿，63岁离婚爱上27岁冠军！

三、算法如何处理标题党

（一）基本原则

标题党有一定的共性，算法通过大批量积累案例、不断地训练模型，创建了标题党鉴别的分类器。这个分类器可以识别一些特征明显的标题党（如有类似“是中国人就转”的字样），从而批量降低这类标题文章的展示量。

运营编辑会在工作日志里对标题党的案例进行分析，然后将其特点提供给算法。算法会进一步优化标题党的分类器，例如增加标题党常用词汇库，更新标题党惯用句式、句法的类型等。这样编辑的专业力量就可以借助算法无限地扩大。

用户举报的标题党会第一时间进入垃圾池，这个池子里的文章会由编辑复核，核实属于标题党的文章，会根据标题恶劣程度进行处理。

另外，垃圾池也是编辑总结标题党进化趋势的利器。池子里高频出现的词汇会自动输出，高频出现的源也会被列入重点观察对象。其实，算法正是借了千万级的日活用户的双眼，让标题党陷入"人民战争"的汪洋大海中。

（二）算法可以识别的标题党关键词

算法会通过追溯和记录，找到时常发布标题党文章的自媒体账号。如果一个账号每天只发标题党的文章，那么它在算法分发平台上的展示量就会下降，直至被禁发。标题党的惯犯一般缺乏创造力，体现出比较雷同的特征，这也是他们的弱点。下表举例说明各大类比较明显的标题党特征词（见表1）。

表1　　各类标题党的典型特征和特征词

标题党分类	典型特征	特征词
军事、历史类	（1）利用夸张、煽动性的词汇博取眼球，骗取用户点击。 （2）鼓吹中国或唱衰他国军事力量，捏造虚假信息，标题与正文内容严重不符。 （3）利用中日、中美等国际关系为噱头，煽动用户仇日或仇美情绪。	不敢相信自己眼睛、如坐针毡、惊现、措手不及、最应该、曝……可怕现象、仓皇而逃、彻底愣住了、开始慌了、吓坏全世界、真实原因曝光、终于把话说白、一句话、叫嚣、世界哗然、关键时刻、出现一人、惊人秘闻、各国看蒙了、望尘莫及、胆战心惊、心神不宁、坐不住、全球哗然、吓得两腿发软、全世界都震惊、心急如焚、彻底愤怒、撂狠话、很震撼、彻底沉默、惨遭狠打脸、暗自抹泪、一句话响彻世界、极罕见、放狠话、撒手锏、一触即发、目瞪口呆。
股市预测类	（1）标题夸张、煽动性强。 （2）利用证监会吸引眼球，做背书，但正文并未提到证监会或与证监会无关。 （3）正文内容与标题严重不符。	证监会、紧急发声、不寒而栗、板上钉钉、重大利好、紧急、暴跌、跳水、将是、最后一次、重磅要闻、危在旦夕。

续前表

标题党分类	典型特征	特征词
伪科学类	内容虚假。	诡异、难以置信、古墓、惊呆了、匪夷所思。
标题夸大其词，文章主观性太强、可信度低类	（1）主要见于娱乐、养生类文章。 （2）标题中使用过于夸张的形容词，动辄"惊呆""看哭""吓惨"，文章立足于作者主观判断，或者标题给用户一种肯定、绝对的表述。	生无可恋、万万没想到、甩十条街、年后就不用上班了、没几个人能、惨遭、长残、哭晕在厕所。
威胁恐吓、强迫点击类		快看、可怕、一定要小心、不想死千万不要进去、难以置信、不然你会后悔、千万别、再不看就真的晚了、速看、当场死亡。
以涉性字眼误导用户类		拍成大片、成人用具、A片、床上动作。
故意用省略号等，欲言又止、制造悬念类	常见于话说不完，或者只是说一半，往往需要点击进去才能知道内容。	这样的事……、竟然一直在……、竟……这种事、现在却……、原因竟然是……

（三）隐藏更深的标题党文章如何判断

用户打开文章链接后会在页面产生阅读停留，算法会通过停留时长来做判断。如果用户看了一眼后马上退出——大概在7秒之内，很可能是标题党文章。

另外，算法还会参考点击率与分享率来判断是否有标题党的嫌疑。如果点击数很高，分享数却很少，就说明内容缺乏价值，也有可能是标题党。

例8

标题一：大魔王张怡宁解说乒乓球比赛，遭现场观众呛声：你行你上啊！

点击率：40%　分享率：0.04%　用户平均停留时长：77秒

标题二：那些年所有张怡宁让过的球！她还透露了退役原因

点击率：20.5%　分享率：0.09%　用户平均停留时长：148秒

请问文章一和二，哪一篇更可能是标题党？

答案是文章一。

分析：标题一明显比标题二更吸引人，冲突感更强烈，所以更容易吸引用户点开，点击率达40%。实际上，标题一下的文章十分粗糙简单，只有几张配图和几句没头没尾的文字。而标题二下的文章的内容明显饱满充实，逻辑严密，配图合理。所以从用户数据看，平均停留时长、分享率，文章一都只有文章二的约一半，证明文章一对用户的价值低。所以，算法会根据综合数据大幅降低该内容的展示量。

四、不靠标题党，也能10万+

（一）好标题的三重境界

在《超越门户：搜狐新媒体操作手册》中谈到了好标题的三重境界。事实上，不管是机构媒体还是自媒体，好标题的三个原则是不变的。

（1）真实——标题能够表达出文章的核心或重要内容，不靠标题党吸引读者。

（2）简洁——能用一个字表达清楚的，不要用两个字。当然，这与当下流行的提要式标题并不矛盾——长与啰唆并不能画等号。

（3）精彩——掌握制作标题的技巧，让人过目不忘。

（二）标题制作技巧

1. 避免晦涩，尽量口语化

例9

原：极寒天气袭美

改：美国冻得不轻　气温低过火星

分析：到底冷到什么地步呢？改后的标题化虚为实，让人感觉更直观更形象。

例10

原：我喜欢这个冷酷直白的商业社会

改：能用钱解决的事，千万不要欠人情

分析：原标题太绕，不容易理解，不如选择作者的一个观点作为标题，更直接更有冲击力。

2. 提炼对比，增强冲突感

例11

原：留住员工的胃，就是留住员工的心

改：看看人家的食堂，你吃的简直是翔

分析：口语化的表述 + 对比，虽然略显粗鄙，但给人极大的触动和反差。

例12

原：北京到底有多热？来自非洲兄弟都中暑和晒黑了

改：避暑变中暑　非洲兄弟在天安门广场被晒晕

例13

原：“饿了么”黑店被查封现场

改：“饿了么”黑店被查现场　看完瞬间不饿了

例14

原：男子去参加朋友婚礼　自己却哭着被迫做了新郎

改：笑着参加婚礼　哭着当了新郎　实拍小伙悲摧经历

分析：“哭”与“笑”，“避暑”与“中暑”，截然相反的词语出现在同一个新闻事件中，体现人物遭遇的转折；“饿了么”和“不饿了”呼应得恰到好处，通过看标题，用户就能体会到强烈的冲击，更有点入新闻的欲望。

3. 简洁明了，句式多样

例15

原：林志玲和郭敬明同台，结果志玲姐姐一把抱起小四转圈圈

改：“小人得志”　郭敬明被林志玲一把抱起转圈

例16

原：情侣边骑山地车边接吻，六颗牙被磕飞

改：没齿难忘　情侣边骑车边接吻撞飞六颗牙

分析：成语内涵丰富，阐释空间很大。用成语概括新闻，起到画龙点睛之效，令人意犹未尽。

例17

原：人民大会堂，两院士获国家最高殊荣

改：炸药王 + 艾滋防治大师 = 2017国家最高科学技术奖

分析：普通网友对两位院士并不熟悉，用他们的主要贡献代替，以一则公式将事件脉络讲明。

例18

原：捕鸟者说　千年鸟道上的终结者

改：湖南：鸟在飞　枪在响　钞票漫天降

分析：巧用排布式的短句，节奏感强，且非常有画面感。

4. 挖掘亮点，别藏在文中

例19

原：郑念：哪怕风雨摧残，我也有自己的精致和讲究

改：中年丧夫，50岁蒙冤入狱，女儿被活活打死，她是中国最后的贵族女人……

分析：绝大多数人不了解郑念，但她的故事和遭遇却能让人瞬间触动，如中年丧夫、女儿被打死等等。你会发现标题里的四个短句，充分提供了信息增量，非常抓人眼球。

例20

原：一名基层干部的“自首”全记录

改：打虎吓破苍蝇胆　直奔纪委交赃款

分析：为何要自首？怎么去自首？改后的标题全讲清楚了。

例21

原：分手后　他把自己的前女友全部做成了高跟鞋!

改：他把12位前女友做成了高跟鞋

分析：12个前女友一出，你想不点进去都难！

5. 直接引语，生动又有力

例22

原：江苏一女干部短信辱骂退伍军人　当地展开调查

改：女干部大骂退伍军人：不让你跪倒喊奶奶　我跟你姓

例23

原：男子报警　竟要求火车等他20分钟

改：“110吗？你们通知一下火车，等我20分钟”

分析：直接引语，不仅客观，而且能彰显情绪，打动用户，画面感跃然纸上。

6. 善用谐音，巧妙表达

例24

原：“李小璐疑似出轨”事件

改：璐宿一晚 | 视频揭秘李小璐与PGone之间的蛛丝马迹

贾装没事 | 贾乃亮回应“妻子出轨”：也许我不够好

One没想到 | PGone负面缠身　多家官媒“集火”痛批

分析：用三组谐音串起事件中三位当事人，同时，提炼出的四字短语又贴切地描绘出三个人的状态，一箭双雕。

例25

原：北京小客车摇号中签率降至0.11% 883人抢1个指标

改：摇摇无期！京牌中签率再降 883人抢1个指标

例26

原：洪秀柱留下了什么？

改：洪秀柱的主席岁月："洪"图未展 一"柱"难支

例27

原：黄兴国涉嫌严重违纪被立案审查

改：兴国黄了：天津原市委书记被立案审查

分析：用谐音来表达，能够起到画龙点睛的作用，让人耳目一新。

7. 借用辨识度高的影视作品、歌曲、诗句

例28

原：北京大雨中的一幕

改：就算大雨让这座城市颠倒 我会给你怀抱

分析：借助苏打绿的歌词来描述新闻场景，提升文艺气息的同时，引起歌迷影迷的共鸣。半天多的时间，微博点赞数10万+。

例29

原：郑州社保窗口低矮？现场图曝光

改：呼叫李达康！河南现《人民的名义》现实版窗口

例30

原：东北有多冷？楼房漏水筑成10米冰瀑

改：视频｜遥看瀑布挂前窗：东北楼房漏水筑成10米冰柱

分析：巧用李白的《望庐山瀑布》，画面感特别强。

8. 利用对仗，增加诗意韵律感

例31

原：故宫雪景美呆了，游人如织！

改：飞雪连天故宫素裹 游人如织不惧严寒

例32

原：辜负了三颗星的七上将

改：七上将相继落马 三颗星黯然无光

例33

原：钱钟书妻子杨绛辞世

改：人间已无“女先生”　天堂再会“我们仨”

分析：对仗标题，工整有力节奏感强，能营造气氛和激发感情，引发共鸣。

9. 学会蹭热度，套用热门网络用语

例34

原：2017国家科学技术奖揭晓

改：国家最高科技奖出炉　为老爷爷们打call!

分析：“打call”为2017年的热门网络用语。

10. 不要小看图片的力量

例35

原：南京暴雨致法庭被淹　法官水中开庭（组图）

改：现场丨“没有什么能阻挡　我对正义的向往”

分析：通过“现场”给人直接的画面感，大图中法官坐在水中开庭，直接用歌词表达法官不畏艰难的心声。

11. 突出名人

例36

原：一辆卖39 999元的自行车竟让李克强总理自愿打广告，背后究竟隐藏着什么“秘密”？

改：一辆自行车卖39 999元，李克强还自愿打广告，什么情况？

分析：夸张的数字＋名人效应＋开放式悬念，看点真的是太多了。

12. 微博文体的活用

例37

原：北京证监局责令贾跃亭回国履责　配合解决公司问题

改：@贾跃亭　北京证监局喊你年底回国

例38

原：6 035万元彩票大奖一个月无人领

改：@北京老彩民：你的6 000万大奖再过1月不领就没

分析：一个“@”符号，精准点出新闻核心人物，再用“喊话”的方式突出新闻核心，表达情绪，生动活泼，一气呵成。

13. 创新语言风格，形成自己的Style

例39

原：沙特国王萨勒曼宣布废黜现王储　另立新王储

改：刚刚，沙特王储被废了

分析：新华社独创的“刚刚体”引领潮流，“刚刚”不但意味着时效性，而且这种口语化的表述，与以往政治新闻的严肃甚至古板形成鲜明对比，非常有利于传播。

（三）如何做出算法能够识别的好标题

1. 注重时效性用词，让文章分发更准确及时

例如“今天”“明天”“今年”“明年”“秋季”“冬季”“现在”“刚刚”等，机器通过识别标题文本中的这些时效性用词，判定一篇文章的分发时效。例如，“今天”“刚刚”“现在”这些词代表文章时效性紧急，比较适合立刻分发，但是有效期较短，增加了文章热门分值的同时又会减少文章生命周期；而“明年”“秋季”等词，分发紧急度降低，但是文章生命周期会较长。

2. 注重名词的运用，让标题能区分出目标用户

简单来说，就是让标题中的关键词能契合到用户的兴趣点上。拿科技类内容来说，苹果、小米、三星、魅族这些放上标题其实能帮助算法更好地明确文章的目标用户，找到更适合的用户投放。而科技领域比较热的词，比如领域名人马化腾、马云、王健林、刘强东、周鸿祎等，这些名人本身的兴趣用户比较多，用到标题中会提升文章在冷启动时的竞争力。同样的原理也适用于娱乐领域。

3. 注重数词的使用，机器终归对数字更敏感

运用数字的悬殊对比，凸显事件的严重性，制造用户的心理落差，吸引用户点击，从而获得更好的点击率，推动文章的再度分发。同时，部分平台制定分发逻辑的时候，也会用到一些数字做界限，例如事故死伤人数不同也会带来不同的分发级别。

4. 找到最适合的动词，为文章画龙点睛

要善于观察相关领域热门文章运用的动词，部分标题常用词会随时间迭代，要定期做总结分析。例如，改造房屋类文章，通常是透过小人物的故事，侧面讲述家居装修的痛点，标题含有爆改、改造、打造等字眼往往能获得更好的数据效果。

作者简介

白兰，2009年毕业于中国传媒大学，曾任新浪无线内容中心SP（服务提供商）

业务线编辑、网易旅游频道专栏作家，2013年转战搜狐，随后担任搜狐新闻客户端主编。2015年入职一点资讯，搭建起人工+算法的新型运营架构，2017年任副总编辑。

范吉鹏，2009年毕业于北京理工大学，曾履职环球网，后任搜狐新闻中心值班编辑、首席值班编辑、副主编、主编等职。2016年加入一点资讯，现任副总编辑。

扫码听音频讲座：怎样做标题

主讲人：吴晨光

第四章　关于排版的22个实用案例

管华

编者按

报纸是块阅读，PC也是块阅读，而手机是流阅读——刷屏如同瀑布之水，飞流直下。那么，你该如何设计你的自媒体公号，增加流阅读中的美感，留住更多用户呢？

设计一个风格简约、排版精美的自媒体号，需要好的编辑器，更需要了解设计规范，包括文字、标点、色彩、图标、图片、距离，以及整个空间的布局……这些元素组成了用户界面体系。而美的展现，也是一种整体感受。

一、文字排版

（一）字体

字体如人，不同的字体表现出不同的气质。

宋体方正匀称，气韵舒展；仿宋体笔法锐利，结构紧密；黑体端庄敦厚，笔力沉雄；圆体方圆互成，左右逢源……内容决定字体，比如硬新闻与娱乐信息，因为要表达的内容不同，使用的字体也不一样。对所设计界面的内容有大致的了解后，再定字体的大小、样式、重量在界面怎样平衡，才会更加贴切地传达内容。

（二）字号

选择字号时应将读者、内容、目的、版式等因素一并加以考量。对于文字内容多的文章，从内文开始往往是最简便的做法，毕竟它们占阅读的最大部分。一般一篇新闻报道中通常会有大标题、编者按、提要、小标题、内文字体、图说等元素的组合，这些就需要通过不同的字级来区分。以新闻报道中的这些元素使用黑体字为例，要从以下五个级别来考虑。

1. 大标题

在一点号和微信号中，大标题的样式是不能修改的。有它固定的格式，包括字体和颜色。但标题排版要杜绝“单字折行”的现象。

2. 小标题

小标题的字体通常用兰亭黑、兰亭中黑、兰亭中粗黑体等，字号大小一般用14～16pt。这些字体结构优美、识别性强，能在最短时间内引起用户注意。兰亭中粗黑体在用时可以考虑跟内文同等大小或小一级，文字颜色可用深灰色，也可根据主内容的色调决定。

想要把界面做得更精细，可选编辑器没有的字体，做成图片放进去。这样可选的字体多，设计空间大。小标题只要空间布局合理、笔画粗细得当，标题字同内文字一样或小点也奏效。

3. 内文字体

内文字体一般用兰亭纤黑、兰亭刊黑、兰亭细黑体，这几款文字方正、简洁、醒目、运用广泛。即使使用小的字号，仍然字体清晰，阅读起来轻松、舒适。

小号字对人眼球的刺激较弱，所以正文字体大小一般用14～16pt，便于长时间阅读。

文字颜色最好用黑色、深灰色。

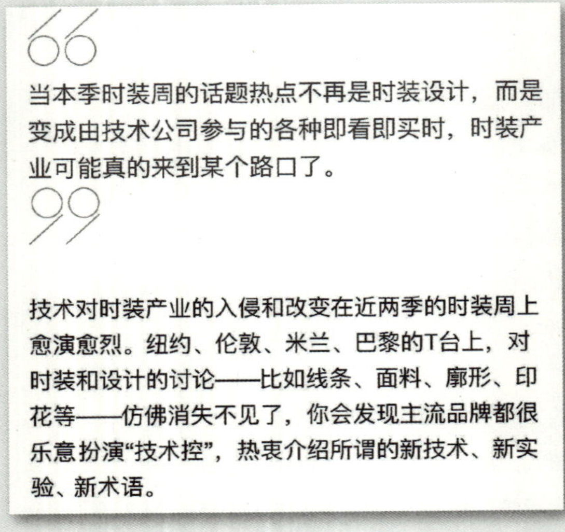
当本季时装周的话题热点不再是时装设计，而是变成由技术公司参与的各种即看即买时，时装产业可能真的来到某个路口了。

技术对时装产业的入侵和改变在近两季的时装周上愈演愈烈。纽约、伦敦、米兰、巴黎的T台上，对时装和设计的讨论——比如线条、面料、廓形、印花等——仿佛消失不见了，你会发现主流品牌都很乐意扮演“技术控”，热衷介绍所谓的新技术、新实验、新术语。

4. 编者按、提要

编者按、提要一般用兰亭刊黑、兰亭细黑体，字体大小14～16pt。跟正文大小、色调都要有所区别，看文字多少决定，提要文字多用14pt，正文用16pt；文字少则反过来。文字颜色最好用深灰色，也可看主内容的色调再决定。

例1

提要跟正文都是16pt的字号，只是颜色上做了区分。

南京为被捅死城管申报烈士 涉事摊贩已被批捕

2小时前 扬子晚报

9月28日上午，各界代表及遗属等800人为任克明送最后一程。

昨天上午，铁心桥南京殡仪馆，肃杀秋风中，南京各界800余人为任克明送别最后一

那些墙背后的故事

原创：[illegible] 南方周末 2月26日

▲近日，墨西哥华雷斯市，因美墨“边境墙”分开的亲友参加“让梦想继续”活动，完成3分钟的团聚。（视觉中国/图）

全文共**5003**字，阅读大约需要**10**分钟。

从北爱隔离宗教冲突的“和平墙”，到以色列孤立巴勒斯坦人的防护墙，无不试图利用墙最原始的“阻隔”功能来获得一种安全感。

本文首发于南方周末

5. 图说

兰亭纤黑、兰亭细黑体，字体大小12pt，文字颜色最好用深灰色。这样与正文有所区别，不干扰内文的阅读。

对于公号里一些不重要的元素，使用的字体不需要多引人注意，可选兰亭细黑、兰亭纤黑体，大小11pt。整个界面最小的文字不应小于11pt。打理这些不重要的信息元素，应该能给界面设计增色，又不至于干扰读者的注意力。

例2

左图的图说只是字号小了一号，与图片的间隔及字距跟正文一样。这样的设计干扰了正文的阅读，也影响整个界面的美感。另外，如果图片上有水印，需缩小处理，它是一个非常不重要的信息，在界面上要尽量弱化。

右图则把图片来源用12pt的字体反白放在左下角。这样既有图片来源信息，又不影响阅读。

老无所依丨图片故事

原创 2018-03-02 单子轩林振东 人物

生于上世纪三四十年代，经历过战乱、饥荒、迁徙和时局的变迁，许多香港老人的一生历经波澜沉浮，人到暮年，仍在尚未建立全民退休保障的社会里为生计奔波。摄影师林振东曾用3年时间记录了18位香港底层老人的生活，发现虽然生活不易，但他们所求不多，只求最平凡却又富有生命力地活着。

这个瞬间极不常有，华天也在等着下一次——也许下个月能有一次，也许一整年也不会有一次，「这就是为什么我对马术这么上瘾，这也是吸引许多选手一把年纪还热衷参加马术比赛的原因。」

骑士精神

「在中国，许多人对『骑士精神』有误解。」华天说。他听说中国人谈论的「骑士精神」，总关于绅士怎样穿衣打扮，如何给妇孺开门、拉椅子。「『骑士精神』跟这一点关系都没有，这是一种价值观，意味着恻隐之心、责任和尊重，它的同义词应该是『人道主义』。」

在里约奥运会获得第8名后，经营马厩对华天来说变得容易了，不少马主找到他，愿意提供赛马，他组建了一个近10人的团队照料赛马，有钉掌师、兽医、还有专门给马按摩的按摩师。

马厩里，有一片取名「养老院」的田野，放养着退休的马。马的平均寿命在25岁左右，15岁后进入老年期，赛马在10岁达到巅峰，这种状态能维持六七

本身又跟养老、文化、旅游、创意等产业能够非常紧密地结合。经过测算，如果“创客”们选准方向、经营得当，农业创业的投资回报率其实并不低。

浙江德清境内的休闲胜地莫干山。（图片来源：浙江日报）

他提到，以前城乡要素对流，主要是农村向城市流动，现在开始出现一个新的趋势，就是城市要素向农村流动。比如，在浙江德清县内建有上百家农家乐，其中三分之一都是外出务工人员返

辅导读本》中解读称，党的十九大报告从全局和战略高度，明确提出要坚持农业农村优先发展。这是一个重大战略思想，是党中央着眼“两个一百年”奋斗目标导向和农业农村短腿短板的问题导向作出的战略安排，表明在全国建设社会主义现代化国家新征程中，要始终坚持把解决好“三农”问题作为全党工作重中之重，真正摆上优先位置。

为什么要振兴乡村

无法坐视家乡种桃业的日渐衰败，是“易老师”投身杨店镇早蜜桃振兴事业的最初原因。他说，“杨店种桃已有上千年历史，不能在我们这一代衰败下去，我觉得自己有责任去扭转这种局面。”这是因为在他看来，杨店种桃不仅是传统，更是一种文化传承，凝结着家乡人的乡愁情结。

有赖于无数个“易老师”的参与，乡村振兴才有了苗头。其实，在他这个小小

例3

界面上的字体越少越好，最多两到三个。上图两个界面用了同一系列黑体字，通过字级、颜色来区别阅读的重要性。提要、内文、小标题细节处理得不错，特别是小标题的处理，没有随意地居中放，而是靠近了相关的段落，整个界面显得很精致。

下图两个界面上的文字字体过大，内文、图说之间的字级没有区分开来。小标题和段落之间距离不够，加上内文行距太紧，因而无法快速浏览，非常干扰阅读，界面也显得不美观。

（三）字距

定好字体的大小，还得考虑字间距。字间距是指文字之间的距离。内文字间距一般都是默认的，有特殊需求才会拉开距离。在文字多的内文中，字体14pt大小，一行内最多不超过26个字，16pt大小的一行最多排22个字。

例4

> 人们总觉得经历重大变故会让一个人骤然发生变化，可实际
> 上这些影响往往是悄无声息的。小柯觉得自己经历的这种悄
> 然改变很“可怕”。

这是14pt的字号，一行26个字的效果。

例5

> 技术对时装产业的入侵和改变在近两季的时装周上
> 愈演愈烈。纽约、伦敦、米兰、巴黎的T台上，对
> 时装和设计的讨论—比如线条、面料、廓形、印花

这是16pt的字号，一行22个字的效果。

例6

> 海玩网的COO龚届乐对36氪说，今年流量价格
> 又涨了30%，现在他看到依然在流量争夺战场
> 上杀红了眼的同行，会觉得“有点悲凉”。

这是16pt的字号，一行20个字的效果。文字量大两边留白多一点，阅读的舒适感会更好。

（四）行距

行距，指从一行文字的底部到另一行文字底部的间距。行距可根据字体大小调整，字号加大，行距也要相应加大。14pt大小的字行距一般用1.5倍，16pt大小的文字一般用1.75倍。

此外，标题与图片的距离、图片与图说的距离、图说与正文的距离，以及小标题与正文上段和下段的距离，都是有讲究的。

道互联网除了做一个系统来让选民填写支票，提交捐款之外还有什么别的作用。截至 2016 年 7 月，希拉里的科技团队已拥有 50 余人，相当于一家小有规模的硅谷科技创业公司。

他们开发的核心产品就是希拉里·克林顿本人。这支科技团队至今给希拉里带来了 2.4 亿美元的募资额。

50多的人科技团队出身硅谷，本次希拉里·克林顿的竞选也有着浓厚的"硅谷味"。

根据 **深蓝Deeperblue** 调查，这支超级科技团队在成立至今的一年半之内，开发了大约 50 项后端框架，服务于 20 个前端应用。建立了 237 个 Github 项目，维护了一个为数据科学家和分析师团队服务的密集型数据仓库（大小为 15 TB）。产品

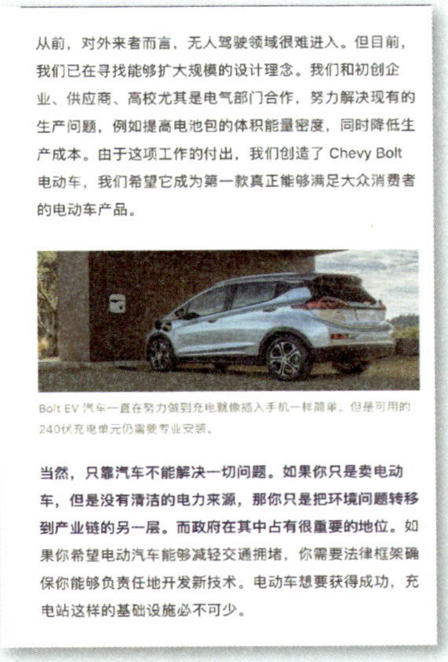

从前，对外来者而言，无人驾驶领域很难进入。但目前，我们已在寻找能够扩大规模的设计理念。我们和初创企业、供应商、高校尤其是电气部门合作，努力解决现有的生产问题，例如提高电池包的体积能量密度，同时降低生产成本。由于这项工作的付出，我们创造了 Chevy Bolt 电动车，我们希望它成为第一款真正能够满足大众消费者的电动车产品。

Bolt EV 汽车一直在努力做到充电就像插入手机一样简单。但是可用的 240伏充电单元仍需要专业安装。

当然，只靠汽车不能解决一切问题。如果你只是卖电动车，但是没有清洁的电力来源，那你只是把环境问题转移到产业链的另一层。而政府在其中占有很重要的地位。如果你希望电动汽车能够减轻交通拥堵，你需要法律框架确保你能够负责任地开发新技术。电动车想要获得成功，充电站这样的基础设施必不可少。

例7

上面这两张图是同一个公众号两个版本的界面，左边是旧的界面，右边是新的界面。新的界面缩小了行距以及正文和图说的距离，阅读感觉就大不一样了。文字排版越紧凑，条理越清晰，阅读速度会越快。行距过大，文字块会显得松散；所有行距平均，留白也相对平均，则不利于引导用户阅读重要信息。图说缩小行距以靠近图片，可以让图片、图说在视觉上形成一个整体，更有节奏感。

（五）分段

为了文字的想法得以清楚地传达，设计者会按排版的惯例区隔段落。其中包括插入空行、段首缩排、首行突排、插入符号、图案、不同颜色的文字穿插段落间等方式。

5 如何发明更清洁的能源?

Mary Barra

通用汽车公司董事长兼 CEO

在我成为 CEO 的几年前，我们开始思考行业发展的大趋势。

我认为，应对气候变化是我们能产生影响的领域。我们需要解决的问题是，随着客户逐渐认识到环境因素对驾驶的影响，我们如何能给他们提供更好的交通工具？这样才能让客户参与到解决环境问题的行动中来。

通用这类大公司担负着迅速提供解决方案的责任。我们和 Lyft 合作了合伙乘车平台，我们收购了无人驾驶创业公司 Cruise，通用的室内团队和两家公司合作组建了驾驶研发部门。

从前，对外来者而言，无人驾驶领域很难进入。但目前，我们已在寻找能够扩大规模的设计理念。我们和初创企

3

罗恩当时还说，「大家都觉得他们很有意思，都盼望我能和他们一样」。后来弗雷德死了，罗恩承接了他做的事情，和乔治一起打理笑话商店，还成了一个幽默的人。

4

那个圣诞节前，双胞胎给几只雪球施了魔法，让雪球追着奇洛到处跑，砸他后脑。想一想，砸奇洛的后脑，那就是砸伏地魔大人的脸啊。幽默是对抗恐怖和极权的重要武器，从一年级的雪球、到后来的恐怖中开笑话商店、卖便秘仁、搞流亡电台，双胞胎一直在把伏地魔变成一个笑话。

5

金妮第一次当哈利的面主动说话。很长一段时间，金妮在哈利面前很沉默。第一次当着哈利的面主动说话，是哈利二年级前一群人一起到书店买课本，遇见马尔福，哈利被马尔福嘲讽，金妮维实力护夫，怒斥马尔福。马尔福说：「波特，你找了个女朋友！」

马尔福好准啊。

摘 “看看这张悲伤的脸。全球鲨鱼的生存正面临许多问题，鱼翅的需求，意外死亡，非法捕杀等等。尽管鲨鱼在海洋处于食物链顶层，但人类成为他们生存最大的威胁。为此，我们将采取立法行动，并教育民众，呼吁大家保护海洋生态。”

摘 “图中被鱼群环绕的是一种濒临灭绝的动物——加岛环企鹅。这种企鹅的食物正是这种小鱼。加岛环企鹅是唯一被发现在赤道水域生活的企鹅。由于秘鲁寒流和太平洋赤道潜流从深处带上来的冰水，企鹅生存地区的温度远低于赤道其他地区。这种企鹅还进化出体温调节的技能，它

▶ 千篇一绿：日本政府对氢燃料电池车提供了哪些支持?

杉之原（丰田汽车公司公关部中国业务课长）：日本政府对于Mirai的支持，首先是减税。这款车刚推出时价格非常高，日本政府为了普及它，给予了很多补贴，每台车补贴一百万日元左右。除了国家政府，各地方政府也有补贴，比如东京都政府会给购买者再补贴一百万日元。Mirai这款车的厂商零售价是700万日元，国家和地方政府补贴后，你最后花差不多500万日元就能买到它。

丰田1997年推出混合动力车Prius时也是这样。混合动力车作为新生事物刚进入市场时价格很高，日本政府为了改善环境，通过补贴来推广它。我们的混合动力车在中国也卖出了很多，如果中国政府能给予更多支持，将非常有利于混合动力这种节能环保车的普及推广。

▶ 千篇一绿：日本政府对生产厂家有补贴吗?

杉之原：这个没有。

例8

由于界面宽度有限，段落的处理方式中插入空行、插入符号用得比较多。

在阅读过程中，读者可能需要更多的时间思忖文章中所包含的复杂概念，运用插入空行分段法，就可以将整段同主题的内容分割成数个较短的、容易读的段落。

（六）正文“头部关注”和结尾“阅读原文”的设计

很多公号会在正文头部制作“点击蓝字，轻松关注”，以引导用户关注。这几个字设计得好不好，直接影响到接下来的阅读。如果有好的想法，还可打个广告。如果没有好的设计，就在结尾“阅读原文”上下功夫吧。

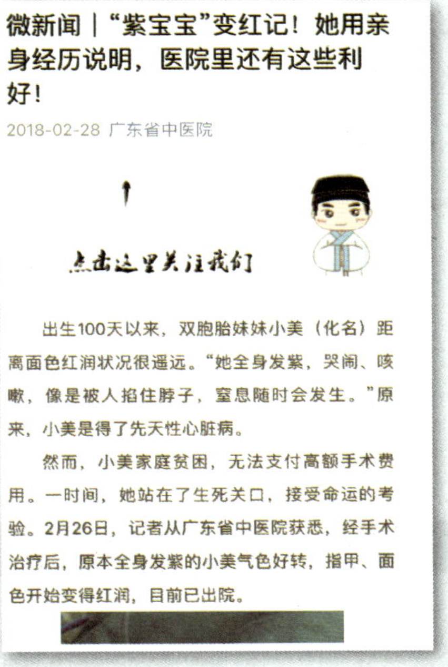

例9

左图这个公众号的关注处换了字体，配上一个不太美的卡通形象，跟正文关系不大。而右图公众号则花了点心思，用了与公众号统一的风格，配了插画，写了一段有趣的文字作为引导，让阅读者产生强烈的下拉欲望。

例10

左图这个公众号的关注栏改变了字体、字号、颜色，并配上卡通心形图案，想引起用户注意，可结果却适得其反。过多的设计使人的视觉很不舒适。右图的公众号的做法则不同，把关注栏做成了一个小形象广告，还配上卡通动态图。这样一来，用户对它是做什么的一目了然。

例11

“利维坦”公号的结尾处，设计非常精致。用了一张动态的圆形图，里面不停地旋转它的主题：脑科学、哲学……并把一句有趣的话做成醒目的图标，指向“阅读原文”。而《南方周末》公号的结尾处，设计非常简洁，用它惯用的视觉符号，强化品牌的烙印。

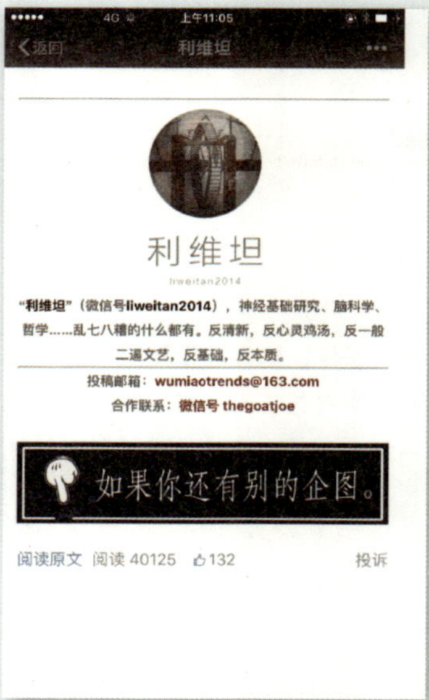

二、色彩

在某种情况下，对颜色控制的好坏直接影响用户在页面的停留时间。不懂设计的人，一般都会随意增加颜色突出重要信息，而不考虑整体传递信息的准确性。

（一）定主色调

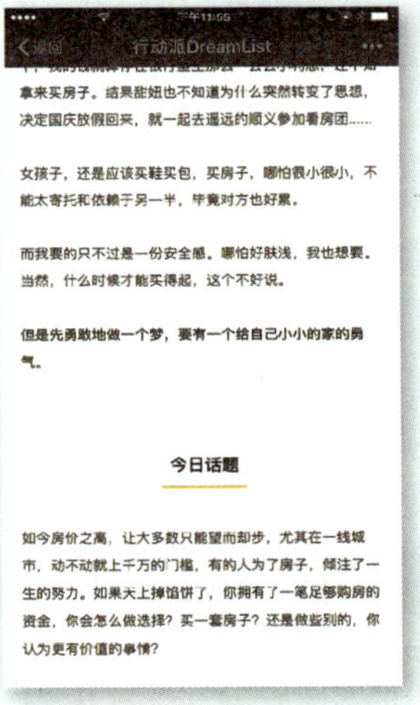

“行动派”　主色调＋辅助色

例12

黑色主色调＋亮色的运用案例

通过对比“行动派”和“阿司匹林博物馆”这两组图的颜色可以看到，两者的界面设计都采用了黑白灰作为主色调。“行动派”使用亮黄色为辅助色，“阿司匹林博物馆”使用红色为辅助色。我们也可以看出，辅助色实际上是这个公号的标准色，在每期的小标题中偶尔出现一下，起到对上下文字做间隔的作用，增加了阅读的舒适度。有时候辅助色还会使用在部分文字上，来强调部分信息的重要性。

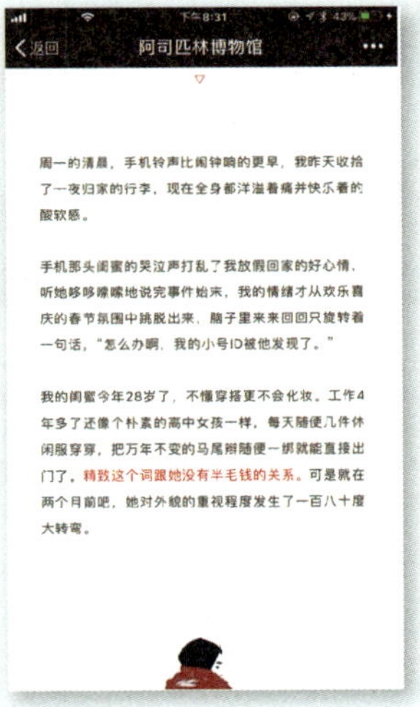

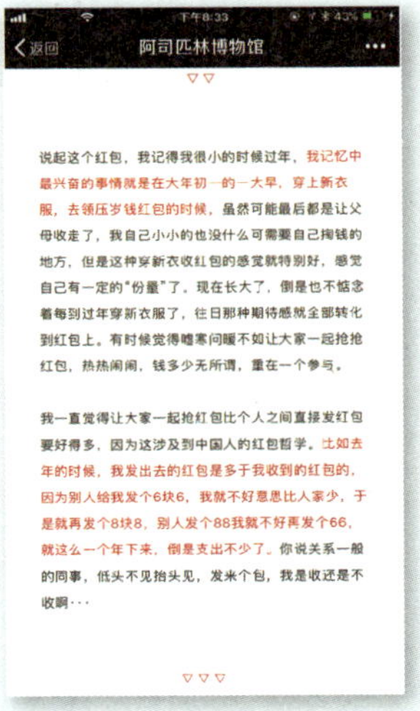

“阿司匹林博物馆”　主色调＋辅助色

（二）同类色的运用

例13

从“利维坦”和“ONE文艺生活”的公号的排版可以看出，一个好看的界面，颜色越简单越好，最好不要超过三种。为了能拉开阅读层级，可以采用同一色系、不同明度的方式，这样识别性强，阅读起来视觉也舒适。

“ONE文艺生活”纯文字的界面使用黑色和灰色调引导阅读，给人一种非常干净、简约的感觉，把文字变成界面设计的一种元素，再加上不规则的留白，能让人有种透气感。“代青手作”两个界面将图片的色调延伸到整篇文字，给人以清新、雅致的阅读感受，在淡淡的绿色中体味到美食的精致。

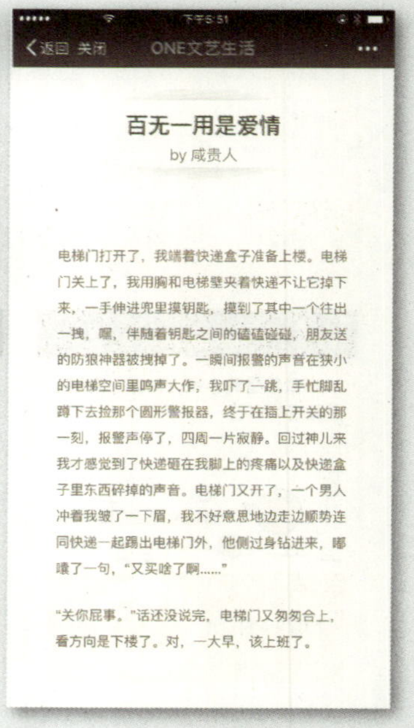

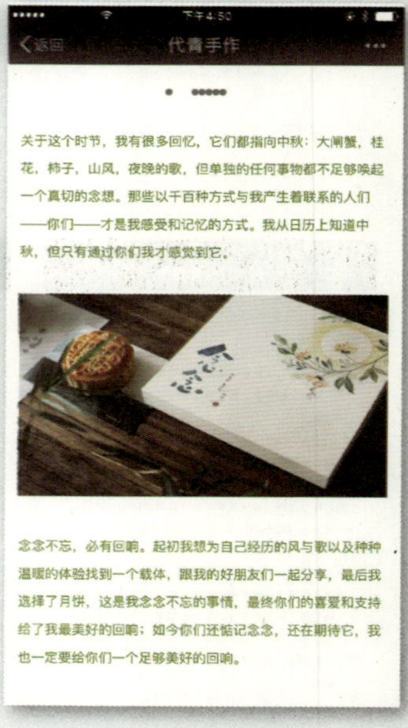

（三）明度和饱和度的运用

例14

公号的界面在色彩方面还要注意统一明度和饱和度。图中的明度和饱和度都非常协调，不觉得哪个颜色过亮，哪个颜色过暗。

例15

图中界面的文字处理成灰色，图片用柔和淡雅低明度的色调衬托色彩亮丽的产品，让阅读者的视线被产品吸引过去，使产品凸显出来。

三、图片

要让界面有冲击力，图片也是很重要的一部分。设计者首先要会选择图片、剪裁图片，处理图与文字的关系。各种编辑器让图文排版和浮夸修饰变得轻而易举，以至于人们经常忽视了“大创意”的本意，使图片丧失了本身的感染力。

此外，手机上的图片比平面媒体上的有更多的优势——可以放动图、视频，所以，图片的周围更需简洁的环境，以减少干扰。

例16

左图这款健康首饰产品，局部图展示了在不同部位的佩戴方式，能以不同角度呈现主体，整体图则能展示产品的细节。整体与局部的组合，能提供更全面的产品信息，给人留下强烈的印象。右边这款健康首饰产品，无底色的图和界面底色融为一体。这样使产品更突出，更能引起用户的兴趣。

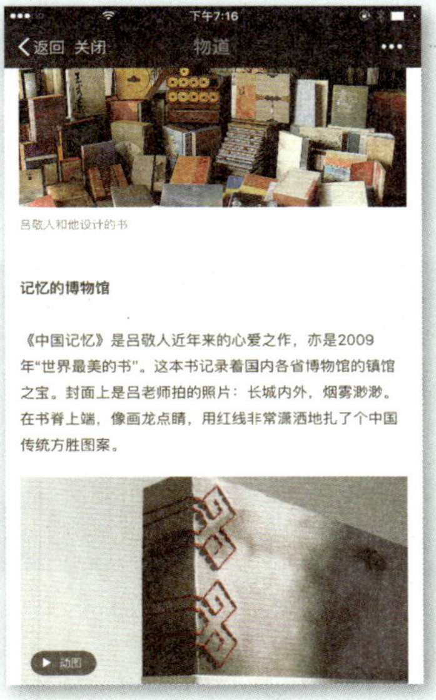

例17

“物道”这两张介绍书籍设计的图片，把特写与远景组合在一起。在特写构图中，因为主体物比较近，会给人一种细节感，能让人产生强烈的了解欲望。远景构图则因为与主体物有一定距离，能够产生强烈的空间感。两者结合在一起，给用户不同层次的感受。

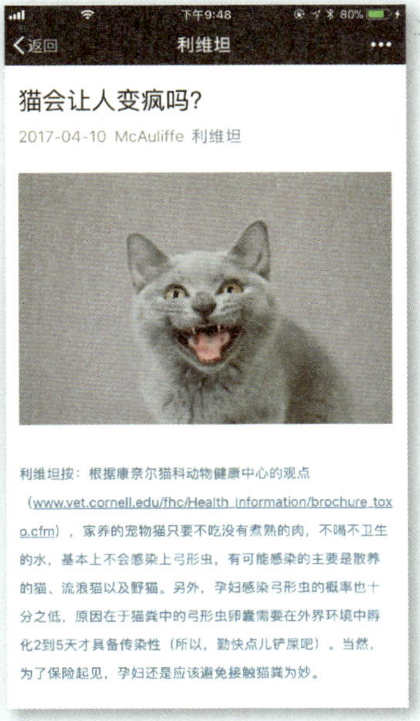

例18

两张图片都是处理过的。在摩拜单车这张图片中，旁边的环境被调成黑白调，留下了单车车轮的红。这种图片处理方式形成强烈的视觉冲击力，也有个性。猫这张图片降低了明度和饱和度，阴郁的灰色基调的陪衬凸显出猫的双眼和嘴巴的色彩，充满了暴力美学的视觉冲击力。这两张图片的处理跟公号的内容相契合，显得非常有个性、大气。

四、留白

好的界面一定要有足够的空间，让界面上的元素能够自由呼吸，使其张力、气势得以释放和延伸。留白可以更好地帮助用户了解你的故事的思路。如果把每一寸空间都填满，读者读起来会很费力。

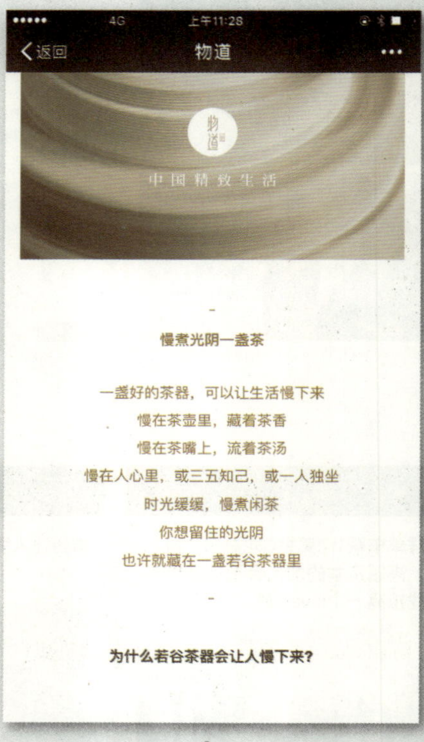

例19

左图“阅潮”的排版是从图片入手，在图片的构图上寻找设计灵感。灰色文字顺着图片的延伸一路排下来，旁边用大量留白把图片和文字巧妙串起来，整个界面充满了诗意和美感。

右图“物道”的图片和文字都在浅浅的咖啡色调中，Logo、文字以居中的方式排列下来。文字旁边不规则的留白、淡淡的色调，营造出安静的氛围，跟文章很契合。

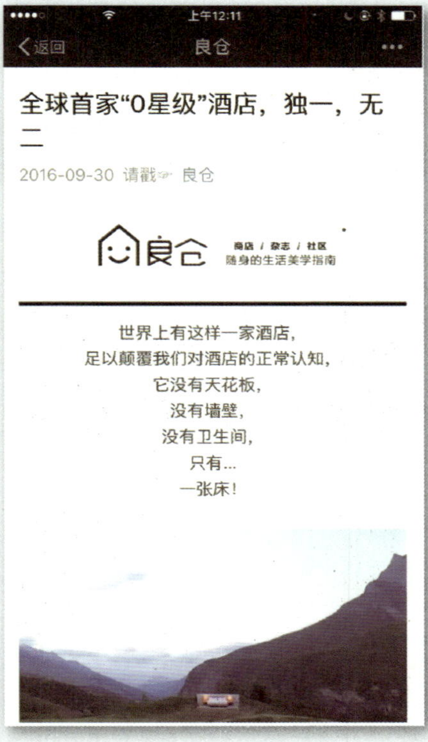

例20

左图“良仓”的设计开始就使用大量留白，让文字像诗一样排列下来，产生一种美的意境，引导用户看下图的欲望。

右图“物道”的设计用了非常奢侈的留白，画面中以小标题竖排的形式打造了一个巨大的空间，文字下面三角形的点虽然是线形的，很不明显，但在留白的氛围里还是起到了它的指引作用。文字和点在空白的空间划过，引导用户快速去阅读下面丰富的信息。

五、点、线的运用

线有实线、点线、波浪线、文武线，具有长度、宽度、速度、方向、形状等属性。

点有圆形、方形、三角形、菱形、多边形、不规则图形，具有重量、方向、对称、平衡、个性、独立等属性。

点线虽然在界面中有间隔和指引作用，但也不可多用，不然就会起反作用。

例21

“CITYZINE”界面上的信息量比较大，里面还有好几篇链接文章。为了使用户在众多的信息冲击下还能轻松地阅读，这个界面在设计上运用了与图同宽的细灰色点线，线和留白相结合来处理每个模块之间的间隔关系。图片下面的灰色小字是重复的信息，为了不干扰图片和标题，做了弱化处理，但旁边的两个红色点会清晰地指引用户点击。

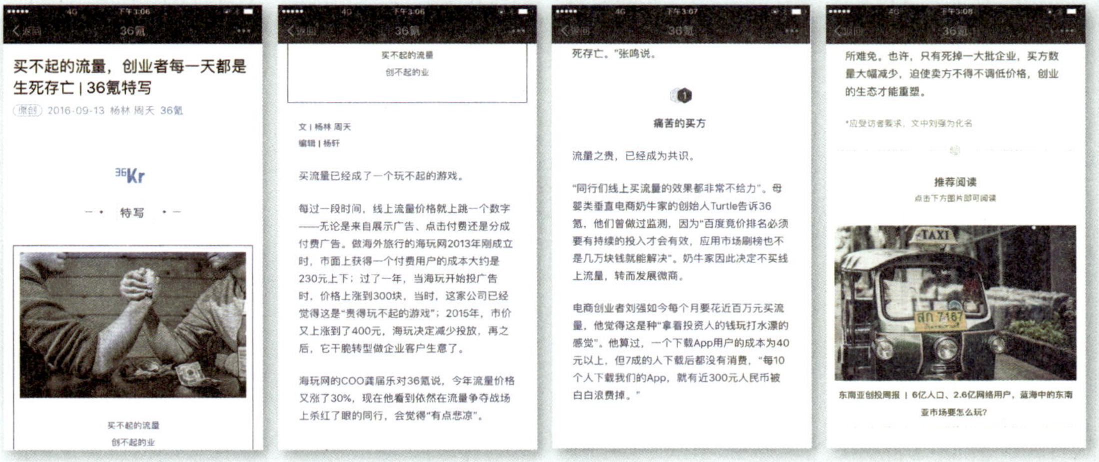

例22

“36氪”的设计非常好。整篇文章中就一张图片，大量的文字阅读需要有休息的空间，界面设计非常巧妙地用一个六边形的点贯穿文中，不仅阅读起来很舒适，也将公司的理念融合了进去。六边形与细线组合，重复出现，体现出公号的科技感和现代感。

六、总结

通过上面的案例大家可以看到，设计的趋势不管发生什么变化，如需设计一个层级分明、疏朗简洁的界面，最先考虑的都应是设计规范。

大部分自媒体号的内容以文字居多，最基本的规范就是字体大小和字距，通过大小和间距拉开阅读的层级，这是阅读舒适的基础。

每个人都可以从切身体验中发现设计之路。但最重要的一点是，自媒体号设计是把界面各元素打理平衡，追求合理且易于用户理解的设计。要记得，你不是为自己设计，是在为用户设计。

作者简介

管华，《南方周末》高级美术编辑，头版版式主设计师。曾在《现代广告》杂志发表多篇专业论文，“梵高奶奶”常秀峰香港画展主要策展人。

第五章 注意！一个错字可能毁了一切

胡晓菲

编者按

美国大众报刊的标志性人物、普利策奖和哥伦比亚大学新闻学院的创办人约瑟夫·普利策有一句名言：报纸要准确、准确、再准确！按照中国新闻出版机构的要求，纸媒的差错率必须小于万分之二。

随着互联网、智能手机的普及，信息的载体和传递方式发生了颠覆性变化。报纸已不再是人们获取信息的第一方式，信息传播进入了电子稿时代，微博、微信、App成为自媒体的沃土。任何人都能有平台、有渠道生产和发布信息，但不是每个发布者都能严格遵循“旧时代”信息生产者严谨的操作规程。与之相伴的则是，各种错字、别字、病句、常识错误、逻辑混乱扑面而来，观之如鲠在喉难以卒读。

而智能手机强大便捷的功能，会令一个错误以“截图”方式在网络上疯传，使发布者沦为笑柄，甚至引发封号乃至媒体的人事地震。所以，无论从对用户负责的角度，还是从自媒体人本身的角度，我们都需要重新审视移动互联时代的编校质量 。

一、移动互联时代的信息生产机制出了什么问题

首先，在纸媒时代，信息生产的方式是协作制。采、编、审、校各司其职，合作生产内容。进入流阅读时代后，在人人都是信息生产者的众声喧哗中，在“只有第一名才被记住”的快马轻裘中，信息生产发布者越来越将“首发”放在第一位。为求“快”，相当多的互联网媒体大刀阔斧地砍掉了必要的审稿与纠错工序，于是“萝卜快了不洗泥”。自媒体更是自写自编自校自审“四合一”，相当于无校无审。信息的最重要传递介质——文字的质量被全面忽视。

其次，电子文本的写作和传播大量依赖复制粘贴。在这个过程中，只要是成品就可以拿来使用，引用文本、转发文本的检查与核实被忽视，导致以讹传讹，错谬流布。

那么，如何发现与解决不良机制导致的问题呢？

放下报纸，面对屏幕，变化的是信息载体；不变的是，读者（用户）仍旧在阅读，而且对优质内容的渴求越来越强烈。本质未变，传统时期的经验和手段就可借鉴转化，为新形式服务。新的校对形式，就是网络校对。网络校对脱胎于纸稿校对，与传统校对工作相比，互联网读屏时代，原稿即电子稿而非纸稿，校对工作发生了多方面变化。

其一，没有原稿了，直接校对电子文本。于是，传统的只需耐心细致即可的“校异同”转变为需要广博知识的“校是非”；传统的长则以季、短则以日计的新闻生产周期已几成历史，互联网抢首发抢的是分甚至是秒，不具备强大的快速反应能力无法胜任。广博知识 + 快速反应，对校对人员的综合素质提出了相当高的要求。

其二，校对人员“扩权扩责”了。传统的“校异同”只需标注小样与原稿的差异，既不关心如何改正，也无须承担对错责任。而在“校是非”模式下，校对人员既要能知其“非”，也要进一步确定其“是”，修改权限扩大了。除了现场情况须核实、重大问题须请示外，一般性的文字、病句、常识错误、逻辑错误以及版式错误等问题可直接改正。因此，读屏时代，校对人员的责任加重，编辑职能明显增强。

二、常见编校错误详解

（一）When，发现时间的错误

1. 利用公开信息发现时间点的错误

例1　某媒体《“越开放，越要保密”修法内幕：保密和公开的角力》报道

了国家保密法的修订历程。在其中“越开放，越要保密”部分，“保密和公开两种价值的角力，贯穿修法13年。1997年修法启动……”

后经查询公开报道，《中华人民共和国保守国家秘密法》于1988年9月5日通过。1996年4月，国家保密局启动保密法修订工作，而非原文中的1997年。

例2　某媒体发表文章探讨“死刑复核结果可否直接通知律师”，开篇即道“从1997年最高法院收回死刑复核权，迄今已20年”，“20年来……死刑复核程序在不断完善”。

事实上，将死刑案件的核准权收归最高人民法院统一行使，是2007年10月31日第十届全国人大常委会第二十四次会议高票表决通过的，而不是1997年。

2. 根据上下文互证发现时间错误

例3　某媒体《战事之败败在军，军队之败败在国》一文说道，“1884年，日本侵犯台湾后，朝野大惊，李鸿章上了一道《筹议海防折》”。

根据下文提及的《筹议海防折》，即可知1884年份有误。李鸿章上《筹议海防折》，时间是1874年12月10日。

3. 发现时间表述方式不统一的问题

例4　某媒体《大巴上的迈克尔·杰克逊》一文中，贾樟柯回忆迈克尔·杰克逊（Michael Jackson）对自己从事艺术事业的影响。其第一段原文为：“6月25日，迈克尔·杰克逊死讯传出的时候，贾樟柯正在上海忙着拍纪录片《上海传奇》。他既不上网，也没看报，并不知道杰克逊死了，直到看到高晓松发来的短信：‘迈克尔·杰克逊已于2009年6月26日在洛杉矶去世。这个人的去世让我感觉到，或许我们都老了。’”

25日收到死讯，26日迈克尔·杰克逊逝去——原稿的表述形成了得知死讯在先，迈克尔·杰克逊过世在后的颠倒。查询公开消息即知，迈克尔·杰克逊去世于洛杉矶时间2009年6月25日的14：26，北京时间为2009年6月26日的5：26。原文中，北京时间与洛杉矶时间杂用，形成表述混乱。调整后改为：“6月26日，迈克尔·杰克逊死讯传出的时候，贾樟柯正在上海忙着拍纪录片《上海传奇》。他既不上网， 也没看报，并不知道杰克逊死了，直到看到高晓松发来的短信：‘迈克尔·杰克逊已于2009年6月26日在洛杉矶去世。这个人的去世让我感觉到，或许我们都老了。’”这样处理时间关系就理顺了。

（二）Who，关于报道对象姓名、身份信息的错误或不当使用

报道对象的身份错误，既包括自然人的姓名、职业身份信息，也包括机构名称；既包括中国名称，也包括外国名称；既包括当下的人物、机构，也包括历史

人物、历史事件的主体称谓。非常见人名在第一次出现时要用汉译全称（最好也提供外文全称），以便校对以此为基准，确认译名的准确性并统一、核对全文。

1. 关于事件主体的身份及其相关信息

例5　某媒体《中国：主流听众渐成主流人群》一文的配图是汶川地震后，中央人民广播电台军事记者王亮第一个进入映秀镇，用海事卫星电话传回现场报道，军长许勇通过中央人民广播电台的电波向外界报告灾情。原图片说明为“总书记（指时任中共中央总书记胡锦涛）下令给救灾官兵每人发一台收音机”。事实是，发放收音机的命令以中央军委名义发出，则此处胡锦涛身份应使用“军委主席”而不宜用“总书记”。于是见报图说改为“军委主席下令，为17万前线救灾官兵每人配备一台收音机”。

例6　2017年秋季世界知名钢铁企业——日本神户制钢曝出造假丑闻，10月8日神户制钢副社长梅原尚人在记者会上坦承，造假行为是有组织性的。多家媒体均将其名字误写为“梅园尚人”。这类问题，只要登录企业官网一查便知。

2. 关于历史事件主体的身份

例7　某媒体《〈解放战争〉作者王树增访谈》一文中在谈到孟良崮战役时，原稿为：“孟良崮战役打到最后的时候，满山都是伤员。老百姓就是拿着门板，拿着自己的棉被，就往下抬共产党八路军的伤员。近在咫尺，国民党伤员没人抬，在地上呼号不止。由此可见民心向背。”

其中，“共产党八路军”均应为“共产党解放军”。抗日战争时期，国共合作，中共部队编入“国民革命军第八路军”和“国民革命军新编第四军”。1937年9月11日，国民政府军事委员会按全国陆海空军战斗序列把各“路军”改编为“集团军”，并下达命令：将八路军改称国民革命军第十八集团军，八路军总部改称第十八集团军总司令部。但此后，仍习惯称为“八路军”。1946年全面内战爆发，9月，八路军、新四军改称中国人民解放军。依据史实对原文表述进行修正，可使这段文字符合事件主体的历史身份。

例8　某媒体在谈重读传统、接续文化这个命题时称，“轴心时代都有哪些人？耶稣、释迦牟尼、孔子、柏拉图、笛卡儿、亚里士多德……”。“轴心时代”是由德国思想家卡尔·雅斯贝尔斯在《历史的起源与目标》提出的。书中论述了公元前500年前后中国、西方和印度等地区同时出现的人类文化突破现象，雅斯贝尔斯第一次将这个时代称为“轴心时代”。而在人类文明进程中占有一席之地的唯一的“笛卡儿”，是法国思想家、哲学家、神学家、数学家勒内·笛卡儿，生于1596年，逝于1650年，晚于“轴心时代”两千多年。

3. 关于机构名称

例9 某媒体《渺茫的日本“回归”》一文原稿提到“美国上议院20名女议员、下议院78名女议员”，对美国三权分立相互制衡的政体略有了解即可知，“上议院”“下议院”的提法不准确。美国“上议院”一般译为“参议院”（United States Senate），美国“下议院”一般译为“众议院”（United States House of Representatives），参议院和众议院共同组成美国最高立法机关——美国国会。

例10 2017年1月14日，“汉语拼音之父”周有光先生逝世，某媒体刊发了周先生生前的访谈实录。他回忆了在日本“九洲大学”的帮助下出版《苏州评弹记言记谱》一书的过程。该“九洲大学”实为录者笔误，应为“九州大学”。郭沫若曾就读于此学医，其时校名为“九州帝国大学”，二战后消除帝国主义影响改用今名。

4. 关于外文名称的准确性

例11 某媒体《美军监测船的公害》一文，谈论当时热点新闻美军“无瑕号”“胜利号”等舰艇违反国际法，在中国专属经济区使用高强度声呐导致中国渔业资源受损的事件。作者全文使用了“无暇号”字样。虽然中美文化差异不小，但给一艘工作舰船命名为“我很忙、我没空”还是有点难以理解的。这是当时的热点新闻，关于此舰的报道散见于各大媒体，查证一番后发现中文媒体使用“瑕”“暇”不一。查到外媒的英文报道才确认，这条船名为“Impeccable”，形容词，“没有缺点的、不会做坏事的”，意译的话就应该是“美玉无瑕”的“无瑕”，而不是“忙碌、没空”的这个“无暇”。于是就此统一全文为“无瑕号”。

5. 关于外国人名的准确译法

一般来说，外国领导人的姓名翻译工作由中国唯一的综合性译名单位——新华社译名室来完成。报道涉及外国领导人时，校对一般会对照新华社报道来核实准确译名。除领导人以外的普通外国译名，新华社译名室有一整套规范而细致的西文拼写与汉字对应系统，并以中国对外翻译出版公司出版的《世界人名翻译大词典》为标准。新老媒体在发稿时，亦应以此为依据来规范译名。

例12 某媒体《天下一周》栏目报道，在哈马斯占领了加沙地带后，巴基斯坦领导人阿巴斯的处境尤为微妙，他与以色列总理“默尔克”的会晤成为世人瞩目的焦点。报道中使用的人名是不规范的，经查新华社文章，以色列总理通用全名为埃胡德·奥尔默特，所以改以“奥尔默特”见报。

常见的、重要的外国人名，可以依据新华社及各种工具书来确定用字，有些情况是原稿本身对人名交代语焉不详，甚或作者本身处于信息盲区，就需要根据文中所提及的人物经历，多方搜索求证，先确定人是哪个人，再确定译名是否准确。

另外，中文媒体在报道外国人时往往只记其姓，如顶级名人特朗普、普京等耳熟能详的知名人物，读者自可心领神会。在报道见报率不太高的人物时，建议一定要使用其全名，至多省略其中间名，以尽量凸显其唯一的指向，避免与其他同姓氏者混淆。

再加个小花絮：还要特别注意使用第三人称时的性别区别，特别是遇到不常见的人物时。某知名媒体国际版面在提到格鲁吉亚前总统萨卡什维利时，短短千余字，忽而是“他”，忽而是“她”。米哈伊尔·萨卡什维利（Mikhail Saakashvili），1967年12月21日生于第比利斯市，曾于2004—2013年出任格鲁吉亚总统，玫瑰革命领导者。这是位如假包换的男性，文中的“她”都是误用。

例13　在一篇讲述民国文人对创设哈佛燕京图书馆贡献的文章中，提到了图书馆前身——汉和文库在图书分类上采用“美国卡特和杜威”的图书分类理论和方法。文章中卡特与杜威都仅仅使用姓氏，而且这是美国较为常见的姓氏，这两姓的名人不少，如果只用姓氏的话很难实现其准确与唯一指向。于是多方查证以求全名。奇怪的是，当时在中文、外文搜索引擎中，能查到的只有“卡特，C.A.”， 这样的信息几无价值。直到进入美国国会图书馆官方网站，才找到了这两位图书馆学开创者的全名，及时为报道提供了英文注释Charles Ammi Cutter、Melvil Dewey，使报道主体具备唯一性、准确性，提升阅读感受，避免引发读者的不解。

与中国人名特别是汉族人名“姓 + 名”方式不同，外国人名有很大一部分是“名 + 间隔号 + 姓”的组合方式，圆点间隔号的使用，最好是查到其外文原名，以之为基础做判断。

在外国人名的翻译使用上，特别要留意的一个问题是，港澳台地区对于外稿的汉字翻译与内地有很大差别，特别是香港的人名音译，是基于粤语发音来译的，同为汉译，与内地普通话的音译差别极大。在使用外稿时要特别留意普、粤、英的对照关系，在引用外稿原文时对不同译名应做出标准译名注解，也是一个自我保护的手段。

如政要译名：前任美国总统Barack Hussein Obama，内地、香港译名奥巴马，台湾译名欧巴马。Margaret Thatcher，英国第一位女首相，内地译名撒切尔夫人，台湾译名佘契尔夫人，香港译名戴卓尔夫人。阿根廷的革命家、文青偶像切·格瓦拉，港文用的是“哲·古华拉”。知名球星迈克尔·乔丹、C. 罗纳尔多，港译米高·佐敦、C. 朗拿度。

而与外国人名汉译问题相反的是，旧时及现时港澳台地区使用威妥玛拼音或粤语拼音翻译华人人名，与内地使用的汉语拼音拼写不一致，若学养不足或掉以轻心，势必导致“常凯申”类见报错误，贻笑大方。

近年来随着国际交流增加，市民英语水平提高，港澳名人多以英文名见于外媒，在翻译使用外媒消息时就要特别注意。某媒体曾出现过“满篇尽是米切尔·杨，读者不识杨紫琼”的问题，就是没有处理好英文名与中文名的对应关系。

（三）Where，关于地名的误用（含地图）

地名信息主要有国家和地区名、省级行政区名、县市级行政区名、村镇名、自然地理名称。一般而言，国家名称、省级行政区划仅可能发生输入法错误，只要细心些就能避免。需要留意的是：

（1）五大少数民族自治区不宜简化掉民族。如宁夏回族自治区，可以简称宁夏，但不宜简称为宁夏自治区。内蒙古自治区，可以简称内蒙古，不宜简称内蒙。

（2）全国近两千个县级行政区，可能有相当一部分不太为采编校人员熟悉，数万个乡镇以及更多的村级地名绝大多数不为人知，要确保见报信息的准确，就要求一线采访人员或者现场笔记地名，或者拍摄当地官方地名信息，从信息的源头把关。稿件进入制作环节后，一来流程紧张，二来鉴于地方文化、传统各异，小地名各有特色千奇百怪，发现问题殊为不易，就只能依赖编校人员根据一般地名命名规律来判断了。

例14　某媒体《金沙横断》图片说明是“昭通金阳县对坪镇移民新居”，金阳县隶属四川省凉山彝族自治州，而非云南昭通。这类的不知名小县的隶属关系错误，如在采写源头上搞错，后期制作过程中是极不容易被发现和改正的。

（3）随着信息化时代的到来，越来越多的外国地名出现在报道中。对于外国地名的使用，比较便宜行事的，就是参照新华社译名室发布的译名。另外，亦可参照较有权威的上海译文出版社《英华大词典》、中国地图出版社《世界地图集》、中国大百科全书出版社《世界地名录》《不列颠百科全书》，以及北京知识出版社《世界地名译名手册》。

例15　某媒体梳理核电事业发展历程时有这样的表述：“1979年3月美国宾

州三里岛核电站出现严重事故后，在与GE的对抗中落于下风的西屋事实上已很难在本土拓展市场。”

“三里岛”，英文名为Three Mile Island，应译为“三英里岛”。即使在没有英文原文配合验证的情况下，审稿时也应想到，美国使用的是公制、英制计量单位，在民间交往并不算多的20世纪70年代，绝无可能使用“里”（别称“华里”）这个中国特有的距离单位作为地名。

（4）需要特别留意的是，大部分外国地名的汉译是用音译法，但有些外国地方由于历史的原因形成了独特的汉译名字，在使用时尤须注意。

例16　某媒体《垃圾场上太阳升——太阳马戏发迹史》一文，报道全球最具有品牌价值的马戏团——太阳马戏团早期发展阶段，创始人拉里贝特视去“圣佛朗西斯科”巡演为重要目标之一。原稿就使用了该地名的英文音译。而这个地名恰恰有一个中文传统译名“旧金山”。

由此，可引申至另一地名译名差异问题，就是港台译名与内地译名的偏差。内地与台湾地区有长达三十多年的“完全敌对”状态，相同的文化根基有了各自发展；香港则因其一百多年的殖民史造就了独特的文化面貌，内地与台湾、香港、澳门地区在地名翻译上，虽然都以音译为主，但因用字及音节的取舍不同，往往译法存在诸多差异。媒体在转引外稿或港台信息源时，就要格外留意外国地名的港台译法的转换。

例17　以下为港台译法的转换：沙乌地阿拉伯—沙特阿拉伯，赖比瑞亚—利比里亚，查德—乍得，义大利—意大利，雪梨—悉尼，星加坡—新加坡，象牙海岸—科特迪瓦，新西兰—纽西兰，叶门—也门。

例18　外国地名在内地的译法，除了传统约定俗成以外，是严格音译，而香港则半音译半意译，如法国名城Cannes，“戛纳”是一丝不苟的内地式音译，“康城”则是典型的港式，音译＋类属，最符合语源。

无论人名还是地名，内地与台湾、香港、澳门地区的差异很难在短时间内消除。即使官方机构能达成一致，要想消弭民间语文的译名差异也是难以想象的。我服务的媒体外稿资源丰富，自家采编人员也屡屡出国采访或转引外媒信息，怎样避免版面上出现影响读者阅读理解的奇怪名称？唯编校环节多花心思，多做核查功夫，做深做细，别无捷径。

（5）报道中的地名往往勾连着其他相关信息，需要注意的一种情况是地名没问题，但勾连的信息过时了或者彻底错了。

例19　某媒体《不能让恐惧掌握一切》一文，原文是“在从尼日利亚首都拉各斯飞往深圳的航班上”，拉各斯曾经是尼日利亚首都，但1991年12月阿布贾成为该国的新首都。这就是一个典型的勾连信息错误。

例20 某媒体在报道伊拉克现状时回望漫长的历史，“上千年来流着奶与蜜的两河流域，养育了一代代伊拉克人……”伊拉克所在的两河流域孕育了世界最早的文明之一——美索不达米亚文明，但“流着奶与蜜之地”之说出自基督教文明的《圣经·旧约》，“流着奶与蜜之地”特指“迦南地（Canaan）”——地中海与约旦河谷之间，而非两河流域。

（6）在地图制图方面，近年来媒体使用地图比较多，地图是一大雷区，点位、地名、区域分界线、区域面，点线面都有可能埋雷。

一般而言，知名地点放错位置，如把香港放珠海位置或者上海搁南京了，相对容易发现；如果制图时把某县市级小城移位，正文中又没提及具体位置，或者图文分别上版无法形成互证关系的，就不太容易审核出来。

例21 某媒体《灰霾“巡视组”潜入京津冀》，配图“12个督查地点2013年1月—2014年1月涉及大气污染民众举报案件数量”中，邢台位置稍有误差，应在邯郸以北的河北省境内。

地区分界线、省界或国界，分界线画得偏出去或偏进来，这是线的问题。把某一国家的离岛标成了别国颜色，如把锡金仍然以主权国家用色来标注，这是面的问题。传统纸媒编辑过程中多是出灰样，无法形成明显的色差，如果有问题也不容易发现。特别是绝大多数编校人员对于文字的熟悉和敏感度要远远高于地图，地图的点线面这类基础的事实一旦有错，后期基本上是修正无望。而且万一出现国境线失准的问题，事涉政治，兹事体大。

要避免制图失误，除了编辑校对注重核查之外，原始制图一定要好好把关。特别是要注意使用权威发布的地图模板来制图，不要轻易使用网络上不明来源的地图。网络资源丰富有利于工作，但网络资源发布的随意性也很容易造成难以估量的恶果。

另外，随着中国崛起和走出去战略的实施，我国与周边国家的交往日益密切，媒体越来越多地报道中国地缘政治及安全问题，也越来越多地参考和引用外媒报道，这时就要特别留意地名的翻译和使用。某些时候，地名就是政治。

例22 某媒体报道中国安全局势，初拟配图说明为“中印边境线上，印度军方人员在阿鲁纳恰尔邦的邦拉山口站岗”，所谓“阿鲁纳恰尔邦”实为中国西藏的藏南地区，我国政府从未放弃藏南主权，也未承认印度对其的主权、控制权，中印双方正在通过谈判协商解决两国边界问题。改为“印度军方人员在中印争议地区站岗”后顺利出刊。

（四）用常识、用发散思维去发现专业的问题、现场的问题

专业语汇与日常信息交集较少，新闻报道中专业语汇的准确性几乎完全依赖采写者提供的第一手信息。新闻现场也是后方校对目力难及之处。要想在专业与现场这两个陌生的领域里发现错误，除了抱有强烈的质疑态度外，还要依赖常识。

例23　某媒体《暗瘤——被忽视的儿童癌症》一文中，“孩子淋巴也有了结结，后来发展到肚子疼”中的“结结”应作“结节”。结节，指生物体表面或内部组织中圆形的小突起。此处能够引发质疑继而发现错误，就是起因于，尽管各专业学科中熟悉的专业名词不算多，但以叠字出现的，还是第一次遇到。这个“第一次”值得认真核查一下。果然，“结结”应是“结节”。

例24　某媒体《来自结构的战斗力》，以信息图方式对比了不同时期中国军队与美军的各军种结构比例。这类型信息图以大量的原始数据为依据，即使是军事迷也未必了解透彻。核查这类制图时是不可能纠缠于数据的，只能依据统计图的普遍制图规律来入手。如该文使用了环形比例图来表达，环形比例图的一个最重要的制图原则是，环形各个组成部分需要各自标注百分比，各百分数的和应为100%。以此入手就发现，1958年、2013年两年的数据均有错误，导致合计均非100%。另外，2013年的比例图还遗漏了图例。所幸在校对过程中发现，及时核实修正了数据并补入图例，使得相关内容完美刊出（见下图）。

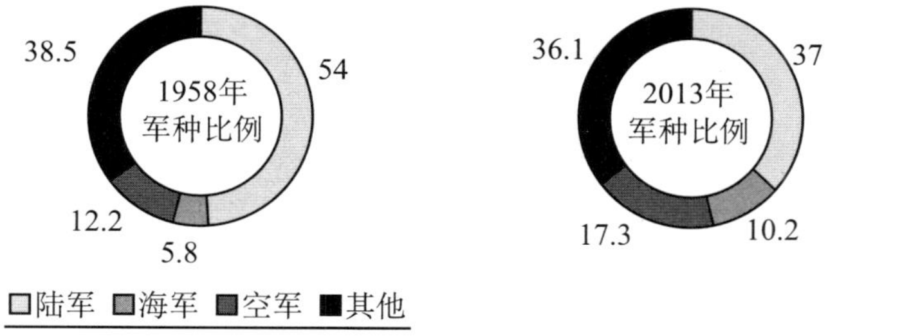

原图：数据错误，元素缺失

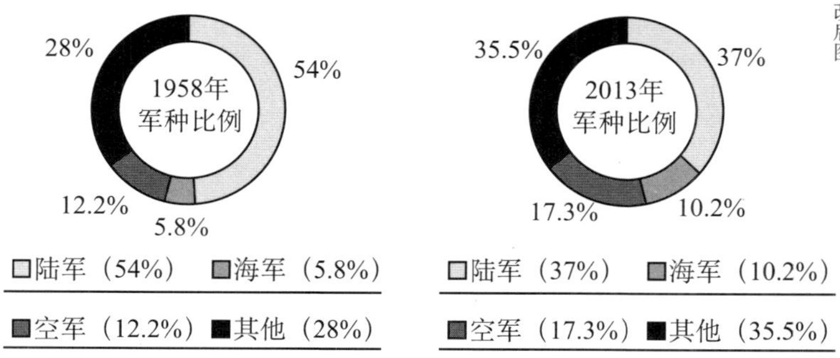

改后图

以上示例，也许在学有专长的理科生、金融生、掌握原始资料的作者看来，文科生的质疑思路和求证方向很没科学道理，有违自然、人文学科逻辑。可是，所有的表达都是文字的表达，文字自有其关联性——对文字的理解能力越深，思维越发散，从文字中发掘的信息就越丰富，就越能弥补专业知识的不足。

另外，需要提醒的是，校对在查阅资料以助判断文本准确性时，对匿名网友编写的如百度知道、百度百科等信息应审慎识别。在发稿时间允许的情况下，应尽可能地查阅这些条目的来源网页，或者求证于更专业的权威网站、官方网站。

三、读屏时代“对”与“快”如何得兼

（一）严格执行发稿流程，避免无谓错误

信息生产是一个系统性的工作，采、编、校、审任何一个环节的控制都必须准确到位，任一环节的疏忽都有可能造成发稿错误。在这个维度上，互联网信息生产也不能例外。

1. 环节控制：采

自媒体作者保证第一手资料的准确性，新闻事件的5W1H完整准确。重要信息在第一次出现时要用全称，以便校对以此为标准，统一、核对全文。

2. 环节控制：编

编辑过程中，对于流程的执行，普遍偏重“按时”甚至抢发原则，对校对意见的理解和执行及沟通则仍有提高的空间，对送审送校文稿的“齐、清、定”三字原则还需要给予更多重视。

（1）齐：要求文稿、图稿和附件（导读、大小标题、链接、图说等）都齐全无缺。

（2）清：要求文稿或图稿等缮写、描绘清晰，符合排版的需要。

（3）定：要求内容确定，发稿后不再改动。或者说，送审送校的应是准刊发件。

3. 环节控制：校

传统的图书出版机构都会严格执行三校三审制度。传统的报刊出版一般最少执行二校二审制度，即走两个校次。互联网读屏时代唯快至上的工作风格，决定了留给校对环节的时间是非常少的，那么至少也要保证做好一个校次，可能的话分两人做两个校次。

具体执行则要注意，首先不能因为有二校保底就跳过一校。在校对技术上，一二校工作各有侧重，一般一校粗筛错别字和病句，二校重点是筛查常识、事实及逻辑。跳过一校则必定影响二校进度。其次是对校样的跟进要到位。对于校对意见要做到应改尽改，对校对意见有不同看法时，不要置之不理，而应了解校对

为何对相关文本提出疑问或异议，即“充分沟通，知因知果；亦步亦趋，求证落实”。

（二）提升校对水准

保障文本的文字质量，校对人员责无旁贷且肩负重任，在无原稿的互联网读屏校对模式下，校对的工作范围大大扩展了，既要直接判断文字、语句、语法、标点、版面常识等方面的差错，也自然地被赋予检查、审读及部分传统编辑工作的职能，即检查文本的事实、常识、逻辑错误。

一篇合格的报道，无非是5W1H的有机有效结合，任何一个要素的缺失或错误，大则可能对报道的可信性、权威性形成威胁，小则影响用户阅读感受继而影响对媒体的评价。When、Who、Where这三个要素相对属于静态信息，可以从多种渠道核实其准确与否；而What、Why和How属于动态信息，往往只有现场采写者掌握核心内容。无论是静态信息还是动态信息，要想不出错或少出错，除了作者要保证第一手资料的准确性以外，编审校等制作环节在后方也可作充分助益。那么，校对人员该如何应对互联网读屏时代的技术考验呢？

1. 以日常积累为基础，结合文本进行常识判断、逻辑关系判断，以发现错误、避免错误

“校异同”模式下，仅仅具备耐心与细心是无法应对电子时代的校对需求的。解决之道：广博知识，快速反应。除此无他。除了对汉字、语法的精确掌握以外，文史地理知识、时事新闻、生活常识等等庞杂信息的大量积累和迅速调取、准确运用，成为校对岗位必须具备的素养与能力。研习和质疑这两项弥足珍贵的品质，开始成为优秀的校对人员的标配。校对人员最需要养成质疑的能力，形成有效直接的质疑思路。越是知识面广阔、积累丰厚、质疑心强的校对，其纠错勘误作用、编辑作用就越能充分体现。

具体而言，一位优秀的校对须具备以下业务能力：

（1）具备严谨的逻辑思维、高度责任意识，了解新闻出版行业规范用语、禁用语，杜绝违法、违背新闻伦理的观点和表述。就新时期媒体涉猎内容之广、报道专业水平之高而言，责任校对应具备全面的学习能力、杂家的素养，具备广博的知识和细腻的语感，能从容应对稿件涉及的古今中外、国际国内、天文地理、政治、经济、法律、科技、体育等方方面面的质量要求，以及领先时代、同业的新颖的表达方式。

（2）具备读图时代校对信息图的技术能力。对版面普通制图、信息图制图规范有充分了解，能发现数据错误与制图错误。如信息图逻辑关系及与正文的对应关系、柱状图高度、饼图比例、政区图地形图细节等。

（3）具备提供编辑意见的能力。校对人员除了精耕细作版面，还应与编辑人员形成良好的互动和信任关系，在编辑需要时随时尽力回答编辑的各种求证问题，并提供相关意见，如稿件相关信息的准确性、大小标题建议、头条文章及导读推荐等。

（4）能够发现英文错误，包括拼写错误及折行等排版错误。

（5）能够发现版式规范制作错误，要在校对文字的同时核对每一层级标示是否正确，相应层级内字体、字号、字色是否统一。

2. 日常工作中校对的校次分工情况

一校：负责稿件一校，以校错别字、校病句为主，权限为直接修改错别字、语法、标点。确保一校完成后稿件语句通顺，无明显妨碍阅读的硬伤。

二校：清理文字、语句、语法、标点、版式常识等差错，在此基础上校是非，可直接修改一般性的事实误差，确保二校完成后稿件文从字顺，阅读顺畅，无明显版式错误。重点为校是非、校逻辑，以及主配稿口径统一。除没有把握和重大问题须与编辑沟通外，其他问题可直接改正。该校次校对完成的文本应达到准发稿标准。

终校：负责协调统筹校对团队完成全部校对工作，负责全部重点文本的终校，实现对编辑工作的全面拾遗补阙和延伸。该校次完成的文本即可签发。该岗位人员必须确保个人专业业务能力领先，同时有能力有权力处理用户反馈意见，维护编读关系，积累读者及高知类型读者资源。

鉴于互联网读屏时代发稿特点，一般稿件可以合并一、二校次，重点稿件或必要时可进行终校即第三个校次，以求万无一失。

附：出版规范用语摘要浅析

2005年，新华社总编室公布了一批新闻报道禁用词，覆盖范围较广，在实际中需新老媒体严格遵守的是涉及政治、国际关系、法律、民族、种族、宗教方面的内容。篇幅所限，本文仅就其中部分内容略做分析。

一、涉及国家主权、港澳台的内容

台湾是中国的一个省，是我国领土不可分割的一部分，香港、澳门是中国的特别行政区，这些都是基本常识。须特别注意的是大常识大原则中的细节。

在有关台湾的报道中，用“中华民国总统（副总统）”称呼台湾地区领导人是绝对不允许的，即使加引号也不能使用。如行文必需，则使用“台湾地区（副）领导人”的表述方式。

对台湾当局“政权”系统和其他机构的名称，无法回避时，表述时均应加引号，如“立法院”“行政院”“监察院”“司法院”等。其负责人及特定成员的职衔亦应加引号，如台湾“立法院院长”“立法委员”“教育部部长”，或使用“××机构”“××机构负责人”的表述方式。

台湾市县级机构及其负责人职衔表述一般不用引号，如高雄市议会、台北市文化局局长；各党派领导人职衔亦不用引号，如国民党主席、亲民党主席等。

法律是国家主权的重要体现。台湾地区所施行的所谓“法律”应表述为“台湾地区有关规定”，不得出现台湾“宪法”“刑法”之类表述。

国际法是调整国家与国家之间关系的法律，其中的一些术语如“文书验证”“司法协助”“引渡”等词汇也不应使用于对台各项法律事务。

对台湾与我名称相同的大学和文化事业机构，如“清华大学”“故宫博物院”等，应在前面加上台湾、台北或所在地域，如“台湾清华大学”“台湾交通大学”“台北故宫博物院”，一般不使用“台北故宫”的说法。

对台湾冠有“国立”字样的学校和机构，使用时均须去掉“国立”二字。如“国立台湾大学”，应称“台湾大学”；“××国小”“××国中”，应称“××小学”“××初中”。

台湾的一些社会团体名称中有“中华”“中国”字样的，如“中华道教文化团体联合会”“中华两岸婚姻协调促进会”等，均应加引号。

不能使用不当地名。如不得将台湾称为“福摩萨”，亦不得称钓鱼岛为“尖阁群岛”或“尖头诸屿”。如需引用或转述他方报道时，必须加引号。

“福摩萨(formosa)”一词是荷兰语“美丽”的意思。荷兰人占领台湾后称为“福摩萨”，美丽岛的意思，此名有殖民意味，大陆不使用，台湾也不常用，但有些国家由于习惯可能仍会使用。在编译外稿时尤须注意。

钓鱼岛，台湾称为钓鱼台。日本关于钓鱼群岛的科学知识，是从英国海军的书籍或地图里得来的。日本海军将英国海军所说的Pinnacle Islands 译成“尖阁群岛”“尖头诸屿”，“尖阁列岛”的名字也是由此得来。行文中不得使用。

近年来南海问题成为世界所瞩目的焦点之一，关于南海的报道及编译稿与日俱增。外稿中常常会出现各岛礁的外文名称，在编译时也应格外注意。比如，黄岩岛不可写为“Scarborough Shoal”或“斯卡伯勒浅滩”，美济礁则不应使用其英文名“Mischief Reef”及相关汉译名。

在实际报道的文字中，都要注意不能称港澳台为“国家”，而且港、澳、台不得与中国并提而让人误以为是同等地位，如“中港”“中台”“中澳”等都是严重错误。要格外提醒的是，避免间接把港澳台表述为相当于国家的地位，比如“亚洲四小龙是四个经济飞速增长的国家”。制图人员也要留意，图表中香港、澳门、台湾字样不得与中国字样并行，必须出现时，可使用“香港地区”“澳门地区”“台湾地区”，以示地位上的差别。

“台湾”应与“祖国大陆（或‘大陆’）”为对应概念，“香港、澳门”与“内地”为对应概念，不可弄混。所以一般可以使用“内地与香港”“大陆与台湾”的表述方式。实际应用中，注意避免港澳台人员“来华（公干、访亲）”之类的表达，而应称“港澳人员来内地投资”“大陆游客赴台观光”等。

此外，港澳台的地位问题还涉及一些相关国际组织的表述，如WTO。WTO 成员中既有主权国家成员，也有如台湾、香港此类以地区经济体身份加入的成员，因此只能作“WTO 成员”表述而不能说“WTO 成员国”。世卫组织WHO 则与此相反。根据世卫组织有关规定，世卫组织对所有国家开放，其成员必须也只能是主权国家，所以准确表述应为“世卫组织成员国”。

新闻管理机构发布的禁语中，曾要求不得将海峡两岸和香港并称为“两岸三地”，避免形成对澳门事实上的无视。但目前这种用法较为多见，尚无媒体因使用“两岸三地”而被批评的信息。

二、国际关系类禁用词

不得使用“北朝鲜（英文North Korea）”来称呼“朝鲜民主主义人民共和国”，可直接使用简称“朝鲜”。英文应使用“the Democratic People 's

Republic of Korea”或使用缩写“DPRK”。援引外文资料时应避免直接使用“北韩、南韩”之类称谓，特别留意在外稿中的使用。

有的国际组织的成员，既包括国家，也包括地区。在涉及此类国际组织时，不得使用“成员国”，而应使用“成员”或“成员方”，如不能使用“世界贸易组织成员国”“亚太经合组织成员国”，而应使用“世界贸易组织成员”“世界贸易组织成员方”“亚太经合组织成员”“亚太经合组织成员方”（英文用Members）。

在涉及民族、种族、宗教称谓时，不应使用“穆斯林国家”或“穆斯林世界”，而要用“伊斯兰国家”或“伊斯兰世界”。不应使用“阿拉伯民兵”，而应使用“民兵武装”或“部族武装”。

在报道社会犯罪和武装冲突时，一般不要刻意突出犯罪嫌疑人和冲突参与者的肤色、种族和性别特征。比如，在报道中应回避“黑人歹徒”的提法，可直接使用“歹徒”。

公开报道中不要使用“伊斯兰原教旨主义”“伊斯兰原教旨主义者”等说法，可用“宗教激进主义（激进派、激进组织）”替代。如回避不了而必须使用时，可使用“伊斯兰激进组织（成员）”，但不要用“激进伊斯兰组织（成员）”。

不要使用“十字军（东征）”等说法。

有关极端组织残害人质的报道中，不使用“斩首”，可用中性词“人质被砍头杀害”。

对国际战争中双方的战斗人员死亡的报道，不要使用“击毙”等词语，可使用“打死”等词语。

不要将撒哈拉沙漠以南的地区称为“黑非洲”，而应称为“撒哈拉沙漠以南的非洲”。

三、社会生活类的禁用词

有身体伤疾的人士不使用“残废人”“独眼龙”“瞎子”“聋子”“傻子”“呆子”“弱智”等蔑称，而应使用“残疾人”“盲人”“聋人”“智力障碍者”等词汇。

报道各种事实特别是产品、商品时不使用“最佳”“最好”“最著名”“最先进”等具有强烈评价色彩的词语。医药产品报道中不得含有“疗效最佳”“根治”“安全预防”“安全无副作用”等词语，药品报道中不得含有“药到病除”“无效退款”“保险公司保险”“最新技术”“最高技术”“最先进制法”“药之王”“国家级新药”等词语。

网络用语中对脏话词语进行缩略后新造的“SB”“TMD”“NB”也应避免使用。

对各级领导同志的各种活动报道不使用“亲自”等副词。

作为国家通讯社，新华社要求其通稿中不使用脏话、黑话等。如果在引语中不得不使用这类词汇，均应用括号加注，表明其内涵。

社会生活中的禁语在网络媒体中几近寻常，几乎不再引发管理机构的批评。当然，作为有操守有品格的媒体，在这方面还是可以多留意的。这是媒体自律的重点之一。

四、法律类的禁用词

在新闻稿件中涉及如下对象时不宜公开报道其真实姓名：

（1）犯罪嫌疑人家属；

（2）涉及案件的未成年人；

（3）采用人工授精等辅助生育手段的孕、产妇；

（4）严重传染病患者；

（5）精神病患者；

（6）被暴力胁迫卖淫的妇女；

（7）艾滋病患者；

（8）有吸毒史或被强制戒毒的人员等。

涉及这些人时，稿件可使用其真实姓氏加“某”字的指代，如“张某”“李某”，不宜使用化名。

对刑事案件当事人，在法院宣判有罪之前，不使用“罪犯”，而应使用“犯罪嫌疑人”。

在民事和行政案件中，原告和被告法律地位是平等的，原告可以起诉，被告也可以反诉。不要使用原告“将某某推上被告席”这样带有主观色彩的句子。民事诉讼称“原告”“被告”，刑事诉讼称“原告人”“被告人”。

不得使用“某某党委决定给某政府干部行政上撤职、开除等处分”，可使用“某某党委建议给予某某撤职、开除等处分”。

在案件报道中指称“小偷”“强奸犯”等时，不得使用其社会身份作前缀，如“一个曾经是工人的小偷”，不要写“教授罪犯”。

各级检察院的“检察长”也不应误为“检察院院长”。各级法院的最高领导则是“院长”。

五、民族宗教类的禁用词

中国是多民族国家。各民族都有自己的文化传统、风俗习惯。新闻报道在涉及民族事务时，首先要注意的就是，对各民族不得使用旧式的带有污辱性的称呼。不能使用“回回”“蛮子”等，而应使用“回族”等。也不能随意简称，如“蒙古族”不能简称为“蒙族”，“维吾尔族”不能简称为“维族”，“哈萨克族”不能简称为“哈萨”等。

新华社未明确禁止的是朝鲜族不得简称为“鲜族”。在朝鲜族同胞看来，“鲜族”是严重污辱性的称谓。

禁用口头语言或专业用语中含有民族名称的污辱性说法，不得使用“蒙古大夫”来指代“庸医”，不得使用“蒙古人”来指代“先天愚型”等。事实上，蒙古族医学在数百年发展过程中，吸收了藏医、汉医及古印度医学理论的精华，结合马背民族的生产生活实践，形成了有鲜明特征的理论体系和临床特点。

少数民族支系、部落不能称为民族，只能称为“×× 人”。如“摩梭人”“撒尼人”“穿/川青人”“僜人”，不得称为“摩梭族”“撒尼族”“穿/川青族”“僜族”等。（摩梭人经历了数百年的民族融合而形成，在中国的民族划分中属于纳西族的一支。撒尼人是彝族的一个支系，阿诗玛就是撒尼人。贵州穿青人基本已经汉化，1981年民族政策变化，穿青人提出要独立建族。但民族专家费孝通、白寿彝等支持穿青人不成为民族。僜人有约数万人口，我国境内千人左右，主要聚居在西藏察隅一带。）

不要把古代民族名称与后世民族名混淆，如不能将“高句丽”称为“高丽”，不能将“哈萨克族”“乌孜别克族”等泛称为“突厥人”。

“穆斯林”是伊斯兰教信徒的通称，不能把宗教和民族混为一谈。不能说“回族就是伊斯兰教”“伊斯兰教就是回族”。报道中遇到“阿拉伯人”等提法，不要改称“穆斯林”。（也要注意不能说“回教”“回教徒”，即使用于我国的回族也不对。在转引外稿时要注意“印尼的回教徒”“马来西亚有多少多少人信仰回教”等不规范表述。）

涉及信仰伊斯兰教的民族的报道，不要提“猪”“猪肉”。穆斯林宰牛羊及家禽，只说“宰”，不能写作“杀”。

有没有觉得规矩太多？规矩再多也得执行，而且还须认真执行，稍有疏失，麻烦就大了……

作者简介

胡晓菲，《南方周末》责任校对，从业18年，于校雠事稍有心得，以“没有一段文字被敷衍，没有一个版面被轻慢”而自足。

第六章　短视频自媒体制作初探

刘涛

编者按

让我们先看一组短视频数据——

2015年，制作原创视频内容的“Papi酱”走红网络。2016年7月，Papi酱在斗鱼、百度、优酷等八个平台同时直播，在线人数达2 000万；截至7月12日，累计有超过7 000万人次观看，并收到了1.13亿个赞。Papi酱微博粉丝从200万到760万，用时不到两个月。

资本也开始追逐短视频。2016年3月，Papi酱获得1 200万人民币融资，估值1.2亿。同样进行视频原创的自媒体，如“日日煮”融资3 500万、“二更”融资5 000万、“一条”融资1亿……

所以，2016年被称为“短视频元年”。在信息消费上，我们从图文时代迈入了视频时代。而在2017年至2018年间，快手、抖音等App的DAU（日活跃用户数量）破亿，更证明了这一点。

制作成本高、阅读成本低也让短视频自媒体作者把很多竞争对手挡在门外。此外，与文字、图片相比，视频的展现手段更丰富、现场感更强。一个典型的案例是美国大选：200多年前，林肯坐着马车巡回演讲；80年前，罗斯福利用广播传播其政治主张；肯尼迪时期，候选人在电视上面对万千观众发表演说成为常态；而奥巴马竞选期间，YouTube专门为其开设个人频道。大选结束时的统计表明，奥巴马的个人频道视频总计点击19亿次，相当于1.45亿个小时的关注。在2016年美国新一届总统竞选期间，希拉里和特朗普辩论的现场录像被剪辑成很多视频片段放在社交平台上，希拉里将特朗普称为“我的丈夫”的口误视频片段被迅速疯传。

在此，就如何制作一档优质的短视频，我们也给自媒体作者们一些建议。

关于什么是短视频，目前尚无权威定义。SocialBeta将其解释为“一种视频长度以秒计数，主要依托于移动智能终端实现快速拍摄与美化编辑，可在社交媒体平台上实时分享和无缝对接的一种新型视频形式。”它融合了文字、语音和动态影像，可以更加直观、立体地满足用户的表达与沟通需求。

一、短视频的优势

（一）现场感

视频最明显的优势就是现场感。一个新闻事件，不管文字描述有多详尽，图片展示有多清晰，都是“单维信息”，用户无法感知事件的真实。而视频，不管是“实拍”还是“监控记录”，都能让用户一目了然地看清事件发展，特别是爆炸、车祸灾难等极具视觉冲击力的场景。

例1

八达岭动物园老虎伤人事件，图文报道无法还原当时的紧急感和恐怖感，但监控视频一经发出便在网络疯传。正是因为视频的震撼，才让事件得到了更大程度的发酵（扫描二维码看视频案例，下同）。

八达岭老虎伤人监控视频

例2

太平洋海底火山爆炸，图文的展示会有一种无力感——无法将大自然的威力呈现在用户眼前。

太平洋海底火山喷发的震撼场面

（二）真实性

之前常说无图无真相，相对于图文，视频更难造假。它会给用户更强的真实感，特别是监控录像。

（三）理解易

一些专业性较强的领域，如财经、军事，洋洋洒洒几千字的深度解读，没有一定专业知识的受众很难看懂。同样一个题材做成视频，用浅显易懂的语言解说更接地气，能让不同知识结构的人很快看懂。此外，像一些技巧类的内容，视频也有独特的优势和不可替代性。例如“丸子头怎么扎”“东坡肉怎么做”这种需要动手实践的领域，图文的展示就很难传达精髓。

例3

丸子头怎么扎？两根扎头绳一分钟搞定

（四）多媒体

除了字幕之外，视频能给用户视听享受。同样是一个搞笑内容，视频包含人物、表情、冲突等多方面元素，更容易让用户投入其中。

例4

搞笑视频

（五）碎片化

现代人时间碎片化严重，5分钟可以做什么？短视频是一个填充利器。即便是影视剧中的精彩片段，也都是相对独立的内容。

例5

影视剧精彩片段

二、如何制作出一部精彩的短视频

以3分钟视频为例。首先，我们不能盲目拿起设备，先要有整体的构思及剧本。这个构思包括视频的主旨、内涵、布局、亮点、拍摄手法等等。

（一）过山车式布局

我们可以把短视频的布局想象成游乐场里的过山车，其结构就很容易安排。过山车刚开始都有一个缓慢上升的过程，这里我们可以看作视频的铺垫部分。紧接着，过山车会有个急速下降的过程，这应该是它第一个令人紧张的阶段。短视频也是如此，如果在前20秒内能有一个爆点（或悬念）吸引住用户，那么用户很愿意继续看下去；如果把视频的亮点全放在最后，大部分用户是没有耐心看完的。当然，我们也不要为了吸引人而刻意设置一些无趣的点，那样会让用户感觉疲劳。所以，一个3分钟视频的布局基本可以这样设定：20秒一个小爆点，2分钟一个大爆点。

例6

美国驻联合国大使演讲遭学生炮轰：你手上沾满了鲜血

此视频长79秒，从第6秒开始，美国驻联合国大使黑莉就遭到学生呛声，引爆首个看点。第24秒开始，口号声响起，而镜头始终对着黑莉的脸，她有点不知所措的表情与群情激奋的声音形成鲜明对比，视频也就此到达最高潮部分。

（二）视频的拍摄手法

一个视频要吸引用户，不仅需要跌宕起伏的情节，也需要多样的拍摄手法。如果你的视频只是固定的摆拍，镜头没有任何变化，那即便内容再吸引人，在视觉效果上也会让用户觉得很疲劳。

“推、拉、摇、移、跟、甩”是拍摄的基本手法。首先我们要知道，“推”“拉”是指镜头的变焦，“摇”是指摇摄，“移”和“跟”是指摄像机的平移和跟拍，而“甩”又是移的一种。下面我们来详细解释这几种拍摄方式的主要运用环境及镜头语言。

1. 推

推是指使画面由大范围景别连续过渡的拍摄方法。推镜头一方面把主体从环境中分离出来，另一方面提醒观众对主体或主体的某个细节予以特别注意。

比如，主持人说到嘉宾的腕表有某种特殊意义时，镜头就会慢慢推上去，给腕表一个特写。同样，如果拍摄主体要表达一些特殊情绪时，也可以慢慢推一个脸部特写。

例7

该片段是《大话西游》中最经典的一段，演员朱茵和周星驰在对视时导演运用了推的手法，着重刻画了两人的面部表情，瞬间将两人从周围环境中分离出来。

电影《大话西游》片段

2. 拉

拉与推正好相反，它把被摄主体在画面中由近至远、由局部到全体地展示出来，使得主体或主体的细节渐渐变小。拉镜头强调的是主体与环境的关系。

例8

该片段在2:20 时，通过拉镜头，从局部至全景，直至整个地球，拉镜头和音效的配合制造了紧张的气氛，并给观众呈现了整体环境。

电影《银河系漫游指南》片段

3. 摇

摇是指摄像机的位置不动，只变化角度，其方向可以是左右摇或上下摇，也可以是斜摇或旋转摇。其目的是对被摄主体的各部位进行逐一展示，或展示规模，或巡视环境。其中最常见的摇镜头是左右摇，在电视节目中经常使用。

电影《末日崩塌》片段

例9

在第34秒时，导演运用从右至左、从上到下的摇镜头，将周围环境逐一展现给观众，突出了灾难现场的规模。

4. 移

移是移动的简称，是指摄像机沿水平方向移动并同时进行拍摄。移动拍摄要求较高，在实际拍摄中需要专用设备配合。移动拍摄可产生巡视或展示的视觉效果，如果被摄主体属于运动状态，使用移动拍摄可在画面上产生跟随的视觉效果。

电影《泰坦尼克号》片段

例10

该片段第47秒处，导演运用移镜头来表现男主角的第一视角，把游轮头等舱的内部面貌展现给观众，既不会突兀刻意，又让人身临其境。

5. 跟

跟是指跟随拍摄，即摄像机始终跟随被摄主体进行拍摄，使运动的被摄主体始终在画面中。其作用是能更好地表现运动着的物体。

电影《疯狂的石头》片段

例11

该片段是《疯狂的石头》的经典镜头之一。演员黄渤在抢到面包后，被面包师骑车追逐。此时的镜头始终与黄渤保持相对静止的跟拍，很好地表现了奔跑中的黄渤，从而获得了更强的喜剧效果。

6. 甩

甩实际上是摇的一种，具体操作是在前一个画面结束时，镜头急骤地转向另一个方向。在摇的过程中，画面非常模糊，等镜头稳定时才出现一个新的画面。它的作用是表现事物、时间、空间的急剧变化，营造紧迫感。

当然，除了以上六种基本拍摄手法，还有一些有难度的手法，比如升降、旋转、晃动、综合等，但是这些手法需要的设备及技巧比较专业，自媒体可以不强求。

刚接触视频制作时可能会有疑虑，到底时长多少的镜头算是好镜头？或者说，3分钟的视频里有多少个镜头才算是好视频？其实这些问题并没有标准答案，完全取决于镜头要表达的内容—— 1秒钟不短，1分钟不长。一段视频需要多少镜头，也是这个道理。如果你足够专业，完全可以3分钟一镜到底。如果你想用快闪的形式表达一段情绪，这里的镜头数量就由你的想法来确定。

总之，不建议让自己陷入一个框架里。只要利用好蒙太奇，把握住节奏，那你的作品就会变优秀。

（三）蒙太奇是什么

蒙太奇（法语Montage，音译词），是影片构成形式和构成方法的总称。

简要地说，蒙太奇是根据影片所要表达的内容以及观众的心理顺序，将一部影片分别拍摄成许多镜头，然后再按照原定的构思组接起来。一言以蔽之，蒙太奇就是把分切的镜头组接起来的手段。由此可知，蒙太奇就是将摄影机拍摄下来的镜头，按照生活逻辑、推理顺序、作者的观点倾向及其美学原则联结起来的手段——首先它是使用摄影机的手段，然后是使用剪刀的手段。运用上述的“推、拉、摇、移、跟、甩”，就可以通过蒙太奇组合成一个完整的视频。

（四）节奏的把控

任何事情都有节奏，音乐有前奏、副歌，故事有跌宕起伏，视频同样如此。这个节奏的把控，不仅拍摄时导演心中要有数，剪辑师的心里也要有。有“节奏感”的剪辑师能让故事的发展更紧凑、有趣、环环相扣，从而避免松散、混乱，让人摸不着头脑。

1. 影响画面的节奏

影响画面的节奏包括摄影机的运动、拍摄对象的运动、剪辑节奏等。

2. 影响声音的节奏

影响声音的节奏包括语言、音乐、音响等。

把控节奏的目的就是把握住观众心理。

“皇军”抢亲？婚礼车队现日军军服

例12

分析：此视频长78秒，前10秒就用拍摄者的画外音“皇军开道”直接引发第一个爆点（婚礼车队现日军军服），之后内容继续展示现场画面和相关信息。在32秒处，视频第二个高潮出现，众多摩托车爱好者发出声讨，当事人在朋友圈公开道歉。

视频的整体节奏很紧凑。制作者通过画外音、背景音乐、音效，以及演员的表演，对视频节奏进行了综合性把控。在1分多钟的时间里通过镜头切换及其他元素的配合，紧紧抓住了观众心理，让人很自然地跟随着视频的节奏接受故事的发展。全篇没有多余的镜头和不和谐的节奏处理。

要想让一个短视频充满节奏感，需要几个要素：

1. 编剧要编出节奏

如果编剧和导演把故事发展的来龙去脉事无巨细地写出来，故事的主体不突出，该简不简、该繁不繁，那作品一定是冗长乏味的。

2. 演员要演出节奏

演员要演出节奏，不能拖泥带水。

3. 摄影师要拍出节奏

如果摄影师在画面的表现、构图的选择、镜头的运动上没有把握好影片的节奏，那么剪辑师就会大伤脑筋。

4. 剪辑师要剪出节奏

如果只是把镜头的长度都剪短，而不调整结构，那么故事的节奏依然不会得到改善。

总体来说，节奏是一个很难规范的东西，是一个人的内心感受。听同一首歌、看同一部电影，有可能你觉得节奏不错，其他人觉得很差。因为人的感受和思想都是主观的，是不同的。

（五）如何做视频封面图

在视频信息流中，封面图和标题是首先呈现给用户的信息。封面图的冲击力、震撼感、传递信息的直观性都是视频推广的重要手段。一张好的封面图能瞬间吸引用户的注意力，让用户迅速判断视频内容，甚至可以让流量翻倍。

制作视频封面图通常采用以下几种手段。

1. 截取进行时

图片虽然是静态的，但可以通过一些技巧表现出动态感，一个正在进行的动作更能体现视频的属性。

例13

历史性握手！金正恩邀请文在寅跨越分界线进入朝方一侧

此视频长96秒，作为当天最重要的新闻视频，截取朝韩领导人跨越分界线的历史性画面，第29秒两人的握手成为第一个爆发瞬间，第58秒来回跨越分界线更将视频推向最高潮。

2. 传递现场感

视频最大的优势就是现场。一些新闻事件的现场视频，封面图的截取就显得尤为重要。比如“实拍：美国肯尼迪航天中心发射台爆炸　现场火球冲天”这一类视频，封面图要最大限度地表现出爆炸的震撼，才能更好地传递事件本身的信息。

例14

美国肯尼迪航天中心发射台爆炸

3. 情绪化代入

当封面图出现人物时，他的神态和情绪十分重要。喜悦、愤怒、悲伤、疯狂等情绪可以让用户更有代入感。

例15

郭德纲说了这么一句话，高圆圆就笑喷了

4. 监控拍摄截取

通过监控截取的图片通常不太清晰，但用监控画面做封面图给人以真实感。

5. 标记处理

当封面图中元素比较多时，要用圆圈、箭头等符号在封面图上做出重点标注，以方便用户读图。

例16

实拍高速公路上车祸瞬间

6. 与标题匹配

视频的封面图不是独立存在的，它与标题是相互配合、相互补充的关系。比如，标题描述某个视频如何搞笑，封面图应该以相应的爆笑画面作为配图；标题描述冲突，封面图应该截图有冲突的一帧画面。

例17

7. 控制封面图尺度

避免重口味、恶心、血腥等容易引起用户不适的图片出现。会引起一部分用户不适的图片，就应该避免。同样，应避免大尺度图片出现，带有明显性暗示，着重突出性器官的图片，都不能作为封面图使用——媒体应该坚守价值底线和社会责任感底线。此外，不能为吸引眼球做封面党，把视频里没有的画面放在封面上骗人。

向足球暴力说不，声讨苏宁球迷围殴申花球迷，这算什么本事

（六）如何制作短视频标题

关于标题制作的基本规则，请见上编第三章《不靠标题党，还是10 万+》。这里重点阐述视频标题与文章标题制作的区别。

文章标题与视频标题看似相同，却有不同。视频相对于文字最大的优势是直观，能给用户展现更多细节，带来更强的感官刺激。因此，视频标题中，要抓住能够强调现场感觉、体现立体感受（如声音）的要素。

1. 突出现场感

例18

江西泰和大桥坍塌属于突发事件，在标题中使用“监拍”这个关键词，突出了事件的现场感。而“垮塌瞬间”能够让用户感受到视频内容的震撼。

监拍：江西大桥垮塌瞬间

同样新闻的文字标题为“5人受伤3人失联！江西发生桥梁坍塌”。相比视频标题而言，用户只能通过想象还原事件，缺乏亲临现场的震撼。

2. 强化时间点

例19

“神走位！‘幸运女’2秒跳车成功躲过死神”突出视频内容要点，在14 秒的时间点设置悬念，引发用户好奇心理进而观看。

神走位！“幸运女”2秒跳车成功躲过死神

类似新闻的文字标题为“梅州突发惨烈车祸　中巴车追

尾大货车”。标题无亮点，很容易被用户忽视。

3. 突出视频元素

例20

“在场观众”突出了视频元素。

10岁女孩深情演唱《我想有个家》，在场观众哭倒一片！

三、专项分析：如何把知乎“视频”化

目前，各个平台上的短视频大概可以分为三种：有趣的、有料的、有用的。

有趣的，指娱乐、八卦视频，包括一些影视片段等，它们的存在纯属为了帮用户打发无聊时间；有料的，指新闻类视频，通过现场拍摄强化用户对新闻的了解。这两类视频是短视频的主流。

但在一点资讯上，我们更看重第三种视频——“有用的”，或者说是视频版知乎。知乎凭借专业、深入、友善的社区文化和机制，聚集了科技、商业、文化等领域中最具创造力的人群。用户通过问答等交流方式建立信任和连接，形成了很有特色的媒体形态。

而短视频节奏感强，相对图文也更立体，因此把知乎“视频化”也是自媒体可探索的模式。如何实践，可参考以下几点。

（一）小小技巧

比起互联网上一些毫无营养的信息，为用户多提供实用内容，让人能够学到更多技能，是其意义所在。

例21

喜欢旅行的朋友都会有一个苦恼，那就是在疯狂买买买后的行李打包问题，如何用最小的空间收纳更多的衣物？这个视频就为用户展示了一些节省空间的小技巧。两分钟的视频画质清晰、节奏感强、细节到位，用户看后即可“现学现卖”。

果断收藏！一个小箱子居然装下了20件衣服！这个收纳技巧必须学

（二）专业干货

专业干货对高端用户群体更具吸引力。我们可以将专业内容深入浅出地进行解构，让用户获得对自己有实际帮助的知识。

每年乱吃药致死人数比车祸还多？协和药师告诉你药该怎么吃

例22

生病了得吃药，但吃药也是一门学问。药吃少了起不了作用，服用过多则可能对有益细胞造成破坏。视频标题首先点出中国每年死于错误用药的人多于死于车祸的人，引起用户好奇。接着又推出“协和药师告诉你药该怎么吃”——内容专业权威，会让用户产生信任感。

（三）趣味知识点

不只是技巧的简单罗列，也包括“有意思”内容的展现，更容易吸引用户，增加黏性。

涨知识，人民币上的神秘圆圈有什么用?

例23

人民币是生活中最常用到的东西。不知大家有没有注意到上面那些小圈圈，可不只是花纹图案这么简单。那么，它的关键作用是什么？视频就为用户揭开这些小秘密，非常有趣，同时又丰富了知识（关于知识类视频的深度案例，请见本章后的“深度案例之三”《解密视知TV：知识短视频一哥诞生记》）。

四、视频的质量如何评级

下面以一点资讯为例，简述短视频的评级标准。

（一）根据质量维度，视频内容可分为三个级别

级别最高为三级视频，可在全站范围内展示，特别是可以获得首页流推荐。

二级视频：可根据视频内容在相关频道内展示。

一级视频：仅搜索或订阅可见，不提供主动曝光。

（二）可从三个维度考量什么样的视频才能达到三级标准

1. 声画质量

用户对于视频的第一感官体验是视觉和听觉。打开视频后，一定要给用户舒适的观看体验。如果视频的画质差、声音乱，甚至达不到基本的清晰度，用户一定是拒绝的。

2. 视频内容

（1）必须定位准确，有明确受众人群。视频传播主旨要明晰，以目标人群为导向，视频内容能够在最大限度内满足用户的期许。例如，新闻内容一定要突出现场，快速反应；猎奇内容，视频一定要“活久见”、新鲜好玩，满足用户的好奇心理。

（2）在内容的整体布局上，必须逻辑清晰。

（3）在镜头和裁剪上，需要精益求精（参见下图腾讯短视频制作标准）。

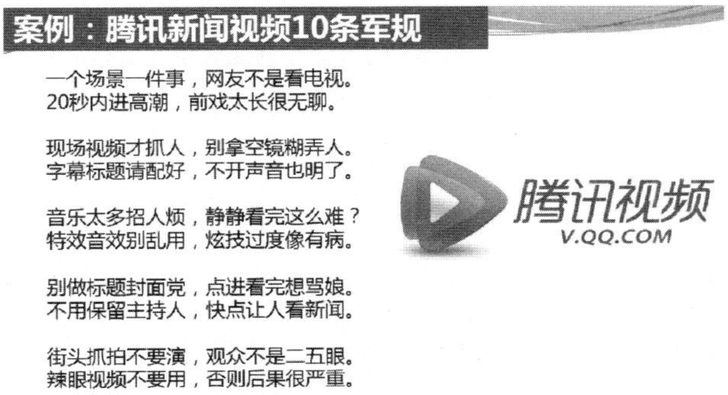

3. 用户数据

点击、分享、用户停留时长以及完播率等，要达到一定标准。特别是用户停留时间的长短，是衡量一个视频好坏的重要标准。

（三）不受平台欢迎的视频

除了内容质量差之外，不受平台欢迎的视频还包括以下几种。

（1）有害政治信息。

（2）低俗涉黄内容。例如，为求点击量暴露人体敏感部位，这是被严厉禁止的。即使打上马赛克，这类视频也不会被推广。

（3）广告内容。一定不要让用户感觉是在看广告（该类情况多出现在游戏、财经、科技、教育等领域）。

（4）重复内容和老旧内容。对超时效的视频内容，用户关注度明显低于突发类视频。

（5）教学、教程类视频如果无字幕，影响用户理解视频内容，不予高推荐。

（6）视频画面差。如带有黑框，影响用户体验的视频，不予高推荐。

作者简介

刘涛，曾任搜狐视频新闻主编、一点资讯视频运营部总监。现供职于阿里巴巴旗下某媒体，负责视频业务。

深度案例之三 解密视知TV：知识短视频一哥诞生记

马昌博

编者按

在所有新闻体裁中，解释性报道是最复杂的一种。它不但要具备5W中前四个W，还需要特别聚焦于“Why”。但如果能把一个解释性报道做得深入浅出，它能带来的关注度也会远超消息和通讯。

在短视频领域，解释性报道同样是王冠上的明珠。特别是与那些只能让用户打发无聊时间的搞笑、休闲类视频相比，它能让用户获得真正的价值。

知名媒体人马昌博先后创办了壹读传媒和视知TV，带领团队制作了超过2 000个解释类短视频，选题覆盖政治、财经、科技、医学、汽车、生活，甚至二次元等多个领域。在“视知”自己的理解中，团队最核心的就是“系统的、可视化的内容解释力”。而最终体现出来的视频恰恰就是“解释力”，而不是单纯的制作能力。也正是靠着“可视化的内容解释力”，马昌博此前创立的壹读传媒成了解释类短视频的开拓者，后来创办的视知接力向前，聚焦垂直市场，成为知识视频领域的引领者。

除了聚焦如何做好内容之外，本文的另一个价值，是对内容创业公司的发展路径做了深刻解释。创业不易，在两年时间里拿到两轮融资并基本实现盈利更难。但是，视知做到了。

2017年年底的时候，视知TV作为知识短视频领头者的地位已经明确无疑，外界开始用“狂飙”来形容视知这一年的发展——从MCN（Multi-Channel Network，一种多频道网络产品形态）到内容，到营销，到商业模式，到创业公司本身，获得30多个奖项，成为最受瞩目的内容创业公司之一。在几乎所有平台，视知都是知识短视频的代表，而且往往是唯一的代表，以至于业内最权威的内容创业大会——新榜年度峰会上，主办方直接说“以视知为代表的知识类短视频在2017年强势崛起”。

视知旗下的八个产品线，每个月有超过10亿的全网点击量，平均每个视频的全网播放量大概在1 000万VV（Visit View，访问次数），截至2017年年底有2 000多万粉丝。视知还拥有超过120家线上渠道，线下渠道则渗透到了所有智能电视终端、上千架次航班机上屏幕、北京地铁、上海地铁和公交、300家医院屏幕以及6 500块北京楼宇广告屏。

于是，在参加各种峰会时，我被问得最多的问题是：“你不会做视频，怎么就做成了一个一流的短视频品牌？”

每次我都有点无从回答——这不奇怪啊，马云不会写代码、数学也不及格，可阿里巴巴和蚂蚁金服不也成了互联网和金融领域的巨头？

当然，这是开玩笑。我知道同行的潜台词是：纸媒出身的人怎么做了视频？而且选择了知识短视频？

这看起来确实有点奇怪，但恰恰说明我们本来就不是一个单纯的视频团队。简单地说，视频是个外在形式，不是视知团队最核心的东西！

在我们自己的理解中，视知团队最核心的是“系统的、可视化的内容解释力”。而最终呈现出来的视频，恰恰就是“解释力”的体现，而不是单纯的制作能力。正是靠着“可视化的内容解释力”，我此前领导的壹读传媒成了解释类短视频的开拓者，后来创办的视知TV则接力向前，聚焦垂直市场，成为知识类短视频领域的引领者。

过去六年中，我所带领的团队制作了超过2 000个解释类动画短视频，选题覆盖政治、财经、健康、生活、科技，娱乐，甚至二次元等多个领域。

对于以上学科领域，我们不是任何一个门类的专家。我们的工作不是做研究，而是做解释。或者说，视知传媒是“知识的翻译者”——利用动画短视频这种形式，将晦涩的知识和枯燥的数据翻译成用户可以理解的视听内容。

我们利用平面设计、二维动画、三维动画和实拍等方式，制作出了具有媒体属性和功能属性的信息可视化产品，所以视知传媒一直坚定地做一个内容公司，而不是视频公司，我们的核心竞争力不是制作视频的能力，而是我们的“解释能力”。这种独有的能力体现在我们生产流程的每个环节当中。

为什么做知识短视频？所有的内容本质都是为了解决焦虑

过去几年中被问得最多的问题之一就是，为什么要选择知识短视频？这个领域看起来门槛又高，又不那么容易起量。

谈这个问题，首先要想清楚内容生意背后的商业逻辑。我认为，所有的内容产品无外乎是在针对人们的焦虑做文章，区别只是有的让人暂时忘掉焦虑，有的试图帮人解决焦虑。用通俗的例子来讲，去电影院看电影可以放松心情，这是忘记焦虑；去医院看医生可以治病，这是解决焦虑。而内容领域的生产规律也是如此。

这方面，知识付费就是一个典型例子。比如我曾经读了两个商学院，我问教授自己会因此挣到更多钱吗？教授的回答是不一定，因为挣到更多钱的前提是你有更多钱，资本的杠杆才是最高的杠杆。虽然读完商学院并不能保证让我挣更多钱，但它提供了让我思考企业管理和财富增长的方法论，这本身就是一件有价值的事情。甚至可以说，它让我在这件事上的焦虑得到了安慰，而安慰本身就是价值。知识缓解了人们对生活中某些问题的焦虑，所有内容生产的模式都围绕于此。

现在我们面临的专业名词，比十年前要多得多。比如说到庞氏骗局，庞氏骗局是什么意思？商学院的同学说杠杆率太低，杠杆率是什么意思？央行降准了，降准是什么意思？

知识让我们每个人都越来越焦虑，但你们焦虑的是缺乏知识吗？不是，知识从来就存在。它就在书里，就在论文中。大家缺乏的是什么？是经过翻译后的知识。因为只有经过翻译后，你看得懂，知道知识跟你有什么关系，才会感觉到它的存在。而视知做的就是知识的系统化翻译。

事实上，“翻译”这个词贯穿了视知这个公司的核心。大家知道，做内容的都难逃一个创意枯竭定理，这让我们很难扩大规模。而我做了十多年的内容，发现创造内容不是最好的事情，翻译内容才是。

首先，翻译没有创意枯竭这一说。好知识、好内容很多，视知要做的是选择什么内容翻译给需要看的人。其次，知识翻译不是写小说和诗歌，而是写有方法论的说明文，这样方法论就可以大规模推广。好比你不能办一个培训班培训诗人，但可以办一个培训班培训翻译。当想清楚了这个逻辑后，你发现你必须要找到一个让内容高质量、大规模、成体系、可复制的办法。

而视知现在就是将内容制作变成了系统的工业化流程，而且每个步骤的标准会定期更新升级。我们不要求爆款，不标最高分，而是持续稳定高质量的平均分，这才是一个好公司，而不是个小作坊。这些具体做法，你会在本文最后一节看到。

短视频机构的未来：标准化、工业化、规模化

很多同行还会问我，目前的短视频创业和之前的新媒体创业有什么不同？

这种不同，简单说就是之前的新媒体创业就是微信公号创业，只要一个人能写就够了，好像江湖侠客，一个人就可以打遍武林。而现在的短视频创业，在一开始就是高度工业化、标准化、规模化的，所以更像是集团军作战，讲究的是组织效率，个人勇武不起决定作用。

因为短视频开始的基因里就是高度的工业化、标准化、规模化的长链条，需要更多人协作，需要的标准更复杂，所以它起流量、起规模的时候会更加迅速。说白了，凡是由更多人协同才能做好的事情，当人一多了，它的规模性就会体现出来。

那么，怎么体现规模优势？视知TV用“三化”来诠释。

一是垂直化。举个例子，在长安街竖一个卖汽车的广告牌，可能一天有500万人看，但只有500人想买车。但在北京车展上竖一个广告牌，看的人可能有100人，但想买的有80人之多。简单地讲，就是现在的传播早就从大动脉传播变成了毛细血管传播，泛流量已经变得没有意义，只有垂直流量才有意义。

二是矩阵化。视知要做一亿城市家庭的知识入口，意味着要为这个家庭提供日常生活中所需的所有场景知识，我们有八条线，基本全覆盖。而且矩阵化会使我们更安全，如果某条线失败，也不影响大局。

三是工业化。没有工业化、标准化的短视频机构，在未来不会有任何前途。

由此，短视频创业从游击战到正规战，未来短视频公司的竞争将既是规模矩阵的竞争，又是垂直度的竞争。

短视频从2016年爆发开始，经过两年混战，各个细分领域头部已经基本形成，因为大规模变现还没来临，所以现在说下半场有点早，但短视频至少到了三分之一场。我认为未来的发展将是两极：越来越大的头部集团和个性越来越鲜明的小团队以及个人IP，前者日趋稳定搞阵地战，后者生生死死各领风骚搞江湖侠客混战，中间状态的公司要么死掉要么被合并。

那么短视频未来又会带来什么？我的判断是，门户网站干掉报纸，短视频要

干掉大部分电视台，我讲的电视台指的是大部分电视台的日播节目。现在各个电视台大家能记住的都是它的头部IP，电视台变得越来越像影视公司，大投入、高风险、高收益，但它平常的日播节目已经没有人关心，观看场景已经被手机里的短视频取代了。

内容公司最后PK的不是内容而是公司

我和我的团队从2012年年初就开始做短视频，当时做的人很少，不想反而走出了一条新路。后来也有很多同行问我，当时是怎么“高瞻远瞩、目光如炬”地看到了短视频的潮流和微信公众号的空间？我说什么目光如炬都是胡扯的，都是市场逼出来的，或许有经验的判断，但根本的还是要顺应大势改变自己，市场会帮你做出正确的决策。

从2012年第一次创业开始，6年多的时间里我最大的体会就是：成功经验往往是不靠谱的，但是教训要深刻总结。别人怎么做成功的，你复制一遍或者他自己复制一遍都可能成功不了，但如果告诉你走过什么坑以后要绕着走，这个很关键。对于我自己来说，经历的坑最重要的有三个：

第一，对钱要有概念，既要懂怎么赚钱，也要懂怎么花钱，还要懂得钱的节奏。刚从《南方周末》出来的时候，我是一个好记者、好编辑、好的业务管理者，但不是好的企业管理者。刚创业的时候，对现金流和账期没有概念，对于十几个亿的大企业被几千万的现金流憋死的事情觉得很不可思议，后来发现真的有可能。当时别人给我们干完活儿下个月我们就给对方结算了，但是我们给别人做的三个月之后才收到钱，这两个月的现金流就很可怕。起初我对于成本也没概念，以为只是直接的绩效，其实还有提成、差旅、房租、税费、社保等等，一层层摊下来，这才是最终的成本。从开始的一头雾水到现在的系统管理，这就是一个成长的过程。

第二，尊重商业逻辑，太阳底下无新事，把擅长的事情做到极致。扎实地想清楚自己到底什么地方比别人强最重要。做企业，把你最擅长的事情做到极致都未必成，你不擅长的凭什么能成？视知TV就是按照如此逻辑，用短视频的方式解释知识，在垂直领域深挖下去做到第一，然后形成品牌效应。

第三，做事不要做折返跑，要有战略定力。视知只做知识短视频，要形成自己的标签，这个事情就是你做得最好，这才是一个正常的商业模式，才能形成顶尖的溢价。内容公司最大的资产不是创意，不是粉丝，不是流量，而是别人对你的认知。很多创业企业什么都做，或今天做这个明天做那个后天又做这个，折返跑是企业发展很大的弊端。

短视频这个领域，因为是内容领域，很多同行喜欢强调创意，强调内容的特殊性，确实内容有特殊性，但是特殊性不能成为内容公司的唯一性。好的短视频公司必然要回到商业竞争本质，在策略、管理、标准化、工业化、组织效率和人才建设等方面PK。

那么作为一个创业公司，如何变得更强大？我总结了四个词。

第一是理想。我们是一个内容公司，没有理想，和百货公司这种卖东西的公司有什么区别呢？它必须要有最基本的价值观。

第二是情分。我们管理的是人不是机器，是人生产内容给人看。

第三是效率。没有效率的公司，在互联网时代不要说走，连活都活不下去。

第四是制度。我发现最大的制度是人。对于一个人，不仅要给钱，还要给他前途，给他未来的成长。当人本身能有积极性、能去解决问题的时候，哪怕公司粗糙一点，依然能跨过去。

恕我直言，中国内容领域绝大部分公司都是非正常、不合格的公司，因为我们这个行业太初级了。

如何“翻译”知识：知识动画短视频的制作

此前提到了标准化和工业化，在视知，短视频制作的每一个环节都有标准化的流程。比如我们选题有三个标准：第一要有情绪感，才能得到传播；第二要是痛点知识，人们才会关心；第三要有应用场景，不能交给公众一个定理，而要帮他解一道应用题。

具体而言，以最常见的一个3分钟的动画短视频制作为例，全部流程耗时长达1～3周，相当于半月刊的生产周期。整个流程分成四个阶段：选题创意、脚本撰写、画面创意、动画制作。

下面我们就将这四个阶段逐一分解，来阐述视知传媒如何打造“系统的、可视化的内容解释力”这一核心。

一、选题创意：“社会情绪热点”与知识的结合

信息时代不缺乏资讯，每个人都是记者，每个手机都是报纸。不论是资讯本身还是对资讯的各种评价、解读，几乎都第一时间充满了网络。

海量信息之下，公众产生两个痛点：第一，信息选择成本越来越高，不知道哪个信息是真的。而且人们不仅仅想知道信息，更需要了解信息背后确定的常

识。第二，人们变得越来越懒，能看图就不看文字，能看视频就不看图。

于是，可视化的靠谱知识成为这个时代的刚需。

从早期在壹读时代制作的《三分钟科普五险一金》《三分钟看懂中国官员级别》，到目前在视知发布的视频《协和医生告诉你，什么样的痣要人命》《这些商品被山寨的最多》《夫妻相的残酷真相》《深改组1 000天：如果没有完善的户籍制度，生活会变成什么样》，我们通过视频传递的所有信息都是“知之不深和应知未知”的，简单地说就是每个人在日常生活中都应该知道，但由于某种原因并不知道或不完全知道的。

对于过去的媒体来说，这些内容似乎“不够有爆点”，但是对于知识类视频而言，这些内容都是具有长尾效应的优质内容。直到今天，我们在2012年制作的一些视频依然有每个月几万的点击量。这并不意味着定选题不用考虑时效性，但我们在意的不是“新闻时效性”，而是“情绪时效性”。

视知传媒一直在遵循这样的准则——“要寻找有社会情绪的热点知识而不是新闻”。有些新闻很重要，例如美国大选，但中国观众未必对这个话题有情绪。有些话题不是新闻，例如“北上广深之后，下一座一线城市是哪所”“为什么人人都喜欢黑处女座”“为什么每次剪完头，你都觉得丑成狗”，但它具有广泛的关注度，符合社会情绪的热点，而且热度会持续很长时间。

二、脚本撰写：维度和数据的力量，搞笑和幽默的区别

我们对3分钟视频脚本的要求是逻辑清晰、事实准确，需要有3个以上不同维度的数据，至少3个数据点，每分钟至少有两个笑点。

（一）不同维度

可视化的解释力不是数据的罗列，需要用多种类型、多种角度的数据来构筑生动有趣的内容。

例如，在《北上广深之后，下一座一线城市是哪所？》视频脚本中，就选择了GDP总量和人均可支配收入、第三产业占经济总量的比例、总人口规模、金融和IT等朝阳产业发展情况等多个维度的数据进行对比。

（二）多个数据点

同一个维度里的数据只能揭示一个事实或一种趋势，多个维度可以让信息更加丰满立体。同时，我们也一直重视多个数据点的展现形式不要雷同。

例如，在视知传媒制作的《上海是全国经济中心？你咋不问问北京呢？》的脚本中，使用的数据有：（1）北京上海GDP对比；（2）北京上海人均年收

入对比；（3）北京上海科技公司和金融行业实力对比；（4）海外留学生归国选择工作目的地数据对比；（5）北京上海科研资金投入对比。其中，GDP对比采用的是北京GDP占上海GDP的百分比逐年的变迁。而北京和上海年均收入对比，重点则是差额。如根据官方统计，10年前，上海人均可支配收入远超北京，北京人干一年的收入，只相当于上海人干十个半月；而目前北京人均可支配收入每年比上海多出近3 000元，相当于多了一部智能手机，北京超出上海。海外留学生归国选择工作目的地的数据，则直截了当地用一个比例加深印象——归国留学生，来北京工作的人数是去上海工作的两倍。

北上广深之后，下一座一线城市是哪所？

上海是全国经济中心，你咋不问问北京呢？

（三）笑点，幽默而非搞笑

内容清晰、表达顺畅、表现有趣，是我们追求的目标，只有这样才会吸引粉丝点击，并在社交媒体中转发。所以除了信息的逻辑严密、数据的严谨佐证之外，所有信息以一种幽默的方式展现出来非常重要。

我们一直强调幽默而不是搞笑，幽默需要智慧，是建立在经验和想象力基础之上的。我们有一整套视频脚本笑点的“实战宝典”。例如：

1. 奇异感的词语搭配

比如谈“速度”：按照凹凸曼的速度来计算。

比如谈“古代各界领导人”：清代国家领导人乾隆，慈善界掌门人观世音，胖纸界一哥弥勒。

2. 在熟悉的词上略做修改

比如谈“干部选拔的关键时刻”：如果你在某个岗位上耽搁了太多年，就只能往“后备老干部”的方向发展了。

3. 类比、比喻

比如谈“毕业后的各个阶段”：如果你本科毕业打拼十年还没有“中产”，那就不只是拖了大家的后腿，简直是扯了大家的蛋了。

4. 假设

比如谈“手机辐射是否会产生疾病”：如果你真信，视知君建议你把手机当鞋垫，能磁疗。

…………

当然，所有语言上的笑点都比不上——数据有趣，事实有趣，内容有趣。

比如谈“大学专业”：最有“钱”途的专业是……北京大学，会计（前五年平均月薪24 153元）；清华大学，会计（前五年平均月薪15 555元）；中国人民大学，还是会计（前五年平均月薪17 689元）……

比如谈“胖瘦的不同待遇”：男胖纸中拥有婚前性行为的比例不到13%，而男瘦纸中，有72%都提前上了车……

比如谈“‘上火’这个概念的滥用”：书上说了，虚火上升，夜间梦魇，循环往复，就是上火。所以，这些美国电影（《盗梦空间》《明日边缘》《黑客帝国》）都是重复的，都是上火后拍的。

创作视频脚本与写文章最大的区别是所有内容都要按照视听语言的标准。

一般来说，脚本包含两部分内容：口播台词与画面信息。

这两部分内容有机地相互配合起来才是完整的信息。把所有数据一个不落地全部读出来，或者把想要通过画面来表达的场景和情形再念出来都是大忌。

视知传媒的脚本有固定的格式（见下图）：

口播词	画面核心信息
早在1992年，央行就开始试点让硬币取代纸币，选了这五个地方	上海、江苏、浙江、辽宁和深圳
原因很简单，这些地方离造币厂近，运输成本低，调配也方便	四大造币厂是上海造币有限公司、南京造币厂、沈阳造币厂和深圳国宝造币厂

由此可以看出，口播与画面信息结合在一起，构成了完整的信息点，口播更符合口语化的表达。据我们观察，目前国内同类的产品大多还处于所有信息依赖口播，画面信息完全展示口播台词内容的阶段，不但组合起来让人感觉缺乏创意，而且相同时间内传递的信息密度较低。

所以，视知传媒对脚本文案的创作有四个关键词：

——4.0：所有脚本初稿完成后，至少需要经过三轮修改才能定稿。

——N：虽然脚本一般只有一位作者，但从创意到策划到最终成稿，有多人参与。

——想：写作时不断想象与脚本相配合的画面，如果想象不到，就要删掉这句话。

——读：脚本需要采用口语化的表达，完成后作者要朗读一遍，修改不合适的语句。

三、画面创意：开放式的创意方式，标准化的创意衡量

与一般的生产视频产品公司不同，视知传媒没有专职的导演岗位。导演的工作由脚本作者、原画师和动画师共同承担。通常在别的团队，脚本完成后，视频的制作流程是这样的：（1）导演负责根据脚本绘制分镜；（2）原画师根据分镜绘制原画；（3）动画师根据分镜，利用原画来制作动画；（4）最终导演负责对画面的审核。

而视知传媒的制作流程是：所有参与项目的原画师、动画师，以及脚本作者共同讨论分镜，并由原画师记录下大家最终确定的画面构思，绘制成分镜，供原画组和动画组使用。这样做的好处是参与人数更多，创意更丰富，不会被“套路”所限制。而且由于动画师和原画师都参与了讨论过程，清楚地知道每个画面的细节和表现意图，后期制作的时候效率更高，更不容易出错。

一直以来，视知传媒的原则是专业的人做专业的事，同时要对前后两个环节给出专业的反馈。

脚本作者需要在脚本中写好口播台词和画面核心信息，但没必要写出所有画面的描述；原画和动画师要在画面讨论中占主导地位，同时脚本作者要及时纠正表现不准确的或者方向偏离的画面构思。

如果遇到某段脚本内容无法用很好的画面来表现，或者脚本的顺序会打乱画面，动画师和原画师也会建议作者修改脚本。

视知传媒制作的分镜也有自己的标准：平均每分钟8～12个镜头；尽量做到切换步调一致，最短不少于3秒，最长不超过8秒。

画面和脚本相辅相成，组合起来传递信息，不能只是脚本的呈现。

就拿视知传媒非常擅长的政治解释类视频来说，有些团队遇到抽象的政治名词或概念时，往往不知道如何表现，就用拉横幅、打大旗甚至出字幕的方式来呈现。

例如，在《官员的责，你可以这样问》视频中，我们在脚本的口播台词中提到，“党内监督乏力，该发现的问题没有发现，发现了问题也没有报告”，画面并没有直接表现有哪些问题，而是设计了一个场景：有人投递举报信，但举报信被人偷偷烧掉。

官员的责，你可以这样问

四、动画制作：人和画都要“动”起来

前面一直强调“可视化的解释能力”是视知传媒的核心竞争力。同时，在动画技术方面，视知传媒也属于顶尖水平。

对于原画，即美术方面，视知除了强调色彩搭配、人物造型、绘画风格之外，还特别注意对脚本信息的还原度。我们会要求有些信息要真实准确地还原，不能为了“好看”“有趣”而不顾真实情况。

2016年全国科普日动画宣传片

例如，在2016年与中国科协合作的全国科普日视频里，有一个镜头是屠呦呦在办公室里工作，我们参照了屠呦呦的工作照，并到她之前工作过的办公室实地考察，完美地还原了这个场景。专家审核后对我们说，你们连试管、烧杯等试验设备的摆放位置都严格遵守了实验室的规定。

但同时，动画短视频又是能充分发挥想象力并加以实现的信息可视化方式，所以对于不涉及需要专业精准还原的场景，我们也会做出许多“脑洞大开”的画面设计。例如在《中国与G20：构建创新联动的新世界》视频中，为表现世界格局的变化，以及中国参与国际事务越来越多，我们特意设计了一个生于1970年代的杭州的主人公，他的成长经历刚好与世界近40年的格局变化相关，通过他个人的体验来折射全球的变化。

中国与G20：构建创新联动的新世界

作者简介

马昌博，视知传媒创始人兼CEO。高级数字编辑，工商管理硕士，国新办新闻发言人班培训专家。曾任《南方周末》资深时政编辑，获第一届“南方报业年度记者”称号。后任壹读传媒CEO，成为中国知识类短视频的开拓者。2016年创办视知传媒，将其培养成中国知识类短视频的第一品牌。

下编

如何运营一个 100万+ 粉丝的大号

总则：
账号的六个维度与内容生产、内容分发、用户互动

吴晨光

入驻某个平台的自媒体号，我们称之为“××号”，如微信公众账号、一点号、头条号。

在各个平台上，一个自媒体的优与劣体现在几个方面：原创度、垂直度、活跃度、关注度、知名度、内容质量。作为自媒体人，要从这几个维度包装好自己的账号，才能获得平台的认可。

一、原创度

原创度指自媒体发表的内容（包括文字、图片、视频等）中，有多大比例是原创的，而不是转载或抄袭的。原创比例高的自媒体号，在各个平台上大都会得到更高的评级和推荐权重。

二、垂直度

垂直度指自媒体的定位明确度，能否专注于某个领域或某一人群。所谓“术业有专攻”，今天写财经、明天写体育、后天写娱乐的自媒体，往往是浅尝辄止。更重要的是，只有定位明确，才有获得更精准的“公号画像”，并在千人千面分发的App中获得更为精准的推荐。

三、活跃度

活跃度指自媒体发文的频次、数量。在文章质量相同的情况下，发文数量越多、频率越高，越容易被平台青睐，因为读者是有预期的。相反，一个平台也可以根据自媒体的活跃度去分析自身运营的状况，解决只入驻、不发文的问题。

四、关注度

关注度指某个自媒体的订阅数，以及用户订阅之后，这个号与粉丝之间的关系密切程度。

五、知名度

知名度指自媒体作者的名望和资历，分为普通号、达人号、名人号。

（1）所谓普通号，指作者缺少知名度和影响力。

（2）所谓达人号，指作者在某个垂直领域内有较大影响力，比如教育界的熊丙奇、财经界的刘姝威等。达人号会得到一定的高评级、推荐加权。

（3）所谓名人号，指作者被公众广泛认知，如马云、郎平、王宝强等。名人号会得到较高的评级及推荐加权。

六、内容质量

我们从两个维度来判断某自媒体的内容质量。

第一个维度是编辑。

根据选题、采访、写作、包装，来判断单篇文章质量（详见本书上编）。而自媒体发文的平均质量，决定这个号的优劣。

第二个维度是数据。它主要包括如下指标：

（1）点击量和点击率。点击量指一篇文章被用户点开了多少次。点击率＝点击数/展示数。展示数指有多少个用户刷出了这篇文章。

（2）阅读时长。阅读时长指用户在一篇文章里停留的时间。

（3）转发量和转发率。转发量指一篇文章被用户转发到社交媒体（如微信）上的次数。转发率＝转发次数/ 展示数。

（4）评论数和评论率。评论数指一篇文章有多少用户评论。评论率＝评论总数/ 展示数。

（5）收藏数和收藏率。收藏数指一篇文章被多少人收藏。收藏率＝收藏总数/ 展示数。

账号的入驻和发文，属于内容生产范畴。生产优质内容是亘古不变的真理。今天，内容生产的权力已经从专业媒体人下放到了每个人手里，机器人也拥有了生产内容的能力。而当大量内容充斥互联网时，平台对作者的要求也从“海量”变成了“丰富、优质”。只有丰富，才能满足千人千面分发的需求；只有优质，才能避免被阅读者放弃。

内容生产之后，是审核过程。因为自媒体缺乏传统媒体“三审三校”的流程，平台方就承担了更大责任，必须保证发出的内容是安全的。同时，因为千人千面的分发逻辑需要对内容进行画像，所以自媒体作者上传内容时，打标签的准确、细腻程度非常重要。

今天，内容分发的权力也从由总编辑和编辑垄断，过渡到编辑、算法、社交三分天下。所以，自媒体人对算法和社交分发的理解非常重要，特别是对人工智能的理解，直接决定了文章在平台上的分发效果。

最后，不要忘了利用好每一个机会，和你的粉丝互动。互联网本就是一个开放、共享、交互的环境，有时候一条精彩的留言回复，胜过一篇精心创作的文章。

第一章 3 000万自媒体人必读：内容分发新逻辑全揭秘

吴晨光

编者按

本文根据作者在“凤凰网夜校”的一次内部讲座整理而成。2017年8月，作者的公号“一点晨光”公开发表了部分内容。此次成书，做了大量修订，并将隐去的内容——特别是对今日头条的分析——重新整理入文，以保持文章的客观和深度。

这是一篇写给3 000万自媒体人的文章，也希望对平台运营者和正在转型的传统媒体人有所帮助。

全文超过14 000字，分7部分，看完至少需要30分钟。建议在安静的环境下阅读——当然，如果拥有一颗安静的心，环境并不是问题。

文章摘要

1. 今天，内容生产的权力已经发生了转化——从专业人士到自媒体人。这就如同改革开放初期，在“国营饭店”旁边诞生出一批个体饭馆一样。
2. 内容分发的权力也已经发生了转化——从专业人士到社交媒体，再到算法（人工智能）。先有用户画像、再去匹配内容，这是算法的根本。一点资讯相对于传统媒体和门户网站，如同计划经济到市场经济的转型。
3. 编辑、算法、社交三种分发模式，单纯靠哪一种都有局限，所以大平台正在走向“三合一”的分发模式。微信、一点资讯、今日头条是典型的探索代表者。
4. 正因为有了“千人千面”的分发逻辑，才催生了大量长尾领域自媒体内容的诞生。也正因为有了近3 000万个自媒体账号，才会促使平台更深入研究“千人千面”的分发模式。内容生产权力的转换与内容分发权力的转换，相互促进，相互依存。
5. 自媒体人到一个平台上发文，无非想获得两个东西——利与名。利，是以钱为代表的收益；名，是内容展示、点击、分享、收藏、用户停留时长等指标的综合数据。而平台要做的事情，就是先定义优质内容，然后把利和名分配给自媒体人。
6. 算法分发的核心有三个：用户画像、文章画像、算法模型。用户画像：你是谁，喜欢什么？文章画像：这是一篇什么文章？什么题材？什么领域？是好是坏？算法模型：依据什么实现用户画像和文章画像之间的最佳匹配？算法的难度，是体察人性。
7. 如果你不去执着研究“冷启动”，那用户很快会走光。冷启动，就是你下载安装一个App，第一次启动时看到的内容，如同谈恋爱时的第一面。
8. 编辑以价值观为导向，算法以数据为导向。价值观保证公平，数据保证效率。我们要做的，是在公平和效率之间找到最佳平衡点。
9. 未来的编辑是复合型人才，要了解算法、了解自媒体、了解短视频——因为这些都是大平台的标配。只想做蓝领的编辑，最终会被淘汰。
10. “格物穷理”是一个很痛苦的过程。不过一旦想通了，你就能把握事物运行 的规律。如果再做到“知行合一”，就会战无不胜。

一、今天，每个人都拥有了内容生产的权力

从一百万年前人类诞生开始，传播就由这四个环节——内容获取（也就是内容生产）、内容审核、内容分发，以及用户互动组成（见图1）。直到今天，上述流程也没有发生任何改变。但就在最近五年里，每个环节的内涵却发生了质变，特别是在内容生产和内容分发环节。

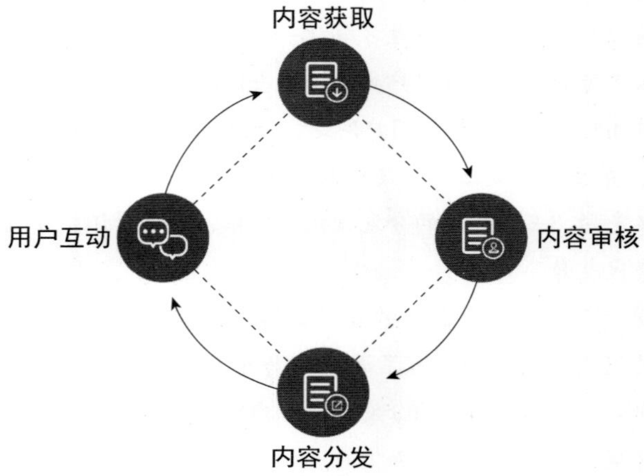

图1　传播的四个环节示意图

首先，我们来看内容获取（生产层面）的变化。

2016年，我曾提出一个概念——内容生产权力的转换。以前，谁有权力生产内容？是我们在座的各位，以及我们的合作伙伴——包括新华社、中央电视台、《中国新闻周刊》等。也就是说，媒体专业人士拥有生产内容的权力。我们写稿子做视频，其实代表着供职的媒体，不是个人行为。

但现在，每一个自然人都有生产内容的权力，这就是自媒体。据不完全统计，2018年年初，微信公号注册超过2 800万个，其中200多万个为活跃账号。而在一点资讯平台上，2015年8月我入职的时候，只有不到5 000个自媒体，而现在一点号（也包括我们的友军凤凰号）已经接近70万个，每天发出文章、视频近30万篇。

再看下面的数据：最近一周时间里，在一点资讯App平台上，自媒体的展示量、点击量、分享量、评论量占、收藏量、阅读时长都超过了80%（其余为RSS抓取等方式接入的内容所占的量）；而在两年前，这些数据均不到30%。

所以，在这样一个“人人都是内容生产者”的环境下，我们需要认真地去面对今天的形势，进行精细化运营。

二、前提：重新定义优质内容

怎么去运营自媒体？首先，要有这样的胸怀——天下所有优质内容都能为我所用，天下所有优秀的自媒体人都是我们的作者。要打破什么东西都要编辑部原创的思维，因为读者（用户）根本不关心你的内容是不是原创，他只关心内容是不是好看、是不是重要、是不是他感兴趣的。当然，前提是你的价值观是正确的，传递的是正能量——这是我们的职业操守，更是党和国家的要求。

自媒体运营之道的核心在于能否为优质内容提供“利”与“名”。为此，我们需要做以下的思考：

第一，什么是优质内容？

第二，给优质内容提供什么样的利？

第三，给优质内容提供什么样的名？

我进入媒体行业已经整整20年，关于优质内容的定义，其实是每一天都思考的东西。如果从文章（或者视频、图片、直播等）角度而言，无非是八个字：选题、采访、写作、包装（主要包括标题和图片）。关于好的选题、好的采访、好的写作、好的包装，这些已经阐述过多次，如果大家有疑问，可以看看《超越门户：搜狐新媒体操作手册》这本书，我就不再赘述了。

在这里插入一个案例，就是腾讯新闻对优质短视频的定义（参见上编第六章《短视频自媒体制作初探》）。

腾讯视频制作的“十条军规”是：“一个场景一件事，网友不是看电视。20秒内进高潮，前戏太长很无聊。现场视频才抓人，别拿空镜糊弄人。字幕标题请配好，不开声音也明了。音乐太多招人烦，静静看完这么难？特效音效别乱用，炫技过度像有病。别做标题封面党，点进看完想骂娘。不用保留主持人，快点让人看新闻。街头抓拍不要演，观众不是二五眼。辣眼视频不要用，否则后果很严重。”

这个总结挺经典的，而且以打油诗的形式表现更容易让人过目不忘。5G商用即将到来，短视频正值风口，也希望大家在这方面多一些想法。

对于优质内容定义的第二个维度，是自媒体号。它相当于平面媒体时代的“栏目”，是文章或视频的集合。公号是否优质，可以从以下六个维度定义。

第一是原创度。“天下文章一大抄，一把剪子一把刀”，有了电脑和互联网，抄袭的成本又变低了很多。正因为自媒体号互相抄袭情况非常严重，所以优质号必须是原创。

但我们必须要清楚怎么去定义和鉴别一个公号是否原创。在网上搜索资料作为背景补充在文章里，或者对已知内容进行分析后提炼出自己的观点，这不能算抄袭。所以，要能界定特别是标题、图片、文章的重合度比例问题。也正因为自媒体的量很大，所以这件事情也不是人干的，而是要通过一套版权系统，进行梳理对比。技术应该能够鉴别全网谁是首发，重复度有多少，并去清理做号党。现在，做号党已经形成了一个产业——他们很善于捕捉热点，并迅速搜索热门文章，东拼西凑，再搞一个耸人听闻的标题，骗取点击。做号党生产的内容一旦进入我们的平台，会大量瓜分流量和补贴，导致真正的原创优质内容进不来，而且会引发大量的版权官司和投诉（参见本章后的深度案例之四《“做号党”调查》）。

第二是垂直度。迄今为止，一点资讯还有很多内容是通过RSS抓取方式接入的，特别是一些大内容源，比如新华社。我们也会按照稿源的质量对它们进行评级，从一级到六级，由差到好。那么问题来了，新华社的内容，有经典的也有一般的，你怎么定义它的级别？这个定义很重要，因为它直接关系着内容分发的权重。

所以，我们要对新华社的内容进行拆解，比如拆解成新华时政、新华财经、新华军事、新华娱乐、新华文化等等。如果新华时政是最好的，就给它评六级；新华××不行，只给它二级。而新华时政可以再拆解，比如人事变局、官员落马、重大会议、政策解读等等。每个领域，我们都可以定义它的级别。

拆解到最后，就是各种各样的“号”。拆分得越细，越有利于分发——除了明确好坏之外，还有很重要的一点：可以更精准分发。我们知道，一点资讯的分发逻辑是千人千面，如果我们的号定义得非常精准，推荐文章时也就非常精准，就可以把相关内容发给对它感兴趣的人，增加文章的点击率——这是个效率问题，之后我会详细讲解。

第三是活跃度。账号每周、每月发文的数量和比例，这就是活跃度。但更精细化的运营，是我们要对比与“友商”平台上的发文数、发文质量，以及发文时间的差距。我们必须清楚：一篇时政文章，如果在对手的平台上先发了，晚多少时间我们可以容忍；一篇财经类的文章，晚多少时间我们可以容忍……有些内容，如果差上一两个小时，即使发了，意义也不大了。这种精细化运营的思路和方式，一定要贯穿工作的每一个环节。

第四是关注度。所谓关注度，是指某个自媒体的订阅数，以及用户订阅之后，这个号与用户之间的关系有多密切。

为什么大家愿意在微信上开设自媒体号？除了使用微信的人多之外，公众号的订阅关系非常明晰——粉丝订阅之后，只要公号发文，就会给他很明确的提示。这就是我们常说的“粉丝必见”功能。在微信上，你还可以使用各种手段圈粉，包括线下活动。这样就给了自媒体很大动力——平台是别人的，但粉丝是自己的。

而在其他平台上，这个功能很弱，甚至没有。那么问题来了：既然平台不鼓励作者和粉丝之间的密切关系，自媒体人就没兴趣深度运营了。

为了完善这一点，我们先要建立订阅功能。这个相对简单，在产品的文章页上加个按钮就可以了，也可以在首页流直接推荐公号（见图2）。订阅方法有很多，但订阅之后的关系是非常复杂的：比如，是不是要Push？网易号就有这个功能——当用户订阅了某个账号之后，会给他Push这个公号发出的内容。但如果你订阅了100个账号，Push哪个？在Push的同时，要不要把相关内容推荐到首页流？推荐到第一屏还是第二屏？推荐的频率是多高？这种推荐，与你后期的点击、分享等行为有什么关系？总之，这涉及复杂的算法，不是一蹴而就的事情。但如果不建立这个功能，自媒体人就永远也找不到自己和用户（*或者说是读者*）之间的关系，他就不愿意来这里发内容。

图2　首页流直接推荐公号

第五是知名度。这个很好理解，就是自媒体作者的身份，或者说江湖地位。我们又把自媒体人分为三类：名人、达人、普通人。名人是指他具备社会知名度——比如姚晨；达人指他在某个领域具备知名度——比如吴晨光，影响力仅限于传媒圈。这两类人来一点资讯开自媒体，我们在内容的分发上是加权的。也就是说，同样质量的文章，我们优先分发名人写的。我们也在努力把一点平台上的普通自媒体培养为达人号、名人号，这是平台的责任。

第六是内容质量。号是由文章构成的，文章质量决定了号的质量。关于内容质量的定义，前面已经说过了，不再赘述。

三、自媒体运营之道——何为“利”

大家先看看下面的表格（见表1）：

表1　　各大平台自媒体收益表

分类	项目	一点资讯·一点号	今日头条·头条号	网易·网易号	UC·大鱼号	腾讯·企鹅自媒体平台	腾讯·微信公众号
收益	广告收益	广告收益	头条广告	广告收益	广告收益	流量主	流量主
	赞赏	有	有		有	有	
	特别收益计划	点金计划	千人万元计划	自媒体亿元奖励计划	大鱼奖金	芒种计划	
	自营广告		自营广告				广告主
	榜单	1.最具价值阅读榜 2.耕耘榜 3.黑马榜 4.积分飙升榜 5.图集榜 6.优秀摄影师榜 7.图集黑马作者榜 8.视频榜 9.满血复活榜	1.礼遇计划 2.金秒奖 3.头条观察——政法委榜	“MCN 赋能计划”	1.大鱼图文奖 2.大鱼短视频奖 3.大鱼潜力奖		
资源接入	免费图片	视觉中国	东方IC				
	免费GIF图	SOOGIF 动图					SOOGIF 动图
	免费音频						QQ 音乐
	插入商品分佣		有		有		
付费服务	付费流量		号外				

这是一位自媒体人统计的表格。包括一点资讯的一点号、今日头条的头条号、网易的网易号、UC的大鱼号、腾讯的企鹅自媒体平台，以及微信公众号。通过这张表格，你可以看到平台给自媒体人带来了哪些利益。

“利”，我对它的第一个理解就是钱。自媒体人需要钱。因为在座的诸位都有工资，比如说我，“一点晨光”这个自媒体号，只是我在玩票。但很多自媒体人没有工资，他们只能靠平台收益获取生活的基本保障。所以能给他们带来多少钱，是他们是否选择你所在平台发文章的核心诉求。

各个平台就此展开了竞赛。你给一千万，我给一个亿，下一个号称十亿、二十亿，还有人打出了一百亿的招牌。但钱真的是越多越好吗？我认为未必。如果钱都分给了“做号党”，那就适得其反。所以，我们一是先要定义优质内容、原创内容、独家内容，另外，要有一个非常科学合理的分配机制。

钱究竟应该怎么分配？在这个平台上，频道、领域有很多，它们对平台的流量贡献，应该是在钱的分配上很重要的一个因素。各种数据可以反映出来。如果体育是某平台流量的第一贡献者，我们就把最大比例的钱分给体育。体育里面我们再继续拆分，篮球、足球、搏击、高尔夫……我们按照流量再进行拆解。这个比例也不是一成不变的，应该按照每天、每周、每月的实际情况进行分析，然后调整分配模型。我们也可以人工提高在某一个领域的钱的投入——如果我们想做大、做强某个领域，或者我们要有个判断，就是这个领域是否优质内容严重不足而用户又有巨大的潜在需要。同样，如果总编辑和编辑希望加强某方面的内容，也可以对分配原则进行调整，例如，2018年是改革开放四十周年，一点资讯就会对相关内容进行收益加权。

上文所说的自媒体的原创度、垂直度等指标，也是衡量对钱的分配的重要因素。比如某个账号，它的文章数据都很好，但全部是转载甚至抄袭的。这样的号，我们就不能给它钱。因为它破坏了平台的规则，它的流量带来的是“负能量”。姑息纵容，会导致原创、优质账号的离开。这和管理企业一样，不能让劣币驱逐良币。

在“利”里面，除了钱之外还包括资源。给自媒体人的钱不到位时，可以提供其他资源作为补偿。比如，我们可以在文章内插一个链接，让用户点击这篇文章后通过这个链接进入电商平台下单，利润由自媒体人和平台进行分成。我们也可以给出广告位，让自媒体人自己运营获利——前提条件是，我们要有配套的广告审核团队。不能把虚假广告带过来，让用户变成魏则西。

目前，一点正在大面积寻求资源的对接与合作，这和我们公司的整体战略也是吻合的。2017年3月，我们把视觉中国的图片资源接入，自媒体人可以从2 000

万张图片中选择他们喜欢的进行配图，高清、免费而且不用担心版权；7月，我们把GIF图接入，自媒体人又可以在100万张动图里做出选择。一点资讯是除了微信外，唯一一家为自媒体提供GIF图片服务的平台。

当然，我们开放的各种资源，是要和自媒体人在这个平台上的贡献度成正比的。比如，谁有资格拿到点金、谁有资格免费使用图片等等。也因为有了利的诱惑，所以自媒体人才会不断写稿、写好稿。如果用一句话来形容，就是我们需要自媒体有更多的“资产”放在这个平台上，他们才能产生黏性。你可以想想，微信为什么离不开？就是因为你在微信里的资产很多——包括朋友、钱包、信息流等等。

四、算法是如何控制“名”的

除了利，平台同样要为自媒体人提供“名”。

名就是影响力。如果从单篇文章的角度说，它包括点击数、分享数、评论数、收藏数、用户停留时长等；而对公号来说，名是订阅数以及订阅后公号与粉丝之间的黏度。

那么，谁有权力对内容进行分发？在传统媒体时代，只有编辑拥有这种权力。比如，点击数取决于文章的版面位置、曝光时长，也取决于标题和配图，编辑有权力对其进行更改。而分享数取决于文章的质量，评论数取决于能不能调动社会情绪，收藏数取决于文章有没有价值，用户停留时长取决于文章质量（见图3）。这些，都是要靠人来运营的。

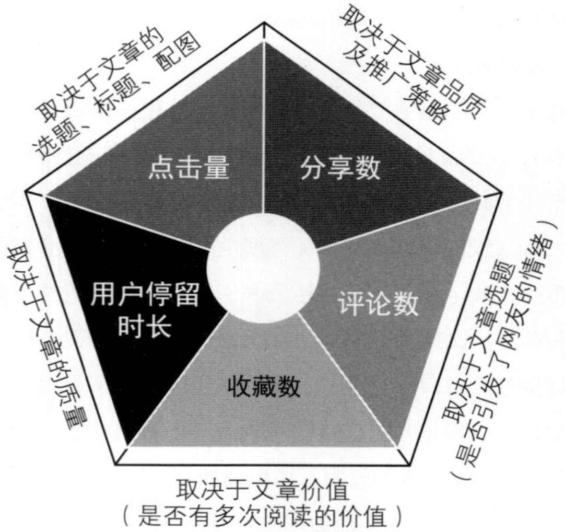

图3　决定文章的点击数等指标的因素

但在今天，又有两种力量参与到了内容分发之中。一是社交媒体让每个人都有权力在自己朋友圈、微博设置头条；二是人工智能的应用，让算法同样具有内容分发的权力。

因为一点资讯是一个靠人工智能 + 编辑分发的App，所以我们就跳过社交，进入算法是如何进行内容分发的环节。

在这里，先要讲个小故事，让大家弄清楚几个概念：人工智能、机器学习，以及算法主导的内容分发。

这个故事，讲述的是一位员工是如何在我的眼皮底下看日本动作片的。

他的工位就在我办公室附近，每次我出门都要经过。可他非常想在上班时间看日本动作片。于是，他首先安装了一个摄像头，摄像头对着我办公室大门。只要我一出办公室门，摄像头就能拍下我，然后传输到他的电脑上。他在电脑上放了“人工智能分发逻辑”的屏幕保护，只要镜头拍到我，屏幕就自动从动作片跳到这个页面上，我就会认为他在努力工作。

核心的问题来了——为什么只要摄像头拍到我，他的屏幕就能变化？因为他做了一套人脸识别系统。他用尽一切手段（包括上百度搜索、贿赂我的秘书等等），收集了我的10万张照片，然后输入到他的计算机里。计算机对这些照片进行学习（学习又分为有监督学习、无监督学习、半监督学习、深度学习等，总之就是拼命学），于是可以判断出摄像头拍到的照片和他输入的照片的相似性。一旦相似度达到一定的数值，就认定此人是我，于是给屏幕下达指令，迅速从动作片切换到研究算法分发的页面。

（以上故事纯属虚构。）

这就叫人工智能（AI），通俗地讲，就是让机器去干人干的事。向计算机中输入照片，学习辨别此人是不是老板的过程，就是机器学习。人工智能应用众多，比如这个小故事里讲的叫“人脸识别”，此外还包括无人驾驶、健康诊断，著名的阿尔法狗则是人工智能在围棋领域的应用。人工智能在一点资讯的应用，就是通过算法分发信息，实现千人千面、私人定制。

全球最伟大的人工智能公司是谷歌。它有一个机构叫“谷歌大脑”，主要研究人工智能的应用；中国的百度公司也在向人工智能公司进发，它搜索积累了大量的数据，这就如同上面的小故事里讲的搜集照片的过程——没有大数据，无法实现人工智能。

现在回到人工智能在信息传播上的应用。要实现精准分发有三个要素：一是用户画像，二是文章画像，三是算法模型。

用户画像：他是谁？喜欢什么？

文章画像：这是什么内容？是图文、视频还是图集？是时政、社会还是财经？这个内容是好是坏？

算法模型：用户画像和文章画像之间，以什么样的方式来匹配？

先看用户画像（见图4）。

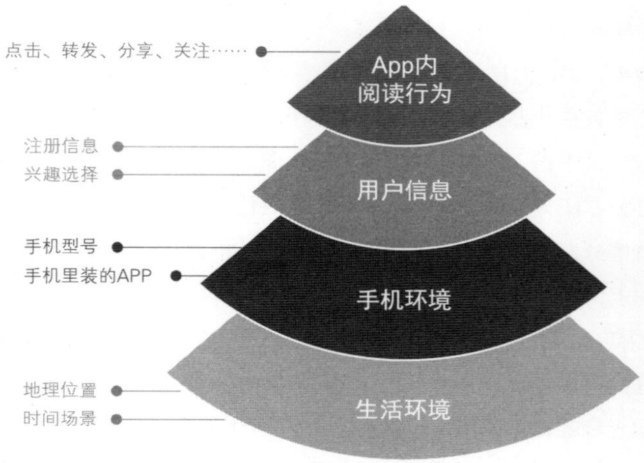

图4　用户画像的构成维度

如图4所示，在用户画像中，生活环境是基础。生活环境又包括两方面，第一是地理位置。一点资讯已经能定位到商圈和小区，而百度地图、滴滴打车已经能实时定位到你站的地方。衣食住行、水电煤气，包括政府提供的产品服务，都和你的生活环境、地理位置有关系，所以地理位置越精准，我们给用户推送的内容就越精准。第二是时间场景。早上推的东西应该是硬的、偏资讯类的内容，因为过了一夜，大家需要看到昨晚发生了什么。而且，上班族在早晨都比较忙，没有时间看长篇大论。到了晚上则相反，用户有时间而且希望放松，所以需要推送偏软性、偏娱乐的内容，包括一些美文——在安静的夜里，才能读出其中的味道。

第二个层次是手机环境。它同样包含两个含义，一是手机型号，不同型号的手机使用者的阅读习惯是不一样的，比如红米用户和苹果用户。即使是同一个品牌的手机——OPPO A57和OPPO R11，使用者的阅读习惯也不尽相同，这都需要我们通过数据去洞察。另外，我们的手机里激活了哪些软件，使用的频率如何，在不影响用户隐私的情况下，都需要去深刻洞察。

第三个层次是用户信息。如果你是注册用户，你的性别、年龄、身份、学历等，都可以成为我们判断你兴趣的依据。另外，为了把一个用户画像描述得更精准，一点资讯设计了一个开屏问卷——问用户喜欢什么。有超过50%的用户做了选择，于是我们能够了解到他们的基本兴趣。当然，也有人不愿意填写，甚至不愿意透露自己的地理位置。所以，这就给我们提出了难题——冷启动时，应该给用户提供哪些信息。

冷启动，指用户下载安装某个App后第一次打开它的过程。正如同恋爱的第一次见面，它的重要性毋庸置疑。而在冷启动中，重中之重则是用户打开之后呈现的第一屏，大概有五条信息。测试表明，如果在这五条中，用户点击了一条，那么它的次日留存率就会比没有点击的情况高一倍。所以，花多大精力去打造这五条内容都不为过。为此，我们做了大量的对比试验——包括推送相关型号手机的资讯，推送相关地理位置的资讯，有成功也有失败。在冷启动中，因为用户画像不够清晰，所以基本原则应该是推送重要事件、大概率领域（比如足球，而不是高尔夫球）内容，而不能拿些小众、长尾内容去赌，否则很容易失败。

当用户阅读完冷启动首屏内容之后，可能会产生五种情况：

（1）有点击下拉；（2）无点击下拉；（3）无点击上滑；（4）有点击上滑；（5）直接走人。针对不同的行为方式，我们应该启动不同的应对策略。比如，要能迅速捕捉到用户点击的内容，并在其下拉或上滑时给出同样领域的文章。这需要非常细腻的数据观察，所以说，没有大数据就不可能有人工智能。

冷启动之后，如果用户能留下来，我们会捕捉到更多他们的行为，并依此作为推送的依据——比如点击、分享、收藏、评论、用户停留时长等。这些行为会被忠实记录到用户日志上，储存在服务器里。

但推荐又是一个非常复杂的运算过程。比如，有个用户点击了五次“吴晨光”，搜索了一次“吴京”，如果只给他推一条，应该先推“吴晨光”还是“吴京”？从数量上来说，一定是“吴晨光”更多，但是搜索属于深度行为，他主动去搜索说明对“吴京”很感兴趣，这种情况应该去推谁？

再如，他点击了五次“吴晨光”，点了两次“吴京”。但关于吴晨光的好文章没有了，只有关于“吴京”的好文章。那是应该推一篇关于“吴晨光”的差文章，还是推关于“吴京”的好文章？

还有，他点了五次“吴晨光”的图文，要不要推一个视频、音频或者问答？或者一个用户很喜欢“吴晨光”，今天突然出了“吴京”的绯闻，是应该把“吴京”的热点推出来，还是，依然根据用户的兴趣继续推“吴晨光”？

所以，用户画像的复杂性不是简简单单的群体划分问题，它是对人性的深刻洞察。一个行为，比如点击，背后的含义也完全不同，有的是因为真的感兴趣，有的是因为被标题吸引进去的。

再看文章画像。对于编辑而言，文章画像相对简单，因为这是我们的专业。在传统媒体时代，我们就对文章进行画像——比如说消息、通讯、特稿，还包括我一直在尝试的调查报道和解释性报道。

当然，今天的文章画像的复杂性远远高于传统媒体时代。因为这里的文章泛指内容，而不是单纯的文字概念。它包括：

体裁——是文字、图片、视频、音频、直播，还是问答，或者类似微博的短内容？

作者——作者其实代表着背后的自媒体号，包括它的级别、知名度、订阅数等。

标签——这是对于文章描述领域的定义，比如体育—足球—中超—国安。我们把打标签的权力交给了自媒体作者，他们可以在自己生产的内容下打好标签。同时，我们的审核编辑、频道编辑会修正标签；算法也会对标签做进一步调整。最后综合评判，给文章一个最准确的定位。如果算法很聪明，做了深度学习，还可以分析出更多关于文章的特点，也就是像人一样去理解文章的中心思想、段落大意。当然，这个很难，特别是对视频的识别更难。

内容质量——它有两个维度，第一是编辑判断，第二是算法判断。编辑的判断前面已经讲过，无非是选题、采访、写作和包装四个维度；而算法判断无非依据数据，还有点击、分享、收藏、用户停留时长等等。

用户画像有了，文章画像也有了。我们现在开始匹配。匹配的依据就是算法模型。我们可以把模型做详细拆解，分为很多模块——比如垃圾过滤模块、热点模块、本地模块等等。算法在每个模块里进行文章的挑选、排序，不同模块里的文章也在进行竞争、排序，最后择准、择优分发给用户。

我们以热点模块为案例，做具体分析。

热点是一个很好理解的词，就是刚刚发生的、关注度较高的新闻。它有别于其他非时效性的资讯。首先，我们要告诉算法，什么是热点。这里有很多方式——比如，监控百度。百度热搜词可能就是热点。在一点资讯要闻频道，编辑置顶的也是热点。我们还可以人工定义一些文章是热点：比如挂“新华社快讯”字头的就认为是热点。让算法了解什么是热点，这就是机器学习。

第二步，我们要把热点内容做“召回”。这里的召回和问题汽车的召回不一样，是指把相关热点文章聚集在某一个池子里。我们称之为“热点池”。我们会把热点池分成若干层次，在三年前，我就在《超越门户——搜狐新媒体操作手册》中描述了搜狐网重大突发事件的规则，从三级到特级（见图5）。来一点资讯做总编辑后，又进行了进一步修订。现在，我们把标准通过案例的方式输入计算机，让算法来判断热点的大小，以决定向多大范围的群体进行推送。

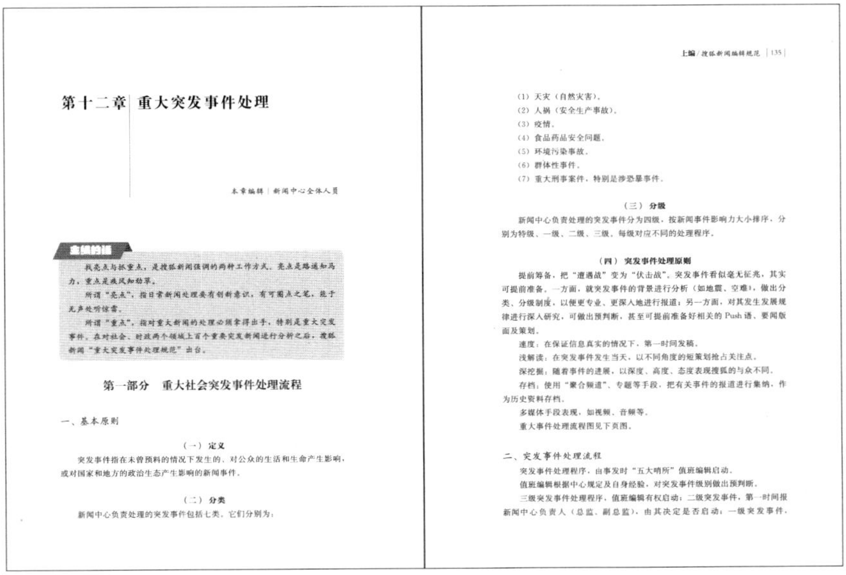
第十二章 重大突发事件处理

本章编辑｜新闻中心全体人员

找亮点与抓重点，是搜狐新闻强调的两种工作方式。亮点是路遥知马力，重点是疾风知劲草。

所谓“亮点”，指日常新闻处理要有创新意识，有可圈点之笔，能于无声处听惊雷。

所谓“重点”，指对重大新闻的处理必须拿得出手，特别是重大突发事件。在对社会、时政两个领域上百个重要突发新闻进行分析之后，搜狐新闻“重大突发事件处理规范”出台。

第一部分 重大社会突发事件处理流程

一、基本原则

（一）定义

突发事件指在未曾预料的情况下发生的、对公众的生活和生命产生影响，或对国家和地方的政治生态产生影响的新闻事件。

（二）分类

新闻中心负责处理的突发事件包括七类，它们分别为：

上编／搜狐新闻编辑规范｜135｜

（1）天灾（自然灾害）。

（2）人祸（安全生产事故）。

（3）疫情。

（4）食品药品安全问题。

（5）环境污染事故。

（6）群体性事件。

（7）重大刑事案件，特别是涉恐暴事件。

（三）分级

新闻中心负责处理的突发事件分为四级，按新闻事件影响力大小排序，分别为特级、一级、二级、三级，每级对应不同的处理程序。

（四）突发事件处理原则

提前筹备，把“遭遇战”变为“伏击战”。突发事件看似毫无征兆，其实可提前准备。一方面，就突发事件的背景进行分析（如地震、空难），做出分类、分级制度，以便更专业、更深入地进行报道；另一方面，对其发生发展规律进行深入研究，可做出预判断，甚至可提前准备好相关的Push语、要闻版面及策划。

速度：在保证信息真实的情况下，第一时间发稿。

浅解读：在突发事件发生当天，以不同角度的短策划抢占关注点。

深挖掘：随着事件的进展，以深度、高度、态度表现搜狐的与众不同。

存档：使用“聚合频道”、专题等手段，把有关事件的报道进行集纳，作为历史资料存档。

多媒体手段表现，如视频、音频等。

重大事件处理流程图见下页图。

二、突发事件处理流程

突发事件处理程序，由事发时“五大哨所”值班编辑启动。

值班编辑根据中心规定及自身经验，对突发事件级别做出预判断。

三级突发事件处理程序，值班编辑有权启动；二级突发事件，第一时间报新闻中心负责人（总监、副总监），由其决定是否启动；一级突发事件，

图5 《超越门户》一书关于重大突发事件处理规则的页面

注：《超越门户：搜狐新媒体操作手册》一书中，有编辑对重大突发事件处理的详细分级标准，现在我们要让机器学习，做更精准的分发。

下面，我们再来看文章分发的全过程（见图6）。

文章分为两个类型——抓取源文章（RSS）和自媒体文章。但不管什么样的内容，都需要经过反垃圾模块的过滤，去除有害政治信息、低俗内容、虚假广告、标题党文章等。所以，反垃圾模块里应该有这些功能。如果你问，这些功能是如何实现的，那还是前面提到的答案——输入案例或者关键词，让机器学习，找到特征并举一反三。

垃圾过滤之后，算法或者编辑给文章打了标签、做了分类，文章就聚集在各种池子里了。刚才说了，这个过程就叫作召回。按照文章的标签分类以及不同的属性，它们被分配到各个池子里——包括我们刚才所说的热点模块、本地模块，还包括被编辑挑出来的好文章，进入精品池模块。如果有些文章又有本地属性、

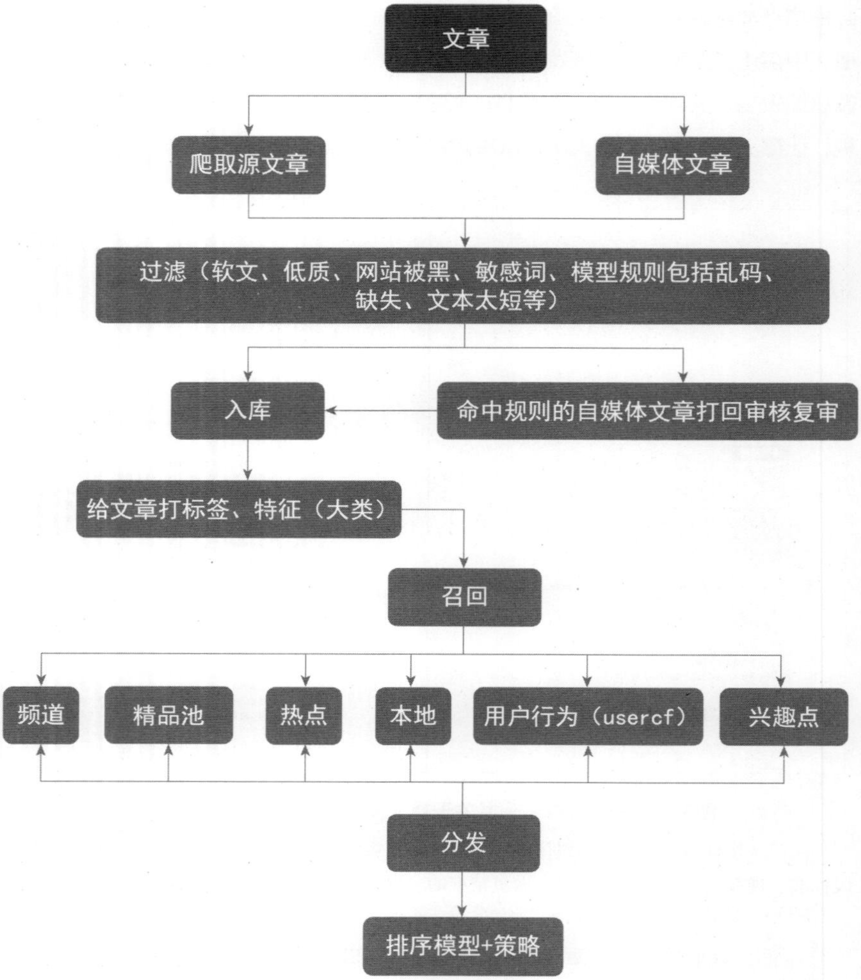

图6　算法分发内容流程图

又是精品，就会被同时放在两个池子里。还有一些文章，被打上了体育标签或者财经标签，就放在了体育或者财经的频道池子里。

最后到了分发过程，主要是针对某个用户的信息流，推什么不推什么、先推什么后推什么。这就是排序。

排序首先在各个模块里进行——比如同样是热点新闻事件，中共十九大召开和一个普通的突发事件中，肯定先推十九大内容；而在用户的首页流里，热点新闻、本地信息、用户个人兴趣，也会根据重要程度、编辑的推荐权重、用户的兴趣值，以及稿源和稿件的质量，进行综合排序。排序具体的规则，是由编辑和算法工程师共同决定的。

关于如何去衡量分发的效果，有以下几个点：

第一是准——推的东西就是用户喜欢的；

第二是快——好内容要第一时间推送；

第三是优——同一领域的文章，一定是先推高品质的。否则，我们的优质内容就没有流量，获得不了利益和影响力。优秀的自媒体人也会因此远离这个平台，进而形成恶性循环。

第四是宽——不让用户陷入信息孤岛。要有准确的兴趣探测，能预判用户喜欢什么不喜欢什么。这就是我们讲的，保证用户的更多“知情权”。

五、趋势：编辑、算法、社交分发三合一

谈完了微观的运营，我们回头来看看宏观。刚才我们说了，已经有三个人拥有了内容分发的权力，而最新的趋势是，编辑、算法、社交这三种分发模式互相融合。

大家请看下面三个例子。

（一）微信“看一看”功能

我们知道，微信是最典型的社交工具，而它的“朋友圈”功能其实是一个社交属性很强的信息流。你的好友在做什么、看什么、关注什么，通过朋友圈一目了然。

2016年6月15日，微信的一个小功能——“朋友圈热文”悄然上线。据内部人士称，在最初的一段时间里，只有大约10%的用户开通了这个功能。而从这个产品的位置来看，也是“庭院深深深几许”，藏在三级页面之后。

但开发者为这个产品赋予了一个大气的口号：“发现更广阔的世界”。他们试图通过这个产品，把微信上3 000多万个公众号里最优质的内容以“微信头条”的模式呈现在7亿用户面前。

“朋友圈热文”的来源，是所有微信用户转发到朋友圈的超链接内容（主要是图文模式）。微信团队的解释是：“此功能通过对微信用户行为习惯的深入分析，基于用户的选择，会优先推荐：（1）用户关注的公众号文章；（2）好友阅读过的原创文章；（3）精选整个微信平台上的优质文章。”

热文中公众号的权重是优质，具体体现如下：

（1）基本权重指标。认证号（比如《新京报》的官方微信号）权重高于个人号，原创号的权重高于非原创，用户关注的号及用户朋友关注的号权重更高，但与公众号粉丝数没有直接关系。

从这个逻辑上看，微信团队对原创内容的重视至高无上。在其3 000万个公号中，活跃账号约占十分之一，而被认证的原创账号已经超过50万个。微信采用各种方式扶植原创——比如说打赏功能只对原创作者开放，此次又是信息流的优先推荐权。所谓的“认证号”也是原创的标识之一。

（2）粉丝活跃度。包含文章点击率（打开率）、粉丝消息及留言互动频率、留言内容的点赞率、阅读原文的打开率等（注意都是“率”，而不是“量”）。

（3）公众号搜索频率。如果公众号经常出现在用户的搜索结果中，并且被点击关注，也可提高公众号的推荐权重。

（4）关键词匹配度。公众号名称与简介的关键词匹配度，公众号名称及描述的关键词与内容关键词匹配度。匹配度越高则权重越大。

而在这个产品的进化过程中，我们还发现：

（1）很多文章的左下角都有标签。主要包括：

“已关注”：说明你已经订阅产生此文的公号。

“好友都在读”：说明你的朋友们在阅读此文（但具体点击率到一个怎样的比例才会获得这种推荐，还没有获得具体数据）。

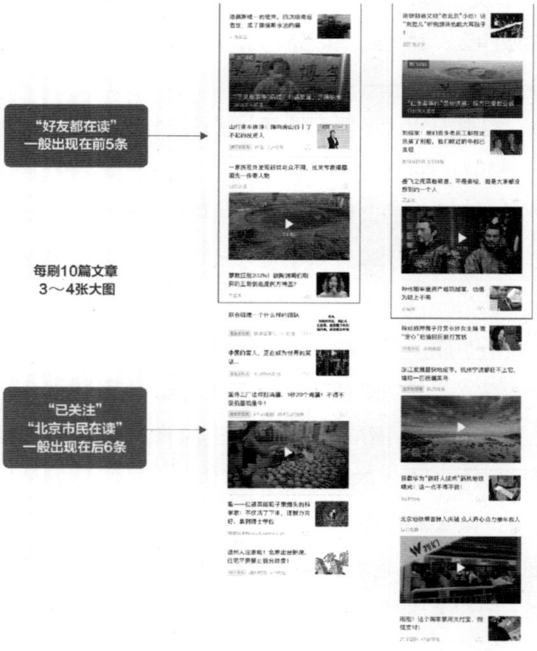

图7　微信“看一看”信息流布局

“××人都在读”：比如北京人、河北人，说明某一个地域的人都在阅读此文。

“××精英/××爱好者都在读”：说明某一个圈子（如IT人群）都在阅读此文。××人群的识别，应该基于用户的注册信息。

（2）文章的排列逻辑，可以参见图7。

（3）个性化推荐的算法逻辑，在越来越多地融入推荐中。比如，你连续两次点击了关于星座的文章，“朋友圈热文”会在第三刷的第一屏、第四刷的第一屏连续推荐关于星座的文章。

对于微信而言，即使不用社交逻辑，仅仅是它对某一个用户的信息获取，就已经无人匹敌——你在注册时，它获得了所有个人基本信息；你进群时，它对你的身份信息又进行了验证；你在刷朋友圈内容时，它获得了你的阅读兴趣；你在消费时，它获得了你的金融信息，这是一个用户最核心的信息，你的花销很大程度上代表了爱好。

图8 微信“发现”功能示意图

这可能是该产品“最危险”的地方，它标志着一种新的推荐逻辑，以社交、圈层为属性的内容分发，正在与以算法、个性化推荐为属性的分发逐渐结合在一起。

现在，“朋友圈热文”已经改头换面为“看一看”（见图8）。入口变浅并覆盖全体用户，“微信头条”的功能已经粗具规模。

（二）今日头条“算法 + 社交”的分发理念

毋庸置疑，在信息流算法分发领域，今日头条是开创者和引领者。这个野心勃勃的公司并不满足于仅仅在人工智能领域进行发展，从产品理念和形态上，它一直努力迈向社交。

大约三年前，我在今日头条的首页流里看到了一个栏目《今日话题》。当时讨论的是 “老虎和狮子谁更厉害”。此后，这个栏目几乎每天都能出现在我的信息流里，所推荐的话题大多和我的兴趣点一致。

2016年年中，今日头条“头条问答”正式上线。一年后更名为“悟空问答”，成为单独的App。这个产品是从今日话题演变而来的，与“知乎”非常相似，只是比较低俗。但一个重要的特征值得注意：同一个作者的自媒体粉丝和“问答”粉丝已经打通。

今日头条在构建自媒体体系时，已经非常重视作者和粉丝之间的关系。他们很早就开通了粉丝订阅以及订阅后“粉丝必见”功能，并在CPM的定价上，以非常大的幅度向粉丝阅读者倾斜。而“头条问答”的开通，一方面平移了头条号的粉丝，实现了产品之间的资源共享；另一方面，把作者与粉丝之间的互动关系变得更密切。

随后，今日头条又开发了“微头条”产品，几乎照抄了新浪微博的模式。自媒体人和普通用户可以在这个产品上相互关注并转发文章，头条的社交属性进一步增强。

众所周知，做社交产品其实是个零和游戏。要么通吃，要么失败。所以，在微博领域，只活了新浪一家，连腾讯最终都铩羽而归。但他们为何如此执着地进军社交？

除了囊括一切的野心之外，社交其实是获取用户数据的另一个有效方式。一个单纯靠算法推荐的App，获取数据的唯一方式是靠用户的点击、分享、评论等行为，比较单一；但当在这个App增加了社交功能后，用户信息的获取也增加了一个重要维度——圈子，所谓人以群分。于是，算法可以使用“协同过滤”的方式，把好友之间的内容相互推送，这样命中兴趣的概率就会大得多，用户的黏性也会强得多（见图9）。

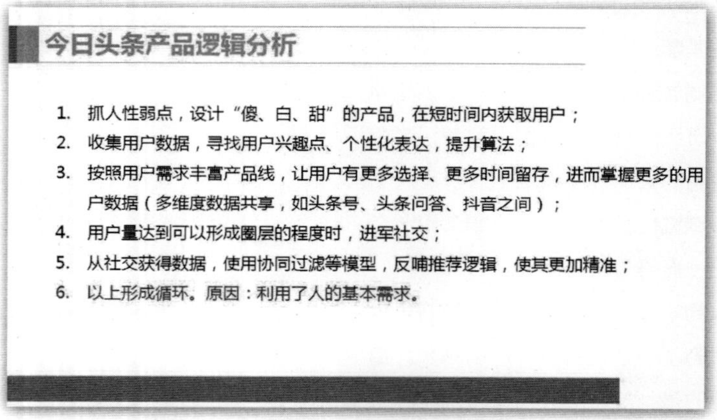

图9 本章作者内部PPT分享的头条产品逻辑

（三）一点资讯“编辑 + 算法”的分发理念

一点资讯的分发理念与头条相近，但不等于头条。今日头条负责人曾经说，头条没有总编辑，也没有编辑，只是搬运工，不负责提供价值观。这一点最终被主管部门诟病，《人民日报》连续多次发文批评这种错误导向，头条也因此被严厉整肃。

但一点资讯不能如此。我们强调编辑与算法的融合，主要是我们要一起解决问题——特别是公平与效率的问题。

从所有数据上看，算法分发的效率一定高于人工，特别是在点击率上。因为算法可以根据你的兴趣进行分发，给你想看的东西。但也正因为如此，会导致标题党内容泛滥，导致口水文章泛滥，也会导致用户陷入兴趣孤岛。而这损害了公平。这里所说的公平，是指重要的、有一定价值观的，但用户不一定那么关注的内容。比如，中国科学家屠呦呦获得了诺奖。与那些明星绯闻比较，如果单纯靠算法，这篇文章肯定没几个人看。但这么重要的内容，我们能只靠算法去推动吗？当然不能！对公众的知情权和社会的进步，我们有责任推动。

在热点事件上，算法还是有天然弱势的。因为算法判断热点，需要根据用户点击率的提升、百度等平台热词的提升等，是有一个过程的，也许是15分钟或者更长。但编辑可以在5秒钟之内判断热点。所以，在重大突发事件上，一点资讯已经有非常大的优势。我们在重大事件上的Push，几乎次次都是商业网媒体第一（见图10）。这背后，就是人工推动。但如上文所说，热点池的建立也是为了让算法尽快学习编辑的判断力，早日超过人工。

图10　各大门户网站重大突发事件推送时间对比

注：一点资讯对要闻的推送把握准确、重要、快速三原则，且三者次序不能颠倒。

六、关于产品与转型

最后谈关于产品的问题。

水相当于内容，我们要把它盛到一个杯子里，杯子就是产品。杯子设计得好，我们喝水才舒服。至少不能漏水。

在我的理解中，产品应该有三个体系：

第一是2C的——给用户的；

第二是2B的——给自媒体作者的；

第三是2E的——给编辑提供的运营工具。

以自媒体产品为例子，2C主要是用户的基本体验，这个还涉及一些产品的核心功能——比如我们的搜索订阅功能，如果一个自媒体号和一个频道重名，搜索结果（SUG）的排序问题。

2B端，我在最初做自媒体的时候提出了12个字，“入驻易，发文快，影响大，挣钱多”。目前，B端的核心内容就是积分体系问题——能够更方便地给优质自媒体人提供名与利，让更多的资产留在我们的自媒体平台，比如免费图片、数据统计、一键导入、视频功能等等这些权限都跟积分制有关系。

2E端的核心是，能够更快速监控与查询。

好的产品不是反复去和用户说教，一定是用户自己愿意用。所有用户都是又懒又傻又白（不是说大家不好，其实我也是这样），产品功能越方便越实用，他们越喜欢。否则，傻瓜相机也不会被发明出来。

关于算法的问题、自媒体的问题、产品的问题，都是这个时代编辑需要深入探究的。有些编辑和我抱怨，说频道“人少活多”，而且活很杂，不如在平面媒体时工作那么聚焦。我说这是好事啊，从微观来说，是对你个人层次的提高——不想当将军的士兵不是好士兵，不想当总编辑的编辑不是好编辑；从宏观来说，这是新媒体时代的要求——我们不是搬砖工，我们是建筑设计师。

有些编辑说我之前没干过，或者公司招聘我的时候让我做的是另一个岗位，现在我适应不了。我说自媒体我以前也没干过，但现在必须干，因为这就是时代的要求。

如果你真的干不了，只有一条路：离开。我也是如此。公司不会因人设岗，特别是一点这样的创业型公司。

还有人说，我不了解算法，对这个没兴趣。如果你不了解算法，你就会被淘汰，因为它代表了先进的生产力。我们也不能因为算法出现了问题，就回到人工编辑的老模式里。这就像马车没有汽车跑得快，但汽车一定会带来更多交通事故一样，我们不能因为汽车出现了交通事故，就说我们今天不造汽车了，或者像慈禧一样让几匹马拉着火车头往前跑，那是时代的倒退。

我再强调一次，算法的先进性在于提升了分发的效率。因为它以数据为依据。数据是用户行为习惯的反映，我们对数据不敏感就代表不理解用户，不理解用户怎么提高分发效率？要实现真正的转型，一方面我们要坚持编辑的理念、价值观和情怀，另一方面对于运营的结果而言，数据是很重要的，千万不要忽视每一个百分点的变化。

大家还要充分理解我们在公司里处的位置。以前，我们强调“内容为王”，但这是一个片面的概念。正如图11所示，内容只是其中一环。内容放在产品之上，这就是水和杯子的关系。最下面的“一”是渠道，没有苹果、OPPO、小米、华为这样的渠道，就没有人知道一点资讯。中间的“丨”，是技术或者说是算法，就像配送员一样，把内容精准地推出去。而用户，凌驾于这个“王”之上，只有拥有了用户，才能“主”宰天下。

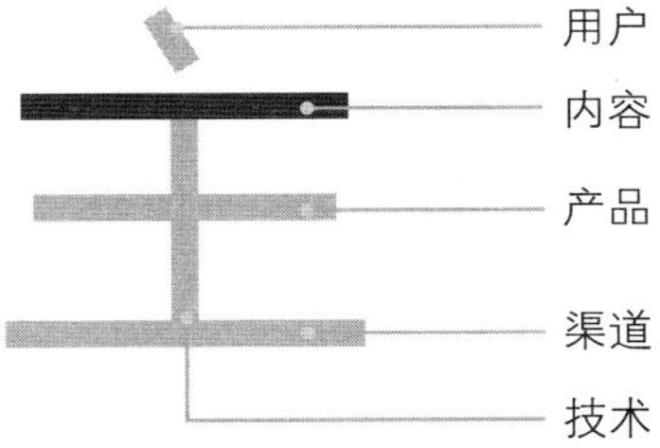

图11　内容、产品、渠道、技术，究竟谁为王

1992年，我进入大学的那年正逢邓小平同志南方视察，中国发生了本质性的变化，从计划经济转到市场经济，当时叫“有中国特色的社会主义市场经济”。计划经济是啥？国家规定生产多少吨钢、多少吨布、多少吨米，然后分配给每个人，你有多少、他有多少，要用布票、粮票来买。现在不一样了，我们是根据市场的需求去生产，市场需要多少吨钢、多少吨米，然后使用价格杠杆来调节供需。这种转变，和我们媒体今天的转变一样——内容生产和内容分发都发生了本质的变化，所以，我们必须转型。再抱着计划经济的思维，死路一条。你看，以前计划经济时代，饭馆都是国营的——这相当于我们的机构媒体；现在，国有老字号还存在，但绝大多数饭馆已经是个体户了，这就相当于我们的自媒体。怎么去管、怎么去用，就是时代给我们的新挑战。

最后回归到主题——“道”的问题。道是什么？是万事万物运行的规律。掌握道的人，可以战无不胜。那么怎么掌握道？前辈已经告诉我们了，就是“格物穷理”。

它来自“心学”创始人王阳明。“心学”核心的八个字，就是“格物穷理，知行合一”。所谓“格”，是分析。比如格竹子，就是分析它的结构。格来格去，你就会明白它的生长规律。

“格物”的过程是非常枯燥的。今天讲的这些东西，是我“格”了两年的总结。好多东西一开始根本想不通，就像当年王阳明在想清楚“天理即是人欲”前的痛苦。而当你想通之后，内心就会变得安静通透。所以，格物穷理，最终“格”的是心。

人最痛苦的时候，往往是将发生质变的时候。我记得是在今年（指丁酉年）除夕之夜，我在办公室值班。外面鞭炮隆隆，我的内心无比煎熬。我想起两年前的春节，就是这样一个礼花灿烂的夜里，我完成了《超越门户：搜狐新媒体操作手册》一书的序言。后来，这本书成为传媒界的经典之作。2017年春节，我也要做一点东西，于是不知道哪里来的灵感，就手绘了这张图（见图12）。当画完图的时候，我的眼前豁然开朗。这个演讲里所有的东西，都在这张图上了。我仰天大笑，因为我又上了一个境界，而新的未知也展现在我面前。

图12　2017年除夕之夜，吴晨光手绘的内容传播流程图

扫码听音频讲座：人工智能与算法

主讲人：吴晨光

深度案例之四　“做号党”调查

马伟民

编者按

比起内容“生产者”或者“搬运工”，“做号”是一种更形象的说法。它指的是运营者前期注册大量的自媒体账号，然后通过抄袭、洗稿、伪原创等各种低成本生产内容的方式，用标题党模式进行包装，再通过各大平台渠道分发出去，从而获得大量点击、赚取分成。

若干做号者联合在一起，形成规模化生产的模式，我们称之为“做号党”。这篇来自知名科技记者马伟民的调查，深度解构了做号党掌控的灰色江湖——一个利益链条已经形成，甚至有平台方参与其中。大量的垃圾内容因此被分发出去，大量的补贴被做号党获取，真正的优质内容生产者却被挤到边缘，得不到名与利。

遗憾的是，在目前的环境和技术条件下，彻底清理做号党还是一件难度很大的事情，而这却关系到我们的网络空间能否真正清朗起来。正如作者所言：从低到高，是所有人必然走的路、必然爬的坑。就怕坑里待着太舒服，最后不愿意出来了。

我做过几年科技媒体记者，然后去了一家公司做PR。在我当记者的那几年里，我和大部分同行都过着循规蹈矩的生活：日常跑会、采访、写稿，梦想着有一天自己的稿子能够10万+，然后在圈子里扬名立万。即便是做了PR，也对媒体充满敬畏，并在庸常的时日里养成了一种根深蒂固的见解，认为写作本该如此。

直到我遇到了一群“做号者”。

2017年3月，我的朋友圈被《杀死今日头条》这篇文章刷屏了，文中提及的自媒体账号运作细节很有些耐人寻味：“他在内容生产上类似于早期的微博营销号，通过剪辑搬运YouTube视频在一点资讯、天天快报和今日头条等渠道发布。”此前，这几家平台都有补贴，对这类内容质量不高、版权存疑、不能正常接入广告商业化的自媒体来说，“骗取平台补助”和“猜测算法规则获取高额流量广告分成”是主要变现途径。

这位视频自媒体人在一家互联网金融公司工作，视频剪辑是他赚外快的方式。他的账号上线三个月，累计播放量已经有600万，每月因此而获得的收入超过4 000元。

我也见识到了稿子是如何野蛮生产出来：从贴吧、微博、微信、门户里扒拉出300～500字，再加上自己的“修饰”和“想象”，然后贴上三张图，取一个标题，发布。整个过程不超过10分钟，每天“写”20篇。

遇到厉害的做号者，他们组成三四个人的小团队——我们称之为“做号党”，一天就能生产100多篇稿子，不求质，但人海战术仍然对应出百万点击量，差不多是千把块钱。

“做号党”是一群游离于读者、平台的边缘隐秘群体，却在这波内容平台红利下茁壮成长，和平台的打压玩着猫捉老鼠的游戏，甚至还得到一些平台的暗中扶持，正如生长在热带雨林里的真菌，每一个雨后清晨，都是它们冒出泥土的时刻。

做号党的江湖

比起内容“生产者”或者“搬运工”，“做号”是一种更形象的说法。它指的是运营者前期注册大量自媒体账号，然后通过抄袭、洗稿、伪原创等各种低成本生产内容的方式，再从各大平台渠道分发出去，获取大量流量，从而赚取广告分成。

虽说现在大量的互联网都开始把内容作为流量入口，甚至连VPN上网的都有自己的信息流，但由于开通广告收益或者有平台补贴的平台主要还是今日头条、企鹅自媒体、一点资讯、UC订阅号、网易号、百家号，因此这些平台是做号者的主战场。

他们中有大学生，有白领，有在三线城市工作的公务员，也有全职人员。其共同特点就是：男性居多，年龄集中在18～30岁，住在非一线城市，“网感”很好。

他们的日常生活是疯狂攒稿——最早是直接搬运，一字不改地抄袭，后来各大平台上线了原创保护后，同平台抄袭变成了跨平台抄袭，比如从一点号里抄一篇发到百家号里。一些熟练的做号者，还会顺手调整段落的顺序和语序，躲避算法检测，这相当于双保险。

今日头条也好，一点资讯也好，UC头条号也好，你们看到的、吐槽的那些水文或者垃圾稿，那些标题党和耸人听闻的文章，90%以上是由这些“职业做号人”生产的。

对于做号者来说，传统的那一套——不论是策划选题、采访这些新闻流程，还是一般写作中所要求的逻辑性和文笔——统统都不重要，他们只关心流量，以及流量背后的收益。

一位做号两年的朋友告诉我，如今广告分成没以前那么好赚了，2016年百家号刚开始推广的时候，补贴非常丰厚，他一篇稿子最多能赚6 000多块的补贴分成，但现在，在正常情况下，一篇稿子赚到1 000多块钱已算不错了。但即便收益缩水，做号诱惑依然很大。

有些人一天工作时间长达十几个小时，每天能产出几十篇水稿，一些做得比较早、权重比较高的号，已经能稳定每天一千至两千元的收入。由于保持长期“坐”姿，每一个做号的人都有不同程度的腰椎间盘突出问题。

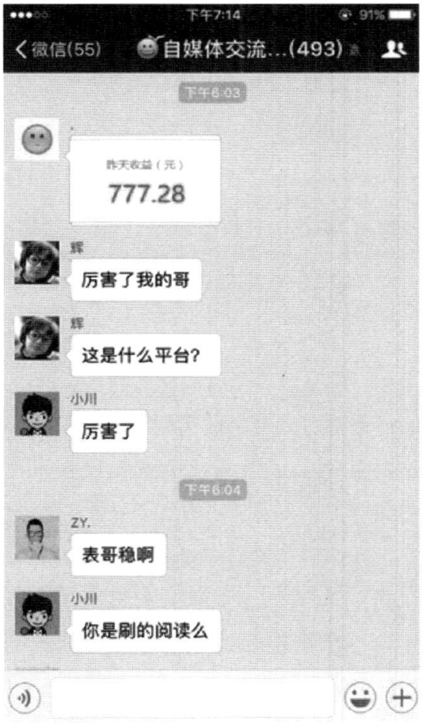

图1　日赚777元——做号者之间的对话

做号者也有一些群，和同行群一样，主要交流做号的心得、分享收益，以及共享最新的小道信息和平台最新的政策（见图1、图2）。

互联网从来不乏草根，这些做号者如同当年PC时代的站长一样，在各大平台里疯狂制造内容垃圾。但散户还不足以撑起整个市场，这个市场真正的大玩家，

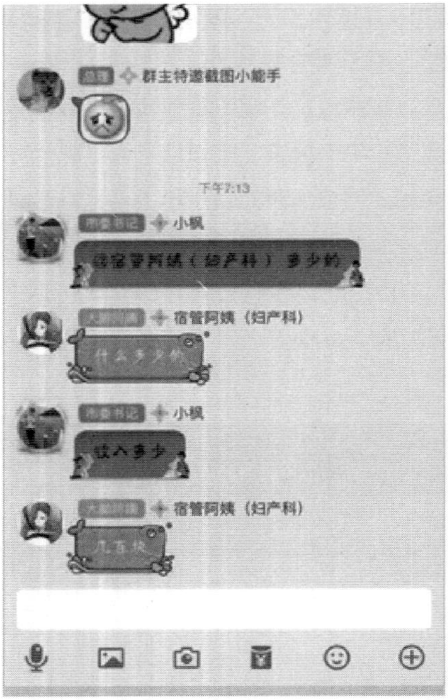

图2 “做号党”群聊天截图

早已经机构化运作了。

离北京20分钟高铁的廊坊，有一家专门做平台号的公司。公司近百人，每天产出几千篇文章，单个平台每天阅读量1 000万保底。不久之前百家封杀了这家公司2 000个违规的账号，但他们依旧每天开工，丝毫没有受影响的迹象，可见生命力之顽强，利润之高。

写稿五分钟，标题有套路

无论是一点资讯，还是今日头条，还是企鹅自媒体平台，又或是同样宣称用机器算法推荐的网易号，一篇做号者的稿子能否赚钱，标题因素占了80%。

一篇300字和5张图的稿子，如果被平台推荐，或者被机器认为受众很喜欢，那么至少千元的保底收入，而生产的成本，大概只需要10分钟到15分钟时间。来源可能就是捕风捉影的一张图，可能是贴吧某个粉丝的帖子，或者微博上某个用户的吐槽，然后就根据这张图闭着眼去杜撰想象，瞎编几段文字，比如明星离婚了、怀孕了、出轨了……这些永远是娱乐版块的热词。

他们信奉的是流量第一，收益第一。人海战术，只要能骗过机器，或者博到认同，至于真实性如何，按照那位朋友的话说：

“除了明星本人，谁又能知道到底这些新闻是真的还是假的呢？有时候连明星自己都不知道，前一天还否认出轨，第二天就被人抓到现行，谁知道呢？”

比如，周杰伦和林俊杰同台献唱《算什么男人》，同样的内容，结果标题党把它变成《震惊！DOTA、LOL知名选手互斥对方不是男人，引万人围观》，同样引得大量网友围观。

除了标题，他们甚至还摸索出一套热词规则：比如要围绕热点去写；娱乐圈就一定要写杨幂、刘恺威，这样才有流量，相反写朴树或者陈道明这种明星，就肯定阅读量不高；科技领域，就盯着阿里、百度、支付宝、微信这些词使劲写，而且一定要有情绪，比如马云的支付宝，比如刘强东怒了，微信隐藏功能全在这里，这种句式“点击量一定很高”。

毫不夸张地说，单论标题的吸引人以及点击转化率，做号者的取标题能力绝对超过90%的正规媒体。

可惜的是，做号者对于内容的摸索也就到此为止。这一代最狡诈的流量猎取者，都在忙着取标题。

灰色流量的秘密与暗处的友谊

对于平台来说，文题不符的标题党必然伤害用户体验。对于机器初审的平台来说，骗过机器模型就行，但对于人工 + 机器的平台，标题党和低质内容又是如何猎取流量的？

一个公开的秘密就是，像企鹅、UC等都有自己的后台绿色通道链接，通过这些链接注册的账号，权重、推荐都会比普通账号要高。当然，优秀创作者有绿色通道不代表什么，但在上述平台上，做号者竟然也能通过自己的关系或渠道拿到这些链接，很快就能将账号做起来，从而保证每天稳定的收益。

此外，一些平台（我就不点名了）的频道竟然还将这些做号者聚集在群里，频道编辑一旦发现有话题可以做，就会在群里“下单”，让做号者“抢单”（见图3）。编辑翻完牌子，接单的人则在最短时间内出稿。

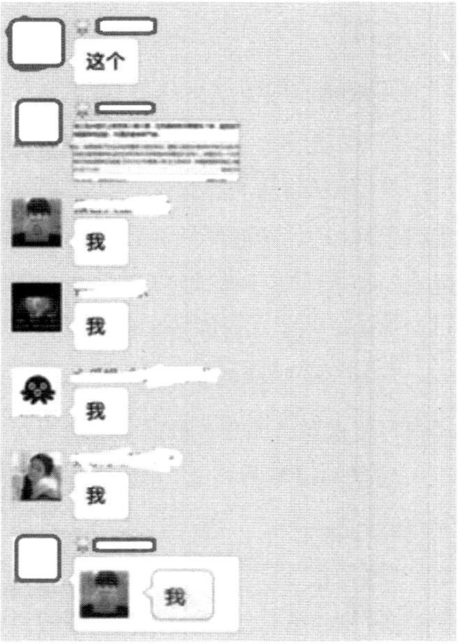

图3　某平台编辑与“做号党”沟通群

这中间虽然没有利益交换，但双方默认的游戏规则是：我免费撰稿，平台负责推荐；一旦平台推荐，按不同的推荐等级，就能获得不同的收益——一篇被推荐的稿子，少则几百，多则上千。像企鹅自媒体的推荐渠道，就有QQ浏览器、QQ公众号、腾讯视频、腾讯新闻、天天快报等五个推荐位，几千万的阅读量很轻松。

这样一来，平台既省了编辑的成本，又对这些做号者有一定的控制能力，可谓一举多得。

多年前，王微（土豆前CEO，追光动画创始人）曾对低质量的UGC内容有过“工业废水论”。细看这些暗中支援，甚至放宽条件的平台，大多是内容分发市场的追随者。毕竟，当“随刷随有”成为市场标配之后，必须要有大量内容填充。

而在现在的格局下，为了快速追赶头部对手，弥补和竞争对手在内容数量上的差距，后起平台对做号党进行默许和扶持，以内容水化为代价，获取大量“工业废水流量”，就成了很“正确”的选择。

一个侧证是，去年今日头条透露了他们原创维权的数据，数据显示，在只有2 000多个活跃维权账号的情况下（毕竟维权没什么收益），几个月内，就监测到了十几万侵权稿，并删掉7万多篇。

升级的战争：打压与卧底

相比之下，不得不承认，微信和今日头条与标题党、低质内容的竞争领先一个时代。

对于平台来说，海量内容供给之后，只有技术才能完成真正的打压和审核。对标题党和谣言认定，平台都会通过人工标注相应类型，返回给机器训练，进行识别。微信的谣言模型库是现在国内最全的一家，这当然也和微信“移动端一哥”的地位有关。

今日头条对标题党的审核也很严，头条内部技术团队关于标题党分类的讨论就有十几页，他们曾经把另外一家平台的标题抓取，发现超过15%都被认定为标题党。笔者的稿子就曾经多次被机器建议“修改标题”。而如果一篇稿子热度过高，会被机器自动打回重新审核，防止标题党。

甚至，为了获得更好的更新策略，今日头条会花钱派“卧底”到各大做号公司学习怎么对付机器关键词，之后再对应更新机器的打压策略。

虽然跟很多办公室白领认知不符，但这本质上是因为打击标题党符合先发平台的利益——“工业废水”从长期来看，影响了平台的品质和调性。最关键的是，低劣内容影响用户的信任度，并且把流量集中化，这对依赖更多个性化分发卖更多广告位的商业模式来说，无疑是致命的。

很多高速成长的平台也因此表现出了犹疑。比如“震惊了”的UC发布公告处理了一批违规的公众号，严厉打击了做号党，并且紧急上线了专注严肃阅读的UC名家。

作为持有《互联网新闻信息服务许可证》的一点资讯，曾多次发声明“将清理垃圾账号进行到底”。2018年第一个工作日，一点号发布2017年度黑榜榜单。

与上个岁末发布的金榜、红榜不同，这是一个代表着“负能量”的榜单。所有上榜账号，均已被一点资讯及凤凰网封号。

2017年，一点号平台永久封禁了约11万个违规自媒体。其中，因发布有害政治信息被封账号95个，因发布色情低俗内容被封账号8 758个，因炒作明星绯闻被封账号182个，因发布虚假广告被封账号29 611个，因抄袭他人作品被封账号2 305个。另有超过70 000个账号，因虚假入驻被封。

此外，还有约10万个账号，因发布侵犯他人隐私内容、标题党内容，存在大量常识性错误、病句错字连篇等问题，或被警告、扣分，或阶段性封号。

近两年来，政府也陆续出台了整治自媒体乱象迭出的办法。2017年7月18日，北京市网信办依法约谈搜狐、网易、凤凰、腾讯、百度、今日头条等网站的相关负责人，责令网站立即对自媒体平台存在的几大乱象进行专项清理整治，同时市网信办向上述网站下达了行政执法检查记录，可见政府对自媒体行业发展的关注和治理的决心。

所有平台都意识到高品质内容的重要性，尽管它们的阅读量和播放量看上去没那么耀眼。头条启动了“千人万元计划”，企鹅有“芒种计划”，UC也祭出了“量子计划”，无非都是通过扶持的方式，来提高平台内的内容质量。

但人性的幽暗就在于，性、暴力、色情的流量就是比其他所有流量加起来都高。没办法，改不掉。互联网的马太效应，更是会让很多问题集中凸显出来，即使是微信、头条、一点等平台运用“机器 + 卧底”等手段，也不能从根本上彻底根绝这些灰色流量收割者。

只不过，从低到高，是所有人必然走的路、必然爬的坑。就怕坑里待着太舒服，最后不愿意出来了。

最后说一句，做号是一门生意，和敲诈勒索的“黑产自媒体”不同，只是太边缘化、太灰色，拿不上台面。一线城市的记者可以轻轻松松跑一个会，拿500块钱的红包还嫌弃各种路远招待不周；三线城市的做号者五点下班后撸稿到十二点，第二天起床看到收益多了500块钱，高高兴兴地上班去了。

两种人生，两种选择。

作者简介

马伟民，自媒体“科技唆麻”创始人，前虎嗅资深编辑。代表作《做号党的地下江湖》轰动了自媒体江湖。

第二章　从0到100万，大号们这样圈粉

编者按

我们找到了五个顶级的自媒体和媒体平台，请他们的负责人分享成功之道。

他们分别是：被誉为“中国时政第一大号”、以一篇“刚刚体”形成现象级产品的新华社官方公号；在不到一年的时间里收获了若干篇100万+，深受中国新中产阶层喜爱的“摩登中产”；用讲故事的方式，把金庸武侠解读到极致的“六神磊磊读金庸”；证监会高度关注、被资本市场誉为“中国浑水”的“市值风云”，以及已经在新三板上市的电商媒体平台“亿邦动力网”。

定位精准、尊重用户、细腻运营、敢于突破规矩，以及对新互联网时代传播规律的把握，是他们成为行业翘楚的共同原因。但他们又有自己独到的运营手段及成长方式，可供不同领域的自媒体借鉴。

值得一提的是，阅读他们主题鲜明、逻辑严谨、思想深刻、文字灵动的作品，本身就是一种享受。正如“摩登中产”创始人王鹏在文章中所说：我们坚信，在这样一个碎片化的传播时代，在这样一个谣言和标题党盛行的时代，真正的深度好文依然是不缺市场的。因为稀缺，反而会更受欢迎。

刚刚，新华社“刚刚体”刷屏了

刘洪

一

对新华社出现刷屏的微信文章，我们其实并不惊讶，毕竟我自己运营的“牛弹琴”微信公号，10万+也不是难事。但2017年6月21日，新华社微信公号《刚刚，沙特王储被废了》这篇很短的文章，迅速成为现象级作品，而且被外界戏称催生了“刚刚体”，并引来大量的评论、围观和学术研究，多少还是有些出人意料。

当时我正式的职务是新华社《环球》杂志副总编辑，但实际借调负责新华社微信。新华社微信，从一年前只有16万粉丝，呈现爆发式增长。在这个过程中，“刚刚体”诞生了。

据统计，这篇文章，创下了国社新媒体的一系列纪录：

最短的报道。标题9个字，全文不到40个字：“沙特国王萨勒曼21日宣布，废除（黜）王储穆罕默德·本·纳伊夫，另立穆罕默德·本·萨勒曼为新任王储。”

阅读量攀升最快的报道。大约10分钟，阅读量即10万+。

阅读量最大的报道。36小时内，近800万阅读量。

点赞量最多的报道。在用户页面，阅读量和点赞量都呈现10万+。不少朋友说，在新闻媒体微信文章中，尤其是硬新闻中，双10万+，还是第一次见到。

此外，按照微信规则，留言最多只能放出100条；但在后台，实际留言量接近七万条。

更多的是社交媒体上的截屏传播，在微博和各大网站上也迅速形成热点，整体的点击至少有几亿次。

不少公司模仿制作海报，图片排版、三个编辑、回复语气，这些梗都成了模仿的对象。不少新闻院校还将之作为课题研究。

一篇微信文章，整体增粉约50万。由此，新华社微信一举突破1 000万粉丝。

但更重要的是这篇现象级文章，激活了很多沉睡的粉丝。坦率地说，新华社微信粉丝数虽然增长很快，但跟其他头部大号一样，很多人只关注了微信，但很少打开。这篇现象级微信文章，让很多沉睡的粉丝都成了活跃的粉丝，极大地激发了新华社微信活力，也一举奠定了新华社微信在传播格局中的独特影响力。

作为这一现象级产品的背后团队，说实话，我们有一点振奋，但更是压力山大：为一些浅显错误而惭愧，也为领导的鼓励、粉丝的热忱而感动，这也更振奋了我们打造更有品位更有影响力的主流媒体微信公号的信心。

二

这篇现象级微信作品，诞生其实也挺偶然。

6月21日中午，我们微信团队正在一起吃午餐，但还没吃两口，突然看到消息：沙特国王废黜了王储纳伊夫，另立萨勒曼为新王储。

职业敏感，大家马上放下筷子，商讨要不要发微信。微信毕竟不同于传统媒体，缺乏实质内容的短新闻，没有长尾效应，一两个小时后就会被更详细的内容覆盖，传播效果会比较糟糕。

我曾在耶路撒冷当过常驻记者，比较清楚沙特的情况，王储易位并不出人意料，但这是国之大事，并将对中东格局带来深远影响。尤其考虑到沙特与伊朗、也门、卡塔尔等微妙的关系。必须马上发，而且要尽快。

我们新华社微信团队人手紧张，编辑只有四位：王朝、关开亮、陈子夏、王龙。刚借调来一位陈杉，不巧，那两天家中有急事，回南方了。王龙刚上完夜班不在。其他值班的都在外面用餐，大家只能放下筷子，赶紧处理稿件。

当时，只有新华社的一句话快讯。大家一直在讨论，这么短的新闻，标题该怎么处理，究竟是用主动句还是用被动句，究竟是多几个字还是少几个字。还有，文章就一句话，是现在发，还是再等更多信息。

最终，我们决定，还是赶紧发微信。一句话也有一句话的特点，虽然缺乏深度，但消息越短事越大，也有着特殊的传播效果。稍后，我们还可以播发更详细的深度解读稿件。

至于标题，就确定为“刚刚，沙特王储被废了”。第一，感觉被动句比主动句更有力；第二，新闻点不是立新王储而是废原王储；第三，用废而不是废黜，肯定不是标题党，但却有着特殊的传播效果。

为什么要用“刚刚”？

不少朋友说，这一篇很短的微信文章，让新华社一举确立了微信的“刚刚体”。随后有大量的模仿“刚刚”的稿件。后台还有不少留言说，他们领导特意让他们来看这条微信，学习新华社的“刚刚”，做好新媒体。

其实，我们之前也用过“刚刚”，传播效果也颇不错。如果一定要把“刚刚”换作“快讯”，播发出去应该也没太大问题。

但个人感觉，“快讯”是比较正式的新闻表述。新华社重大消息，肯定都要发快讯。但通讯社新闻，以前的接收对象一般都是报刊等机构用户。现在新媒体时代，我们直接面对的就是读者，微信传播更有独特性，如果用“刚刚”，显得更直接、自然一些。

就好比朋友间聊天，谈起一件大事，一般都不会说“快讯，有这么一件事……”，而会说“刚刚，有这么一件事……”。

当然，“刚刚体”随后成了新华社微信的一个品牌。我们一放出标题带“刚刚”的微信文章，就会有大量的粉丝留言沟通，整体点击量感觉可以提升过30%。有时甚至为了避免滥用，故意不用“刚刚”，读者还会有意见：你瞧瞧，人家都用了，你们竟然不用“刚刚”，差评……

三

这篇微信文章，按我们事先的判断，以新华社微信当时的影响力和用户黏性，再考虑到这条新闻的重要性，以及标题简短有力的表达，30万+的阅读量应该还是可以达到的。

但最后的结果大大出乎我们的意料。现象级产品的背后，还有其他几个偶然的因素。

比如，在传播中，“三个编辑”也被认为是一个梗。有一条评论就是“就这九个字还用了三个编辑”。这其实也是断章取义，因为正文好歹还有近40个字，哪怕一篇万字长文，标题估计也就十来个字，你能说“就这十个字还用了三个编辑”？

但为什么要有三个编辑，这确实需要解释一下。

那一天，确实是三个编辑值班。关注我们微信公号的朋友，其实也都知道，我们的主要编辑总共只有四位。你想想，微信是需要24小时待命的，我们每天至少要推6～7组文章，有些还是需要耗费较多时间和精力的原创深度稿件。

每次发稿，我们就跟打仗一样，发完一组，马上就要准备下一组稿件。在及时发稿的同时，还必须确保内容绝不出错。坦率地说，在全国新媒体圈，像我们这样劳动强度的微信编辑，也是不多见的。

就在发那条现象级稿件的当天，我们还发了十多条稿件。就在这条“刚刚”稿件之前，我们发了夏至的文章，标题就是《今日夏至丨最长白昼过后，想你的夜会越来越长》，文辞很优美、图片很漂亮，标题更注入情感；之后，发的是有关中国科技大学的重磅文章，也很受读者欢迎。

新华社发稿有着非常严格的审稿制度。所有传统新闻需要遵循的规则，我们都需要严格遵循，“三审一校”是必须的。署名是为了明确责任，这是对发稿流程的严格遵守。一旦出了问题，署名的都逃不了责任。

当然，知道的人知道这些，不知道的人难免会有疑问。这也说明我们以前沟通得还不够。但相信经过这样一次现象级传播后，大家都清楚了“三个编辑”的由来。后来，我们哪天少了一个编辑值班，很多粉丝还很关心，询问缺席的那位是不是病了。

四

当然，这篇现象级稿件最出彩的地方，是对留言的回复。

这对我们来说，其实也并不感到太惊讶。因为我们一直把留言回复当作一个特色在精心打造。社交媒体时代与纸媒时代不一样了，我们新华社直接面对粉丝，互动得当，会大大增加粉丝黏性，形成更大的影响力。

留言回复看似简单，其实颇费思量。留言中会有很多生动有趣的言论，难免也会有一些负能量，我们既要加强与读者的互动，也要善于甄别其中的对错。

而且，回复还要符合国社公号的特点，可以人格化，但还是要真诚、低姿态，真正和网友互动起来。

我们的几个编辑，各有特色，都做得很不错。比如，“小仙女”陈子夏有她性格的灵动、言辞的犀利。对“就这九个字还用了三个编辑”留言，她回复：“王朝负责刚刚，关开亮负责被废，陈子夏负责沙特王储。有意见？？？”

比如，对于“卧槽！看你们那回复，一脸天下第一的样子，你们怎么不上天？？？”这样带点批评的留言，回复是：“我们的确上过天，我们的特约记者景海鹏、陈冬在‘天宫二号’上发过稿件，电头就是‘新华社天宫二号电’。而作为‘把地球管起来’的中国国家通讯社，我们也是世界五大通讯社之一。想了解更多，欢迎继续关注我们。”

有时也不乏打趣，对于“差点以为看了假新闻，言简意赅，耐人寻味，新华社厉害了。点赞，double赞”的留言，关开亮马上互动说：“三个编辑，double赞不好分，triple赞吧。”

看似很随意，甚至有些自黑，但我们还是有发稿流程的。因为回复处理不当，也容易产生负面舆情，因此发稿人就承担着审核的责任。有些回复略做修改后发出，感觉更保险一点。当然，也可能有不少很幽默的回复，因为我过度小心而失色不少。

但总体而言，正是这一条条精彩的留言回复，扩大了新华社微信的影响力，拉近了与粉丝的距离，使更多人对新华社微信产生了兴趣，他们发现：原来后台不是冷冰冰的机器，而是有血有肉、还比较有趣的新华社记者。

很多微信粉丝就说，他们正是看了这些留言回复，对新华社微信“路转粉”了。有时，我们太忙不能及时留言回复，很多粉丝还不依不饶很不答应。王朝在那之后甚至以“刚刚哥”自居。

这其实也正是我们的初衷。我们是一个人格化的小团队，做新闻非常严谨认真，但也非常真诚地和粉丝交流，也很享受与大家的沟通。

但说实话，我们也是战战兢兢。一方面为网友的鼓励而感动，有一些小振奋；另一方面也深知自己的幽默水平还不高，有时候忙于下一波推送，一些留言回复得就比较匆忙。如果有更多的人手，我们感觉还可以做得更好一些。

五

这篇文章还有一个引爆点，就是有一个错误：“废黜”写成了“废除”。

这确实是很不应该，也暴露出我们编辑水平还有待进一步提高。

问题已经发生了，微信文章一旦发出，就无法修改了。剩下的办法，要么故作不知道，要么就是删稿。

但我们认为，“故作不知道”这种鸵鸟做法，是在助推舆情向负面发展；删稿看似解决了问题，但实际更给人很不好的印象，肯定会有人认为我们是在逃避指责。

我们的对策，就是直面问题，真诚地承认相关错误。

比如，对于这个错字，我们马上置顶了这样一条回复：“谢谢朋友们指点，压力山大啊。虽然有三个编辑，‘废黜’还是弄成了‘废除’。我们正在深刻反省。”

从编辑的角度，错字很不应该，我们必须认真吸取教训；但从新媒体角度，承认这个错误，相信网友会原谅的，他们知道，他们面对的是活生生的人，这个人没有回避问题，而是坦诚面对。这也是我们新华社微信人格化的一部分。

在这方面，我们也非常感谢领导的宽容。新华社副社长刘思扬马上召集我们开会，商讨怎么引导好这个舆情，化危为机。我们最后的回复措辞，领导们也是反复斟酌，最后置顶推出，果然收到了非常不错的效果。

很多网友就留言说，他们最欣赏的，就是这种知错就改的态度。不过现在也好了，微信公共号能改错字了。

六

最后，再小小总结一下。

这篇文章能够引发现象级传播，原因很多：第一，新闻本身的重大；第二，新闻很短，一些网友有“新闻越短事越大”的预期；第三，一些网友对“九个字新闻三个编辑”的不理解和揶揄；第四，这么短的新闻还有一个错字的矛盾冲突；第五，其他媒体自媒体的追随式传播效应；第六，精彩的留言回复，这是最出彩的地方；第七，我们直面错误的态度……

回过头来看，这篇微信创造了一个奇迹，但身处旋涡中心，特别是又有着国社的身份，坦率地说，当时确实是压力大。比如对一些回复，也有不少朋友认为不妥，甚至有强烈建议删除的。当然，我们收到的更多是鼓励，包括各级领导的提醒和勉励，让我们感动莫名！

一篇现象级稿件的产生，其实是我们新华社新媒体正在做大做强的必然，也凝聚着新华社各级领导和同事的心血，还有我们整个团队的努力和探索。

因为工作的缘故，我后来从新华社微信公号调至新华网工作，牵头新华网整个移动端的转型。这其实是一个非常迫切的问题。随着5G的来临，移动媒体将是传播的主力军。但在很多传播领域，影响最大的，已不是我们耳熟能详的媒体，而是一些新锐新媒体人。这种错位，既是新媒体时代竞争加剧的一种必然，也何尝不是一些主流媒体转型缓慢的结果。

传统媒体有传统媒体的风格，新媒体有新媒体的传播特点。以我本人为例，我现在写作已经成了两种模式，传统报刊专栏是专栏写作，但“牛弹琴”微信文章就是微信文章，后者更灵活，思维更发散，还要尽可能幽默风趣一点，否则就自娱自乐了，读者也就没有兴趣读下去……

“刚刚体”是一个探索，也再一次证实了内容的重要性。只是现在的传播内容，已经不仅仅局限在文字，同时还包括图片、图表、视频、排版等多个层面，也包括符合新媒体传播的互动……

无心插柳的“刚刚体”成了一个经典案例，其中有成功的经验，也不乏我们反思的地方。南京大学新闻学院教授徐慨说，虽然这是条有瑕疵的报道，但并没有妨碍它成为无可争议的现象级稿件。网友宁愿接受一个有血有肉会犯错会道歉的小编，也不认同一个高高在上永远正确无懈可击的绝对态度——如果不能理解这一点，恐怕就不能理解新媒体的逻辑。

作者简介

刘洪，新华社高级记者，《环球》杂志前副总编辑，现任新华网总编辑助理。作为新华社驻外记者，在喀布尔、耶路撒冷、华盛顿等地长期工作，著有《习近平时代》《和沙龙做邻居》《战地36天》等书籍。自媒体大号“牛弹琴”创始人。

摩登中产的怀旧味道来自哪里

王鹏

2016年的一个冬日，浊黄的雾霾笼罩京城。临窗远望，高楼大厦影影绰绰，一片混沌世界。那天傍晚，我的公众号“摩登中产”推送了第一篇文章，讲述一个北京妈妈为躲雾霾，携子远行千里，隐居泰国清迈的故事。

那天之后，摩登中产开启了它的旅程。摩登中产是我创业打造的一个内容品牌，目标是为中国新中产阶层提供优质的深度内容。创业从来不是一场愉悦的游戏，焦虑和危机时刻笼罩着整个内容团队。无数次跌倒后的爬起，无数次测试后的改进，最终，摩登中产有了今日的模样。

两年来，我们收获了数十篇10万+，数篇100万+，形成了摩登特有的写作风格，并得到数十万城市中产用户的支持和喜爱。凭借优质的内容，摩登中产被一点资讯、百度百家、网易新媒体等机构评为年度最佳新媒体。我们出品的《请回答1999》开启了社交媒体回忆杀风潮，我们创作的《我们与香港终于不告而别》，引来香港最高行政长官的回应。

这些成绩激励着整个团队奋发向前，而比成绩更为宝贵的，是摩登中产运营至今积累下来的新媒体内容经验。在这个新旧媒体交接的动荡时代，我希望这些内容经验，能成为宝贵的财富，激励更多和我一样的媒体人，拓荒前行。

我们这一代传统媒体人，是身份最为复杂的一代媒体人（作者2010—2011年曾任《京华时报》调查部主任——编者注）。我们亲历了都市报的最后荣光，感受了纸媒消亡的切肤之痛，也体验了新媒体创业的五味杂陈。我相信，无论怎样变化，很多同行和我一样，都有一个共同的坚守和信念：谣言、肤浅、标题党绝不是新媒体的特质，优质内容、深度内容总会有市场。

然而，在新媒体时代，究竟怎样做，才能生产出优质内容呢？

我认为，无论传统媒体人还是新媒体人，想做好内容，都要完成“三次转身”。

（一）打破鄙视链，做自己的发行人

新媒体人第一次转身，就是要从内容生产者化身为发行人。

先从一条“鄙视链”讲起。

在传媒圈内，一直存在着一条有趣的鄙视链。这条鄙视链历史悠久，并且不断更新。

过去，体制内的媒体瞧不起市场化的媒体，认为他们是散兵游勇；后来，市场化的媒体瞧不起互联网门户，认为他们只会耸人听闻；最后，许多传统媒体人瞧不起新媒体人，认为他们只是标题党，根本不懂内容。

在这条鄙视链的背后，其实是固化的思维，以及彼此对对方形态的陌生。而形态和结构，决定着内容的调性。

十年前，我是一名调查记者，时常去各地出差。每当入住宾馆，我习惯查看大堂报架上的报纸——这能让我第一时间了解陌生城市，并能获知当地的动态。各地都有一个共同的情况，报架上的都市报往往被人翻得满是卷角褶皱，而体制内的日报却光洁如新。

究其原因，地方日报代表着官方声音，发行多依靠各单位订阅。其内容风格也因此定调，权威准确即可，不需靠内容促进销量。

都市报则不同，它的内容要更市场化、更照顾普通读者的阅读口味。传统的都市报内部往往有“三驾马车”——内容、发行、广告，三者相辅相成，又互不干涉。内容优秀，发行部门推广时才有底气，广告部门招商时才有凭据。很多时候，内容部门只需专心做好内容即可，不用操心广告和发行的事宜。

2012年，我去搜狐内容部负责原创新闻，情况又有所变化。门户网站的内容生产相较于纸媒，变化最大之处在于“发行”。内容不再需要发行员投递，不再需要报亭扩散，而是汇总于一个个页面上。标题和图片成为“发行”的新入口。也正因此，标题成为网站编辑的必修课，一个好的标题，往往能带来百万甚至千万的流量。

在新媒体时代，结构和形态又一次发生改变。运营摩登中产的过程，让我深刻认识到，在这个时代，新媒体人不光要会写内容，还要兼顾考虑发行和商务。内容、广告、发行的三驾马车已经远去，取而代之的是内容、传播、商务的复合结构。内容产品不光要考虑内容本身，还要兼顾传播和商业属性。

所以，传统媒体人转型新媒体时，首要转变的观念即：我不仅是一个优秀的内容生产者，更应是一个优秀的发行人，将内容产品推广开去，并获得商业收益。也可以这样说，内容生产完毕后，我们的工作刚刚开始。

对于新媒体人而言，这个时代已经没有一个庞大的发行团队为你服务，也没有一个流量巨大的首页供你展示。你要成为自己的发行人，生产自带传播属性的优秀内容。

基于这个理念，新媒体时代的内容本身发生着改变。

传统媒体时代，内容生产者并不纠结标题。因为发行团队的努力，读者付费购买报刊，无论标题如何，都会读下去。而在新媒体时代，标题是最强入口，大部分10万+都有一个足够优秀的标题。但新媒体时代的标题，却不能总搞标题党—— 一旦某个公号被用户打上了“标题党”的标签，人们就会放弃对你的关注。

除此之外，选题选取、内容撰写、尾部引导，这些内容元素都需用“发行人”角度思考。只有这样，新媒体人生产出的内容才可能最大化地传播开去。

（二）内容产品化，加快叙述的节奏

新媒体人第二次转身，就是要从缓慢的叙述者变成节奏的掌控者。

许多传统媒体人投身新媒体行业之前，最大的底气来自对内容的自信。

这种自信往往源自纸媒时代的经验积淀。在媒体工作时，我曾带队报道过汶川、玉树、雅安三次大地震，记录山河破碎下的人性光辉或者邪恶，一些报道在当时流传甚广。然而，当年的那些报道，如果照搬到今日的新媒体上，我相信，它们的传播效果恐怕会大打折扣。究其原因，媒体的属性变了，对内容的要求也变了。

在传统媒体人转型新媒体时，有一个常见的错判：新媒体只是换了一个载体——把内容换个渠道发表。

这种错判源自对新媒体的认知不深。新媒体不光是一个崭新的渠道，更是一个复杂的生态。新媒体内容应符合生态的特性。

首先，主题要精准。新媒体的阅读高峰时段多为上下班途中、午休和睡前，用户精神较为放松，不适宜严肃和说教类内容。新媒体应根据自己所属领域和用户画像，挑选精准主题，创作内容。

其次，节奏要明快。新媒体的阅读环境往往是巴掌大小的手机屏幕，这决定了新媒体适宜多用短语、短句和短段，大量的长句堆砌，极容易让用户望而生畏。同时，因用户习惯了碎片化阅读，对于深度内容而言，其叙事节奏必须明快，叙事内容要快速推进，并要合理设置悬念，吸引用户将内容读完。

摩登中产出品的内容多善用短语短句。2017年12月，台湾作家李敖病重，摩登中产出品文章《我那个笑傲时代的大哥，正骑白马而去》。文中有一段是这样描写李敖的：

他古板守旧。大学读书，别人西装革履，他老派长衫。全校视为怪胎，他泰然自若。孔孟是万世师表。

他又狂放恣意。在立法院内，他戴面具、喷瓦斯、玩狗链、扔皮鞋，最后干脆当众亮出巨幅年轻裸照，礼法又为何物？

他尖刻古怪。胡因梦晨起便秘，他洗手间偶然撞见，觉得妻子憋得满脸通红，实在不堪，评点为“美人如厕，与常人无异”。

他又温柔细腻。小女友十八岁生日时，他送了十七朵玫瑰花，附上字条“还有一朵就是你”。

他睚眦必报。他告过“总统”、告过“五院院长”、告过“故宫博物院院长”、告过电视台台长、告过亲朋故友、告遍各大政府机关。动物凶猛，此地有李敖出没。

他又谦逊有礼。数十年未谋面的小学老师，他见面水泥地跪拜，离别走远回头，老师一条腿滑出轮椅，他马上跑回，把老师的腿放好。

他精英自居又草根自诩，他桀骜不驯又好为人师，他口诛笔伐又风趣幽默，他因循守旧又百无禁忌，他的身上，其实是百年来文化、道德、规则激烈冲突的战场，既无胜负，也无对错。

上述七段文字之中，前六段如果按照传统媒体的内容操作模式，每一段都可独立成章，然而在新媒体环境下，压缩并快速推进，才能给读者最大冲击。在多段事例素描之后，我们用快节奏的排比，勾勒出李敖的标签形象，强化文章的主题。

最后，文本要鲜活。新媒体时代的内容文本更追求画面感和可视性。

试举一例。摩登中产曾经出品过一篇文章《一位传奇炒房客的死亡》，被网易评为年度最佳非虚构报道。文中有一段描写传奇炒房客出身的环境，这样写道：

彼时的重庆大厦，还未因王家卫的电影而声名大噪。来自100多个国家的数千租客，杂居在阴暗的楼宇中，蒸腾着最真实的香港味道。

西装革履的掮客吐沫横飞，发鬓凌乱的妓女倚门浅笑。入夜，古惑仔持枪乘梯，枪管幽蓝反光，告诉你什么叫“龙蛇混杂、九反之地”。

罗兆辉蜷缩在这片黑暗森林中的某一张床铺上，脑海中只有明日的生计。

掮客吐沫横飞、妓女倚门浅笑、古惑仔持枪乘梯、枪管幽蓝反光，这些画面快速闪动，让读者恍如身临其境，留下强烈的视觉印象。

而在这篇文章的结尾，罗兆辉在广东常平意外病故，文章笔锋一转，这样写道：

从常平一路向南，跨越山岭与江海，在九龙尖沙咀的重庆大厦前，新的一批年轻人正讨论楼市。

他们踌躇意满，觉得世界尽在掌握之中。

画面从常平跳回至故事开始的重庆大厦，如同长镜头一般，横扫过时空，呼应主题，同时给读者留下无尽回味的空间。

总而言之，新媒体时代的内容写法已与过往有所差别，新媒体人应加快叙事的速度，并成为节奏的主人。

（三）拒绝独白体，与大众情绪共鸣

新媒体人第三次转身，就是要从以自我为中心的讲述者变成大众情绪的调度者。

新媒体人首先要升级的概念，就是你的内容不仅仅是“稿件”，而更应是“产品”，更应从用户角度审视你的内容产品。

从用户的角度来看，面对朋友圈看到的优质内容产品，有三个基础动作：点入、读完、转出。新媒体内容即应从这三个动作入手，提高传播度。

其中，“点入”对应的是标题，标题优秀才能引发后续的动作。“读完”对应的是节奏，节奏快速才能让用户欲罢不能。“转出”对应的是情绪，当触动情怀时，用户愿意主动分享内容，内容的传播才能最大化。调动情绪，应成为新媒体人的必备技能。

过去，媒体人并不注重情绪表达。在纸媒时代，作者与读者的互动度很低，往往依赖于读者来信完成。作者和读者的情绪通道是单向且不畅的。

在门户时代，读者有了表达的空间，比如新闻下方的评论区，开始有了诸多神回复，读者用这样的方式表达情绪，但对作者的影响仍然微乎其微。再优秀的稿件也只是作者的独白。

在新媒体时代，作者和读者的情绪沟通变得高效直接。读者不光是阅读者，更是传播的接力棒，他们的情绪变得至关重要。盘点近年来优秀的新媒体作品，成功调动读者情绪，成为共同的特征。

那么，新媒体内容如何调动用户情绪？我认为可通过三个步骤完成：开篇起势、中篇蓄势、结尾升华。

文字即舞台，优秀的新媒体内容，在文章开篇，就可将读者带入特有的情绪环境。

以摩登中产出品的《请回答1999：回望16年前千禧年元旦，以及改变这个时代的人们》为例。

文章开篇便用情景描写，将用户带回远去的1999年。

> 长风从漆黑的苍穹中扑下，四环外荒草折腰，几个均价不到3 000元每平的新楼盘内，灯光稀稀落落。

长风、夜幕、四环外的荒草、草根的房价，1999年的气息就这样开始弥散。

而在摩登中产出品的《我们与香港终于不告而别》开篇，我们用相似的手法写道：

> 每一寸街道，都可能是电影布景；随便拦个行人，都可能是天才演员；金庸的江湖，尚未远去；卫斯理的冒险，仍在继续。红磡鼓声一响，全亚洲的歌迷，心脏要偷停几拍。
>
> 张国荣穿睡衣登台，梅艳芳比基尼谢幕，Beyond街角击鼓，旁若无人，黄霑能倒弹宫商角徵羽，谱下《笑傲江湖》，然后传真给徐克，附言“爱要不要”。

我们捕捉了那个时代香港特有的元素，并通过这些元素，引发用户情绪共鸣，制造特有的情绪环境。

在文章的中篇，应进行情绪的蓄势，需不断调动用户情绪，以准备最后的情绪宣泄。在摩登中产出品的《我们只知大势将至，却不知未来已来》文章中篇，我们如此蓄势：

> 演唱会开场之际，万人体育馆低语喧嚣；郭德纲尚未出场，小茶馆内杯盘作响；炎热的夏夜，乌云蓄势了整个黄昏。人人皆等雨来，只有少数人，看到云中缭绕的电光。
>
> 我们只知大势将至，却不知未来已来。
>
> 我们正处于一个躁动的调试时刻，人工智能正在调试自己的神魂和硬件，以待全面登场。

风雨欲来的气势，从字里行间透出，那些为人工智能而激动的读者，情绪被再次调动。

对于新媒体内容而言，内容的收尾最为关键。只有在收尾时，情绪能与大众共鸣，才能引发大面积转发，从而制造10万+和100万+。

在《请回答1999：回望16年前千禧年元旦，以及改变这个时代的人们》的结尾，千禧年升旗仪式结束，我们这样收尾：

无人能预知此后十六年将发生什么，无论是神舟还是奥运，无论是非典还是地震，大时代面前，我们都是标点。

从天安门回到寝室后，我昏睡了一整天，黄昏醒来时，宿舍空无一人。

隔壁的兄弟拎着光盘喊着看碟，王晶的古惑仔系列。我的2000年就这样开始了。

从大时代的波澜壮阔，回归到小人物的青春琐碎，情绪如浩荡江水，冲刷着每一位用户心灵。这篇内容，在当年元旦，创下了单篇百万的阅读成绩，如果算上千家以上的转载，总阅读已过千万。这就是情绪共鸣的功用。

我们身处一个快速迭代的媒体时代，优秀的内容生产能力是生存基础，变化的表现形式是时代特色。新媒体人应懂得自我发行、能加速叙事节奏、善于调动用户情绪，生产出更多符合时代特性的新媒体内容。

作者简介

王鹏，资深媒体人。曾任搜狐新闻中心副总监，参与报道大量国内外热点新闻事件，后任美团公关总监。现为中产阶级内容平台“摩登中产”公众号创始人、CEO。

六神磊磊的“六脉神剑”

王晓磊　乔梦雨

一、关于读者：大家聚在一起，开个“英雄小宴”

问：创办“六神磊磊读金庸”自媒体的初衷是什么？现在的发展情况如何？

答：2013年年底，时任新华社重庆分社记者的我在北京房山封闭培训，学习马克思主义新闻观。正是在那次培训期间的某个讨论会上，一位老师说：你们有兴趣的不如去开个自媒体，那是个新鲜东西，还蛮有意思。

之前，我并没有这样的想法，尽管我们分社的签发人偶尔会说：你这篇报道的调调，有点像徐达内的《媒体札记》。他是读媒体，我是读金庸——冥冥中，这可能给我的公号定了调子。

我原来是想做一个类似“金庸识小录”这样的小专栏，在“金迷”之间分享一下，有个几百人看就可以了。但就在开号八天后，在成都开一个会，我走在从酒店到会场的马路上，发现前面有两个同事拿着手机，正一边笑、一边大声地读着什么。走近一听，读的居然是我刚刚在这个公号上发表的一篇文章——《打老虎》！

借着这个兴奋劲儿，当天晚上，我又随手划拉了一篇《金庸、鲁迅、古龙会怎么写“爸爸去哪儿”》。当时，《爸爸去哪儿》这个节目正火。我发到网上后，第二天发现转得到处都是，后台阅读量很快到了百万。从这时候起，我开始意识到，自己特别适应这片战场。经过四年多的运营，粉丝数已经是100万+。

问：100万+是不小的数字，你觉得他们更像哪个群体？

答：郭襄过生日的时候，郭靖、黄蓉他们召集江湖上有名望的人举行英雄大宴，这是主流的。但是郭襄自己搞了个英雄小宴，都是谈得来的朋友，包括杨过叫来的。他们的人员构成很丰富，五花八门的来路，宴会也挺有声有色的。

我觉得能不能把这么一群人聚在一个公号，搞成“英雄小宴”的感觉：大家脱略形迹、挺活跃，不用像英雄大宴那么正式、庄严。很多人甚至互相不认识，但是哪怕第一次见面，彼此也因为共同的兴趣在聊天。这和“仕图”说他们是风陵渡口，其实感觉上有点像（参阅《仕图：我们非门非派，只是风陵渡口的一家小客栈》）。用句时髦的话说，就是垂直细分领域，我抓到了。

问：需要很多时间打理公号吗？

答：有更新的话，要花上几个小时去管。写一篇需要3～4小时。开始运营的时候更新得慢一些，现在基本稳定在每周更新一次。我之前所在的单位（新华社重庆分社）有面贴读书笔记的墙，每个记者在每个季度要贴一些读书笔记。我的读书笔记每次都写得挺用心，扔了太可惜了。反正总是要写，发在网上也是写，就写着玩儿呗。

二、关于定位：我的主业是读金庸

问：你在文章中有提到过很佩服李闯王的口号，对于“六神磊磊读金庸”，有想过口号吗？

答：李自成有个口号，“吃他娘，穿他娘，开了大门迎闯王，闯王来了不纳粮”。这样的口号特别有号召力，我真的想不出来。以前想过“最有趣的读书号”，觉得很没劲。后来想过“读书不要竖着读，让我横切开给你看”，但是都觉得不好。最后慢慢地变成了“众所周知，我的主业是读金庸”——这是个定位问题，我希望自己的公号更清晰，让人看了一目了然。

还有一点，是因为我想表达“我不是在影射什么，我只是读金庸”。人怕什么就会强调什么，怕被人误以为影射，所以就总说，我的主业是读金庸。

问：你认为金庸武侠的核心魅力是什么？

答：我曾在北京的一些高校举行了“六神磊磊读金庸”的线下活动，发现金庸的作品现在还是很多人关注，“侠”的情结每一代人都有。

金庸最初写武侠是看梁羽生写，所以他也去写。《书剑恩仇录》是他的第一个武侠（小说），写得磕磕绊绊，虽然在整体的武侠小说里面成就很高。写到后来就发挥得更自如，他就写了对于社会、政治、人性这些的理解，他的世界越写越大。

很多人说金庸的书魅力大，在于里面有传统文化、诗歌辞赋，有古代的中国。我觉得这些都不是最重要的。比如我们现在拍部电影，电影拍得很唐朝、很宋朝，画面特别美，这些都没有大用。我们的作品还是要把挖掘人性、讲故事放在第一位。所以金庸的书，你把书里这些中国元素去掉，他的书依然是最好的武侠小说，因为他的书很深刻地在挖掘人性。

问：会不会因为“我的主业是读金庸”，别人在和你交流时就不由自主把话题限定在“读金庸”？

答：是有这样的困扰，尤其是有一些刚认识的朋友。我是个丰富的人，真的可以不止读金庸。

比如读唐诗，公号里有些读唐诗的推送，阅读量也都挺高的。其实这挺出乎我意料，网上疯传的诗歌肯定是仓央嘉措、纳兰容若这样的，所以，写完也没想到有很多人会看。

以前我会想：用很搞笑的方式写唐诗，有没有存在的意义？我收到了不少后台的留言，有一个中学老师说，他把我写唐诗的那些稿子读给学生听，学生还挺感动的：以前觉得唐诗那么枯燥，现在产生兴趣了。

我曾给一群三年级的小朋友讲了一堂唐诗课。开始心里没底，不知道三年级能理解到什么程度，后来发现他们很喜欢，家长也觉得不错。这一堂课不一定能让他们学到什么，但是让他们对唐诗有兴趣，这个很重要。毕竟兴趣是最好的老师。

问：所以说，和后台互动还是挺频繁的？粉丝有什么特点吗？

答：之前我还在上班，也不能总盯着后台。所以是有一个人在帮忙盯着后台，那些有趣的问题他会和我讲，然后我说我的想法，他帮忙回复。但空闲了自己也会登进去看。

总有些很神奇的回复，还有些读者挺有水平的，有时候我会写一些军事的东西，就会有很专业的军迷在后台交流。比如，炮的口径是120 还是

六神磊磊公号文章截屏

119.5，都会有人争论。再比如我推送了一篇关于唐诗的，就会有很专业的人来讨论“春来发几枝”还是“秋来发几枝”。

互动是一种相互的陪伴。做自媒体，除了为流量和收益之外，还有情在其中—— 一个是情怀，一个与和粉丝之间的感情。

三、关于盈利：不能为了广告，把杨过和小龙女写死

问：公号目前的盈利模式有什么？

答：出了一本书，然后也有打赏，我被打赏算是很多的，几百的、接近一千的都有，但主要的还是广告。不接广告也不行，这个公号我已经写了四年多了，对它确实花费了时间和精力，再写下去，什么时候是尽头？一件事情做了很多年，总是不挣钱，也还是挺麻烦的。

问：对于广告，有哪些筛选条件？

答：要做广告的很多，如果真要接的话，每天都有广告，这样肯定不行。

对于广告，我在数量上有所限制。那种全篇围绕产品的推送，基本上每个月两条，并且我会把下两个月的提前安排好。还有就是要找自己特别喜欢的品牌，写我所了解的东西。如果是P2P理财产品的广告，我就不会接，因为我不懂金融，怕推送后出乱子，坑了粉丝。

那些我大概知道的，比如说《杨过和小龙女究竟到哪去了》，是一个地产广告，那个地产我实地看过，心里有谱。再比如Jeep这个品牌，我个人喜欢吉普车，也有很多朋友在开，所以写个关于它的广告完全没有问题。

问：针对广告的内容生产，创作周期长吗？

答：我手写我心，这些写作是不违背本心的。还是以《杨过和小龙女究竟到哪去了》为例，我不会说他们可能去了个地方，而是我本来就觉得他们真的去了某个地方。我不能为了写广告，拧着说他们两个都死了，因为我心里不觉得他们死了。

而且不是每篇广告都是专门写的，其实有一些是本来就要写这些事儿的，正好能把这个产品放上去。对于那些专门写的广告，还有一个原则就是，把那些文末的关于产品的部分去掉，剩下的上文的内容是要完整存在的。

四、关于成功与失败：这是格局的问题

问：在时政记者王晓磊、作者六神磊磊中，你更喜欢哪个？两重身份的互换中，你觉得异同点有哪些？

答：我比较习惯于我就是王晓磊，这是我的本名。其实现在有时候参加活

动，别人给的座位名牌是“六神磊磊”，我都会觉得很奇怪。我习惯于在这儿（新华社）工作的王晓磊。

经常有人问“会不会精神分裂”，其实真的不会。一个人即使一天什么事儿也不干，也要互换好多次身份：和人吃饭就是个吃饭的身份，晚上加班就是加班的身份，人肯定是要适应不同角色的。

职务写作有它的要求，比如在新华社写评论。评论分两种，一种是署自己名字的评论，我写的就署名“记者王晓磊”；另一种是新华社社评，它的立论可能就会不一样。能署名的个人色彩就浓一些，不能署名的个人色彩就淡一些。职务写作严肃些、刻板些，公号的写作能放开一些，但共同点都是尽量不说假话。

问：你认为，什么样的人是有价值的？什么样的内容是有价值的？

答：随着自媒体的崛起，这个标准发生了变化。比如，在没有所谓内容创业之前，在你原来的公司、机构里，一个人比另一个人有趣一点，这基本是没有什么价值的。非要说有价值，可能是酒桌饭局上有点价值，活跃下气氛，避免尴尬。

但在有了所谓内容创业之后，一个人能够比多数人有趣一点，这就有价值了，就可以定价了。新的媒体形式，可以把他这种有趣，或者说是一种个性，很方便地放大，再传达给千千万万人。

那么什么是“价值金线”呢？你可以想象有那样一根金色的线，横贯在空中，把所有内容创业者划分出两个层次。在这根线的下方，没有价值；而一旦突破了它，就可能价值连城。

比如，一个人比其他人有趣那么一点点，也许并没有什么价值，得不到太高的定价。可如果他相当有趣，与众不同，越过了价值的“金线”，那他就价值连城了，得到的定价可能是几何倍数的。

在一个传统的媒体里，一个人比其他人更能写一点点，是没有太大用处的，他得不到高出众人太多的定价，也许不过每月收入一万元和八九千的差别而已。

但在自媒体之中，没有人负责“兜底”。一个佼佼者比旁人只高出一点点，但他的水准恰好突破了金线，那么就可能收获极高的定价。而另一个人也许只差那么一点点，却完全可能无米下锅。这是自媒体的机遇，也是自媒体的残酷。

问：那么，你又如何看待内容创业者的失败？

答：我有个感觉：自媒体这个事情上，很多人输掉，不是像输象棋一样输掉的，而是像输围棋一样输掉的。他们输的是境界。

什么意思呢？下象棋输棋，水平差一档，可能就会输得稀里哗啦，被吃个马、被吃个车，节奏比较快，死得也比较惨烈。

下围棋往往不这样。你还觉得自己走得有声有色呢，这里围一块、那里围一块，这里取了地、那里取了势，自我感觉还不错，但是不知道怎么，下着下着就不行了。最后一数，盘面差20目棋。你不服？再来一盘，同样的结果。

这是输在了什么东西上呢？输在了境界上。

格局低是个要命的短板，它会让你想红的时候显得太用力，怼人的时候又显得像妒忌。输在这上面，往往自己会连原因都找不到，明明我什么都做了，方方面面都注意了，怎么就输了呢？

还有，很多做不好事的人都有个共同特点——找借口。

这样的对话，我们听见过很多。一说到谁谁挺出色，他们就撇嘴说："他怎么能比啊，他是有渠道的。""他怎么能比啊，他是有背景的。""他怎么能比啊，他是有推广的。"

假若你说自己没有渠道，没有背景，也没有推广，他们便会说："可是你做得早啊！"如果总是以这种心态给自己的不成功找借口，那你一辈子也成功不了。

本文由两部分黏合而成，一是"六神磊磊读金庸"创始人王晓磊自己所撰；一是刺猬公社对王晓磊的一篇专访。经两位作者授权，最终以问答方式呈现。

——编者注

作者简介

王晓磊，新华社前记者，知名自媒体人、专栏作家，自媒体大号"六神磊磊读金庸"创始人。

乔梦雨，刺猬公社记者。

“我们打掉了千亿虚假市值，但不做中国浑水”

杨峰

我们是一家专注“A股上市公司”的新媒体，2016年4月才开始公司化运营。区别于一般的新闻报道平台，市值风云带有强烈的研究属性，内容极度垂直和专业。

在刚刚过去的2017年，我们完成了A轮融资，整体估值达到1.2亿，可以说取得了阶段性的成功，但是根据发展规划，市值风云仍然任重道远。

从辩证的角度看，事物的发展有偶然性也有必然性，市值风云的出现具有一定的偶然性，但在资本市场严监管的背景下，诞生一家辅助监管的媒体却是必然的，即使没有我们，也会有别人。

很荣幸，是市值风云。

市值风云是中国的浑水吗

2010年以前，平面媒体经历了黄金十年，移动互联网的诞生和崛起极大地推动了自媒体的发展——它有着传统媒体难以媲美的传播速度和效率，对报纸形成的冲击堪称摧枯拉朽。

但是内容创业最佳红利期是2013年和2014年，那个时候，只要你肯做并坚持下去就一定会有回报，2016年显然已经不是，市值风云只能说是赶上了内容创业的末班车。

2015年意外的牛市和突如其来的股灾，让监管部门和整个市场意识到，A股顽疾不除很难有真正的牛市，注册制也是推推停停，市场改革举步维艰。资本市场迫切需要改革，这让我们看到了历史催生的机遇，市值风云顺势而生。

市值风云专注于上市公司财务舞弊、资本运作、市值管理分析，深度解析以“忽悠”为主业的上市公司套路，为广大投资者“排雷”。当然，如果站在上市公司角度，我们的文章就是所谓的“负面”，市值风云是在“黑”他们。

这就是人性，这就是利益。

你可以揭露任何黑幕，指出他人的问题，也可以讨伐全世界，但只要涉及自身，那就是“恶意攻击”，即使他们在二级市场翻来覆去割韭菜而从不为实体经济做出任何贡献。我们如实呈现了他们的所作所为，于上市公司而言就是“恶意负面攻击”。

正是基于此，市值风云经常被市场定义为“中国的浑水”。

2017年8月13日，中国著名财务专家、中央财经大学教授、万科独立董事刘姝威先生曾发表文章《中国股市步入健康慢牛轨道》，文中也以“中国浑水横空出世”为题提到市值风云：

> 以市值风云为代表的80后自媒体，对上市公司的违法违规行为进行了精准和及时的揭露和打击。这群有责任感的八零后们被称为“中国浑水”，他们成为政府金融监管部门之外的民间监管力量。
>
> 市值风云等自媒体的出现有助于打击和遏制上市公司的造假和欺诈行为，有助于保护投资者的利益，有利于中国股市在健康的慢牛轨道上发展。

其实，站在我们的角度，市值风云成立的初衷并不是要做中国的浑水，我们不是沽空机构，我们也不会从我们研究过的上市公司的股价下跌中盈利。市值风云仅是基于上市公司公开信息的独立第三方研究，我们有自己的商业逻辑。

独特的商业逻辑

在互联网领域，所有商业模式的本质都是获客和变现，即得到流量和使用流量。我们也不例外，市值风云的商业进阶道路分为四个阶段。

第一阶段是基础——新媒体板块

基础阶段，市值风云着力于获取大量优质读者，形成早期用户群，打造商业模块基础。目前，我们已经完成基础阶段的积累，粉丝数量和舆论影响力极其巨大。

第二阶段是关键——新交易系统

该阶段，市值风云将完成核心研究方法建模，实现上市公司评级、研究和内容生产的标准化，打造注册制时代基于上市公司全方位大数据的“评级与智能化分析系统”，并辅以黑名单、白名单的评判维度，通过财务分析、合规性分析、经营情况与投资者回报、管理团队诚信度分析等维度进行划分。

软件系统形成后，会以对C端免费的形式，为投资者提供专业信息服务，再适度以向B端（机构客户）收费作为我们的盈利模式之一。

获取市场占有率后，同时向C端提供增值服务以增加变现渠道。

第三阶段是延伸——第三方研究所 + 市值管理机构

基于前面两个阶段的成果，我们将市值风云打造为国内规模领先的第三方独立研究机构、服务特定机构和上市公司。

第四阶段是应用——投行 + 基金

在每个创业团队中，团队的基因往往决定了公司的发展方向。市值风云的团队骨干均来自资本市场各大专业领域，我们会逐步把研究成果应用于投资市场。

读懂市场的用户，扩大用户群体，是新媒体创业的关键。

对于普通社会化内容领域新媒体而言，通常仅停留在第一阶段，并在该阶段通过广告的形式完成流量变现，这是其内容领域先天决定的，而市值风云专注的资本市场具有更为广阔的延伸空间。如A股上市公司东方财富。东方财富早期通过运营“股吧”获取流量；中期通过网站提供财经信息，进一步获取流量；后期通过“天天基金”“东方财富证券”对巨大流量进行变现。而市值风云正是通过前期的媒体积累，将自身打造为A股注册制时代规模最大、最专业的金融信息服务商，三年后能实现A股上市，并超越东方财富的市值规模。

正如市值风云的天使投资人、高樟资本创始人范卫锋所言：“从极致优秀的头部内容项目到垂直人群的重度使用平台，市值风云正在打通这条路。这对于财经自媒体行业具有指标性意义。”

如何影响特定的群体

目前，市值风云在资本市场的影响力不必赘言，我们已成为上市公司、基金和研究机构重点监测的媒体，文章内容频繁被证监会、交易所、各地证监局作为监管线索采用。

换句话说，这也是相互的，正是因为我们在资本市场有影响力，才引起监管部门的注意；也正是因为获得了监管部门的关注和鼓励，我们的影响力才进一步提高。

2017年5月9日，市值风云发布《强烈质疑尔康制药涉嫌严重财务舞弊：中国海关喊你来对账！》，提出18万吨木薯淀粉生产实现6.15亿元净利润存疑，认为尔康制药可能涉及虚构资产。

文章发布当天，尔康制药在二级市场遭到机构的抛售，股票迅速跌停，随后接到深圳证券交易所的关注函，并于2017年8月8日被中国证监会立案调查。

市值风云又是如何做到为证监会和交易所等监管部门服务的呢？

1.顺应历史趋势

任何事物要发展，都应顺应时代的趋势，否则不可能长久。站在发展的角度，市值风云所做的事情就是顺应资本市场的发展趋势。

截至今日，中国资本市场已经发展了二十多年，放在历史的维度上，这是一段很短的时间，甚至不值一提，但是作为新生事物，在此期间也已取得了很大的成就，并对实体经济的发展起到了很大的促进作用，同时也暴露了很多问题，比如“套路重组”“炒壳”等。

时下，监管部门正是通过严监管来整肃市场，通过打击“套路”上市公司、通过政策完善和改革建立起“良币驱逐劣币”的良性的市场秩序。

任何体系和秩序的建立，没有一蹴而就的。在这种背景下，市值风云的独立研究内容真正从市场参与者的角度担任了其配合监管的角色。

2. 足够专业的团队

单纯就社会化内容而言，普通记者的知识储备已经足够，而且无论生产内容如何，读者都很容易理解。但是资本市场是专业化很强的市场，从业者需要具备较高的专业能力，才能把复杂的操作手法用浅显易懂的语言呈现出来，否则很难找到问题的本质，甚至会因为内容不专业而引火上身。

普通的财经记者虽然拥有丰富的媒体传播经验，但并不具体专业分析能力，生产内容大多隔靴搔痒、浅尝辄止，因为没有实操业务经验，往往找不到问题的关键。

市值风云正是意识到这一点，才着力打造了一支由董秘、财务总监、投行和基金经理、会计师事务所审计师等一线从业人员组建的内容生产团队。更为难得的是，我们的团队核心人员志同道合，自创立以来，没有一篇文章被上市公司指出内容有误并引发纠纷。

3. 标准的内容生产流程

在新媒体和研究阶段，我们就定下了一个非常重要的规矩：在研究上市公司时，数据、信息来源必须是上市公司的公告信息、财报信息，以及国家相关部门的统计资料、其他知名第三方研究机构的监测数据，这些信息我们都定位为“标准化信息”。

任何非标准化信息，我们在写作过程中几乎都不接受、不采信。

使用“标准化信息”的目的和好处包括：

（1）展示团队的专业性。同样的上市公司公开信息，市场里数百万的专业参与者和上亿的股民都可以平等获取，但是最终能看出问题的人，却少之又少。也就是说，当我们能研究出问题而其他机构不能时，那我们的研究能力和专业性就会得到认可，我们的商业模式就能够成立。

（2）严格使用标准化信息，也是为“上市公司评级系统与大数据智能化市值管理系统”奠定数据基础：分析模型建立在标准化信息的基础上，系统运转才是有效的，因为一个自动化系统是不能抓取非标信息的。

4. 严格的内部管理

市值风云团队成员不得参与二级市场股票投资，特别是研究标的的炒作，避免掺杂利益的成分，确保研究分析的独立性和客观性。

这其实是对“术与道”的选择：我们更愿意投资者通过学习文章，获取独立分析上市公司的能力，而不是拿个股票代码回去，就做上发财的大梦，这对理性投资者和市场规范化建设没有任何价值。

认清大势，中国股市正在从核准制向准注册制过渡，在这个重大的历史转折中，资本市场的很多套路、分析方法都会发生根本性的变化。

市值风云展现给投资者的，是顺应了注册制时代的投资特征的方法与“道”。

5. 曾经点爆过的监管话题

在市值风云团队的艰苦努力下，过去两年的时间里，我们确实点爆了很多监管话题，比如“忽悠式重组”“联合坐庄”等，包括：

（1）“清仓式减持代表作”——永大集团。2016年9月，市值风云发表文章《胜利大逃亡——A股最凶猛减持故事》，永大集团股东套现67亿清仓减持离场的话题迅速成为市场的焦点话题，并引起监管部门对这一现象的高度重视，这篇文章在微信端阅读量达到50万+。

（2）“忽悠式重组”案例——勤上股份和GQY视讯。市值风云针对GQY视讯“三年一重组、每次必失败”进行了深度系列解读；同时对龙文教育借壳勤上光电进行预判性分析和后续跟踪分析，后来这次重组的结局众所周知。

（3）“炒壳”案例——新德隆系的资本运作。近几年，新德隆系重出江湖，依旧沿袭十年前的操作手法，在资本市场翻云覆雨，市值风云重点分析过德奥通航和斯太尔等上市公司的炒壳故事，发表文章有《解密德隆系10倍炒壳绝招：一个电饭煲坐着灰机去搞对象》《德隆系的大饼与镰刀：猎杀斯太尔》等。

（4）“大宗减持”案例——电科院。通过电科院的案例，为读者呈现了资本市场的大宗交易背后的大戏，发表文章《铁血大宗交易：电科院减持大戏幕后的“筹码搬运工”》。

（5）“联合坐庄”案例——鸿特精密和万邦达。通过深度解读，为大家重现了资本大鳄在资本市场坐庄的种种细节和内幕，发表文章《谁在坐庄鸿特精密？世纪游轮百亿“拆迁太子爷”的铁血军团》和《万邦达：一场最声势浩大的“市值管理”骗局，大股东套现60亿》，其中关于万邦达的文章阅读量在微信端也是10万+。

在此，我们想说的是“负面信息”的价值更大。如果你认为负面消息是准确的，可以卖出股票避免损失；如果你确信负面消息是错的，而股价依旧下跌，则可趁机买入。相反，投资标的的正面信息价值不高，还可能让投资者陷入对股价的幻想中，无视自己的错误。

用极致的内容代替传统分发

作为内容创业的新媒体，在过去两年，我们并没有针对性地做内容分发的工作，也没有专门的工作人员进行用户互动，我们就是依靠极致的内容从万马千军中脱颖而出的。

1. 抓住时代的脉搏，做正确的事情

在核准制时代，市场对上市公司财务和基本面的研究基本是失效的，因为上市公司利用制度缺陷，估值里面包含了大量的“壳溢价”“重组与资本运作（讲故事）”等等，这些非业绩因素严重干扰了上市公司的正常估值。

这也使得在核准制时代对上市公司的研究很难真正实施，券商研究员只看多不看空，独立第三方研究几乎全军覆没，证券类新闻媒体失去了监督的能力，炒股类软件只提供垃圾级的资讯流。

而到了注册制时代或者制度完善后的准注册时代，上市公司的数量变多，“壳溢价”等干扰因素逐渐消失，很多公司的估值开始回归基本面。

在这个时候，对上市公司的财务分析、基本面分析就会成为一门显学，成为热门行业。

2. 用极致的内容代替分发

与其绞尽脑汁、筋疲力尽地去思考内容分发的渠道和手段，不如把内容做到极致，让优质内容自身可以达成病毒式的自发传播。

我们一直秉承用极致专业的内容代替分发，组建足够专业的团队，生产市场上不可替代的内容，自然也就完成了内容的分发工作。

目前，我们的分发渠道已经覆盖头条号、一点号、腾讯、凤凰、雪球、新浪、搜狐、网易等主流门户网站，垂直社区和财经类、股票类App。

市值风云App自身的用户装机量也在迅猛增长，未来我们准备将App平台化，让更多的有专业能力的用户参与进来，在现有的模块中嵌入“雪球模块”，除市值风云的独立研究外，放开投稿、大V入驻、用户上传文章、讨论区等。

最后，我们想说的是，媒体是公器，即便是自媒体、新媒体，也是公器，我们新时代的从业者当有敬畏之心，要心怀悲悯。

只有天下为公，才能得天下。

作者简介

杨峰，曾任《经济观察报》《21世纪经济报道》财经记者、新华社《财经国家周刊》金融部负责人、某著名资本系PE基金投研总监、房地产基金副总裁。现为市值风云创始人、CEO，具上交所第37期董秘资格、上交所第12期独立董事资格。

靠生产“情报级资讯”，这家媒体不认干爹也能上市

吴晨光

【第一部分】（采访于2016年6月）

在内容并不被资本界看好的当下，一家以生产电商资讯为核心业务的新媒体在2016年4月19日悄然上市，股票名称亿商联动（代码836568）。6月初，在新三板，它完成了第一笔交易。

与高调上市的东方网不同，它的挂牌几乎毫无动静。在认识这家媒体的总裁贾鹏雷之前，我也没听说过这个网站。它有一个比较土的名字，叫“亿邦动力”。

“是CEO郑敏找的域名（ebrun.com）。”贾鹏雷说。这位生于1970年代的男士也觉得“亿邦”这名字不像媒体。“开始创业时，大方向是跟电子商务。所谓亿邦，就是找了E-Business的谐音。”但在很多时候，简单粗暴的名字更容易被记忆，正如同“京东商城”——这个很像肉饼店的名字，几乎让人过目不忘。

2007年亿邦动力注册，接下来就是痛苦地摸索。这个团队做过广告联盟、专业会展，也试过研究报告、电商社区。直到四年后，才明确定位为“电商资讯”，内部描述为“专注于电商领域的情报级新闻”。

“跟很多创业公司一样，最后确立的模型，往往与你最初的设想完全不同。”贾鹏雷多次提到，“实际上跟我们几个创始人的基因也有很大关系，你最好是吃最擅长的那碗饭。”

亿邦动力的主要创始团队有四个人：CEO郑敏，创业前是当时国内电子商务领域最优秀的杂志《电子商务世界》的主编；总编辑贾鹏雷后升任总裁，是IT大报《计算机世界》的副总编；总裁是刘宸，也担任过《电子商务世界》杂志的主

编；CTO余明，是贾鹏雷在《计算机世界》时的同事，原计世网的技术总监。

“这碗擅长的饭”让他们尝到了甜头。

用户方面：亿邦动力网的访问者——他们主要来自 www.ebrun.com、亿邦动力微信公众号和App（电商新闻、微商新闻）。2015 年 12 月，亿邦动力网月活独立用户达到 713.9 万；微信公众号的粉丝达到 141.1 万；App月活用户超过57万。

亿邦下属的另一个电商交易平台——思路网上，入驻服务品类超过 4 500 种，并拥有超过 1 900 家主流电子商务服务提供商。

营收方面：报告期内，公司超额完成预定经济指标，营业收入达到 5 001.75 万，同比增长 65.14%，净利润为 573.35 万，同比翻了10倍以上（见表1）。而在几年之前的创始阶段，他们一度靠借钱度日，因为欠债太多，几个创始人春节都不敢回家过年。

表1　　亿邦动力网2015年核心数据　　单位：元

	本期	上年同期	增减比例
营业收入	50 017 476.24	30 288 097.05	65.14%
毛利率	33.09%	25.48%	–
归属于挂牌公司股东的净利润	5 733 472.32	485 873.83	1 080.03%
归属于挂牌公司股东的扣除非经常性提益后的净利润	5 733 067.25	420 474.28	1 263.48%
加权平均净资产收益率（依据归属于挂牌公司股东的净利润计算）	46.19%	7.22%	–
加权平均净资产收益率（依据归属于挂牌公司股东的扣除非经常性损益后的净利润计算）	46.19%	6.28%	–
基本每股收益	0.57	0.07	714.29%

资料来源：2015年度亿商联动年报，全国中小企业股转系统，代码836568。

对媒体公司而言，一直有个“五千万俱乐部”的提法。近十年来，媒体经营压力巨大，作为一个新媒体能够冲到这个规模，并且保持了10%左右净利，非常不容易。感兴趣的读者可以去参考更多已挂牌媒体公司收入，此处不赘述。

一个资讯网站为什么能赚钱？以下，就是一点晨光与贾鹏雷谈到的几个关键问题。它会回答内容创业者的疑问：你的价值究竟体现在哪里？

一点晨光：什么样的资讯最有价值？

贾鹏雷：纯干货。

我说一个观点你可能会觉得有点怪。好的资讯是什么？我们认为是信息本身。优美的文字、严密的组织、清晰的逻辑——这些是次要问题，都是为信息本身服务的（但并不是说就可以完全忽视）。这样说，可能对那些优秀的特稿记者会有些打击，但事实就是如此，特别是在某一个垂直领域内。

这个想法在《维基解密》这部电影中有一个很好的印证。电影里有一个场景给人印象最深，就是当原材料搁在那里，联合创始人说：只放原料不行，我们得有加工。但是创始人说：不！只要把原材料放在这儿就足够了。

在电商领域，任何一家值得关注的公司，其电商业务的真实情况，就是亿邦动力最想传递的信息。举例说，韩都衣舍和七匹狼都是服装电商业者非常关心的品牌，服装电商行业的人最关心品牌的哪些方面？

（1）它今年的销售目标是多少；

（2）它去年完成了多少收入；

（3）它最新的业务架构是什么；

（4）它在天猫、京东、官网的销售比例分别是多少；

（5）它的利润率有多高；

（6）它的转化率有多高；

（7）它订单量有多大；

（8）它客单价现在是多少；

（9）它的店铺的经营情况怎么样；

（10）它的人效、坪效怎么样；

…………

这样的问题有很多，只需要你把正确答案告诉大家就行了，不需要很花哨。我们称之为情报级资讯。

亿邦动力开创了“电商新闻”这个品类。在内容上，我们先强调有料、有用，并不特别强调有趣。很多外部朋友、亿邦编辑团队（不少同事都来自新闻专业）都曾提出应该做得更有趣。然而我们发现强调有趣的媒体太多了，那反其道而行之做干货吧，这可以形成气质上的巨大差别。

在大部分稿件的操作上，我们往往简便地采用“三段论”来呈现（什么是、为什么、怎么样）。在情报级的资讯类型上，这就是一个流水线，产出大、效率高。2010年10月，亿邦动力网每天生产六七篇报道，到了2011年“双十一”（当年阿里零售平台爆表，销售额冲达190亿元），那一天我们生产了60多篇文章，而2015年“双十一”，我们一天生产了200多篇文章，绝大多数是各大品类、诸多品牌的销售数据与突发新闻。

亿邦编辑部今年就要接近100人了，原创团队也是最大的。一个行业资讯媒体，某一个阶段靠堆人就管用，但长期看还是要人和技术合二为一。2015年“双十一”我们也尝试了机器写文章。让机器做事情，标准就很重要，而“三段论”最适合。2016年，我们在人和技术的投入上超过了2 000多万，目的是为了生产更多干货。

干货的效果是非常明显的。2014年“双十一”后，我们发了一篇微信公号文章。它的标题极其简单，内容也特别简单，就是“2014年，天猫双11的交易额”。这一条的阅读总量超过了100多万，被转发了几万次。文章里面几乎没有任何修饰，就是把当天的交易额——包括各个类别、主要品牌、各大平台、各个业务都列出来，齐了（见图1）。

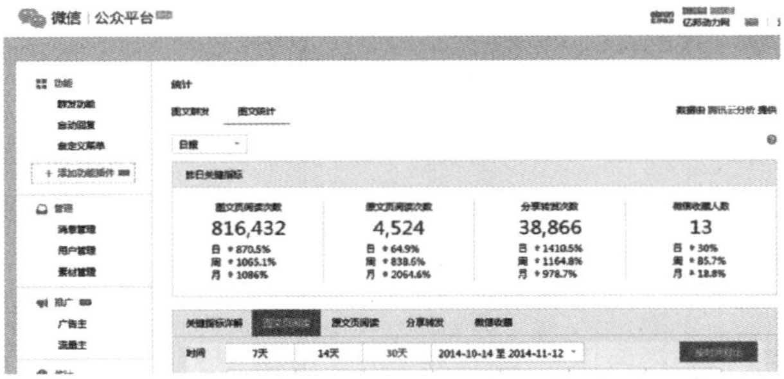

图1　2014年“双十一”次日，亿邦动力网微信后台的数据统计

这一类的文章，用户是当情报使用的，这就是它的价值。在这个逻辑上会延伸出很多有价值的情报级的数据公司。淘宝、天猫、京东三家平台商家超过几百万，都会关注这个点。对它们来说，非常需要看到自己所处的品类前十名分别是谁，卖了多少，自己排第几，也需要看到很多运营细节和消费趋势。这些信息，有用性大过一切。

一点晨光：你们的用户是什么样的？什么样的用户最有价值？

贾鹏雷：想通过电商赚钱的企业经营者，提炼出来就是“电商经理人”。

无论是做什么行业，用户都是需要分层的。从电商的角度而言，用户结构呈现纺锤状。一头是“羊毛党”，这类用户是促销或补贴引入的，没有促销就立刻流失；一头是高价值用户，价格敏感性低，只买自己想买的，你有没有促销无所谓；中间这头是比较理性的用户，忠实于自己，知道自己需要什么商品，购买频次较高，这是最具价值的用户群体，也是服务成本最低的用户群体。

媒体也一样，资讯如商品，上架的资讯是什么价值，就自然地划分了你的用户群体——都市报、党报、财经报纸……用户价值当然是不同的，通过内容定位直接就可以划分了。比如，金融媒体的受众距交易最近，距资本也最近，当然用户价值最高。

亿邦的用户是电商经理人群体（见图2），即企业中的电商决策人或操盘手这个群体。跟CIO不同，CIO首先是一个成本中心，而电商部门是负责卖货的、赚钱的，所以它对外界的资讯能否帮助它做经营决策、能否帮它赚到钱高度敏感。所以，我们生产的内容就是影响它怎么赚钱。从这个角度上讲，我的用户群体虽然比一点资讯App（日活用户5 200万+）要小太多，但是这个群体产生的价值很大。

我们可以引用一个公式，一个媒体的影响力由三方面构成：

（1）影响了多少人（用户）；

（2）影响了什么人；

（3）影响到什么程度。

亿邦动力会着力在第二点、第三点上做文章。而一点资讯的重点是第一个。这会让我们两家的价值评估模型有本质上的不同。用户的价值又反映了媒体价值，这也是我们的独到之处。

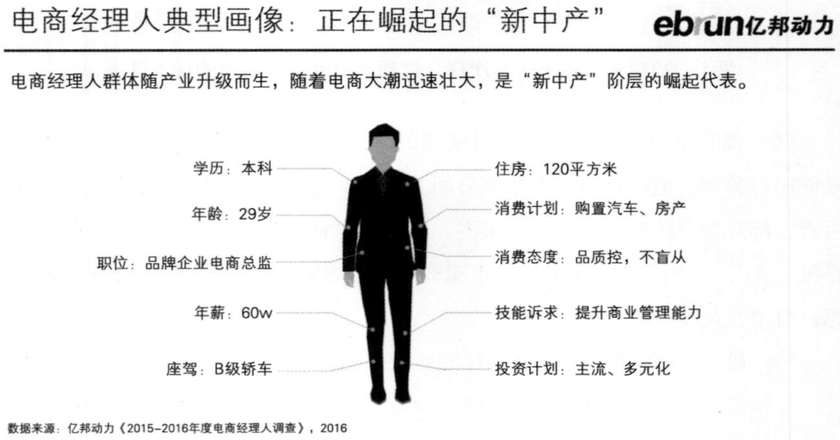

图2　亿邦动力2016《中国电商经理人调研报告》描绘了电商经理人的典型画像

一点晨光：亿邦这么低调，用户是怎么获取你们的信息的呢？

贾鹏雷：多触点、多渠道，强运营。

低调其实不是刻意为之，而是我们的定位所决定的。因为我们的内容要直接影响企业做电商决策，对内容生产的严谨性要求很高。一般媒体可以玩的很多漂亮事儿，我们操作起来难度很大，还是首先满足用户的刚需。久而久之，我们获取路线的路径就成了像钻井机一样向下延伸，向行业、向区域、向企业延伸，而不是在大产业、大经济面上。

“亿邦动力”是一个整体概念。目前，它提供PC网站、移动端App、RSS 等30多种用户查阅信息资讯方式，建立了多触点传播渠道，为用户提供便捷的资讯信息获取渠道（见图3）。这个逻辑跟电商一样，哪里能卖货，用户在哪里，我就把货卖到哪里去。无论用户是政府官员还是企业董事长，是习惯在马桶上看还是头等舱看，我们都需要想办法，出现在你面前。

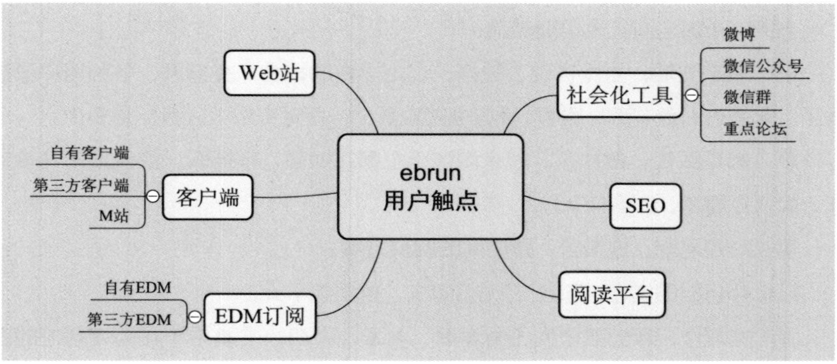

图3　多触点传播渠道示意图

注：多触点并不复杂，关键是对多触点体系的理解和运营。

还是用这个例子——内容是水，产品是瓶子，渠道（触点）是超市。水再纯净，瓶子再有设计感，没有超市，根本卖不出去。我们的极致的目标是，在各种销售渠道——比如沃尔玛、711、社区小卖部等等，都能有亿邦的资讯展现。我们可以自己开个小店，也可以借助别人的渠道——比如一点资讯和凤凰新闻，也比如网易云和163邮箱。

一点晨光：为什么选择做电商资讯，而不是数据分析，也不是电商社区？

贾鹏雷：那俩都做过，不成功。当时机缘巧合，市场上正好还给我们留了一个最适合我们的机会。

《定位》这本书对我们的影响很大。王老吉为什么成功，就是得益于定位理论。定位理论里面讲到一个最基础的逻辑，是说怎么能够让他人在芸芸众生中一眼识别你，就是你跟别人一定要不同。它举了个例子，宝洁洗发水分三款，海飞丝负责去屑，飘柔负责柔顺，潘婷负责营养。其实呢？这三款有啥区别？难道海飞丝洗了就不柔顺吗？也柔顺，但是它只强调“去头屑”。

相同的案例还包括OPPO手机。“充电五分钟，通话两小时”——这是它的广告语。一个核心特征，让用户瞬间记住，这就是定位，或者说核心竞争力。

传统的综合类媒体会有很多版面，有人物、社会、IT、财经，真的是一应俱全。亿邦动力在2010年做内容时，也已经做了很多“版面”。我们做数据、案例研究，一个编辑花一个月写两篇特别棒的文章，但是在浩瀚的同类文章中，传播频次太低，用户面太窄，起到的作用太小了。我们也做过社区，已经冲到了每天有1万的用户量。但当时无论哪种模式，我们面前都有一个值得我们景仰的同行，而且短期无法超越。

当时，市场上有几家重要竞品：

第一家是艾瑞，主做咨询、数据。它把电商的排名、交易额、各种用户量都做了。大家天天看艾瑞，看看1号店今天卖多少，看看京东今天目标是多少。

第二家是派代，做社区。很多淘宝店主都在里面，很活跃，交流如何开直通车，如何打爆款，完全UGC。

第三家是易观，做报告，做电商的解决方案。

以亿邦当时的实力，和这三家正面PK，赢面都不大。

2011年9月，我们四个人（指郑敏、刘宸、余明、贾鹏雷）在公司附近的上岛咖啡聊了一下午，快愁死了。最后那一刻，可能就是灵光一闪，我们决定做一个赌注，只做电商新闻，其他的都不做。两个原因：

（1）我们受过多年媒体训练，擅长，有把握；

（2）市场中没有人专做电商新闻，留了一个缺口给我们。

这个决心下了以后，我们做了残酷的决定。我的注意力完全放在了如何搭建一个原创资讯的竞争力模型上了，其他的业务要么关停，要么不闻不问，任其自生自灭。

但事实证明，这个定位最终成功了。靠电商资讯本身，目前我们的月活用户已经超过了1 000万。当我们把资讯做到第一之后，可以回过头来再看，要不要做其他的东西。这时候，我的一个老领导——王超（《IT经理世界》创办人）多年前说过的一句话浮现了出来，我做了一点小改动：资讯是刀锋，可以割开一个行业；其他（会展、研究、数据、社区等等）是刀背，可以让刀砍得更深。

一点晨光：垂直类网站怎么赚钱？

贾鹏雷：垂直媒体能否赚到钱，与它所在的行业也有很大关系。至少，我们不能选择一个“夕阳行业”。而亿邦动力选择的电商行业，是典型的朝阳行业。

我们可以来看下我们发现的这一批数字。

首先，中国是全球最大的电商市场，并持续高速增长。截至2015年年底，中国网民规模达6.88亿，有超过一半的中国人触网。在互联网这个大平台上，电商交易也在保持稳健增长（见图4）。2016年，中国网络购物用户达到4.13亿，相当于一个多美国的人口！

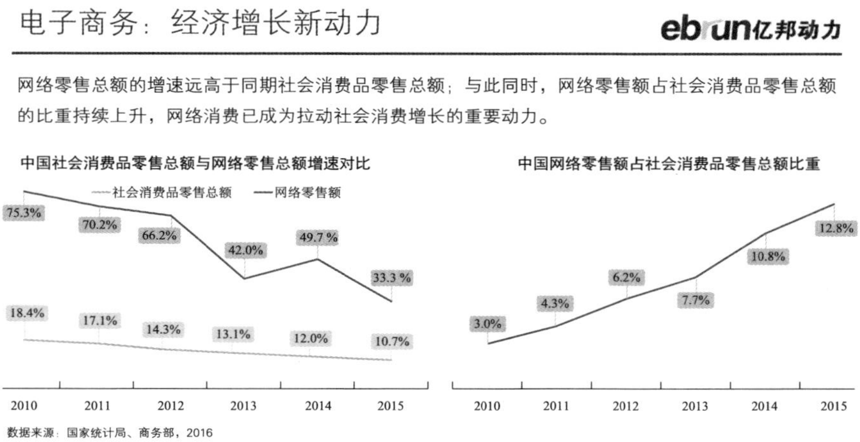

图4　亿邦动力制作的电子商务增速示意图

注：数据显示，电子商务连续数年保持了高速增长。

另外，根据《中国电子商务报告》编写组的测算，2015年，中国电子商务交易额为20.8万亿元。我们知道，当年温总理在任上的时候，面对经济危机，提出了“四万亿救市”的概念。也就是说，电商的交易额可以救市五次，余下的钱还可以办好40个北京奥运会。

从我们自己的追踪统计来看，电商经理人预计要超过2 000万。在中国成为全球最大的电子商务市场，且每年保持30%的高速增长的趋势下，电商经理人正在迅速成为影响全球的新商业决策者和执行者。

还有，从政府的期望来看，会持续扶持电子商务发展，靠政策倾斜。看看中国最大的电商公司——阿里巴巴和京东受到的扶持就知道。不说各级政府给予它们的直接支持，只说政府在电子商务方面的各种宏观政策的引导和包容，就知道了。如果淘宝一开始就收税，就没有今天的阿里，也没有今天的整个在线零售。

我们目前的收入主要是分展示型广告、解决方案型营销、用户付费、高端咨询这几种。我们也建立了自己的DMP平台、DSP广告平台。值得高兴的是，底层都是打通的，毕竟用户量和用户价值在这里，打通了有很多好玩的机会。

目前赚的钱不代表也是未来赚的钱。我们的终极模型并不是媒体，而是“媒体 + 付费信息”，类似于彭博（Bloomberg，全球商业、金融信息业和财经资讯的依靠提供商）。前端有免费的信息看，后端还有各种付费的信息。用户的需求完全可以进行分级。传统的媒体模型在赚钱的问题上解决得不够，我们现在身处在一个最好的时代，可以在付费信息方面放开去想。当然，难度的确大。但是没有难度，就没有壁垒，做起来就没什么想象力了。

一点晨光：不少媒体被大公司收编，你们有没有这样的计划?

贾鹏雷：任何时候都不会，只要公司还在我们手中。我们需要最大限度地减少对“内容独立”的影响。

我们这几个人有一个共同特点，就是基本都坚信媒体价值。我自己从毕业到创业一直在《计算机世界》，一共八年，然后就创业了。之前自己所有的专业训练和媒体认知都来自《计算机世界》，作为一个专业媒体，鼎盛时期它有500人，四个亿的销售额，在媒体界绝对是翘楚。

它那么厉害是为什么？除了工信部和IDG（美国国际数据集团）的背景（《计算机世界》是中国迄今为止唯一一家合资媒体，由工信部电子情报所与IDG在1980年共同投资——笔者注），最重要的原因就是在那个时代它始终给用户和行业提供了有用的信息。从1980年代开始，从电脑到存储，从服务器到软件，从应用到研发，在很大程度上它是当时整个IT行业的知识来源。不仅仅是普通用户想学习，更多的是专业用户、机构、研发人员、企事业单位，他们都需要看。广告收入自然不在话下，因为所有IT公司都需要打广告让用户看见。

后来为什么衰落？除了机制、技术、互联网、商业模型等因素之外，最根本的一个原因是，当IT行业就像工业、农业变成普及化的行业之后，它没有再与时俱进，完成升级，提供用户真正所需要的内容。当你为了生存不得不逐渐为广告客户所左右之后，等于是怀里成天揣了个地雷。可以说，很多半死不活的媒体，可能都是折在了这个问题上。

我们在分析电商行业的时候，就发现了这个问题。它有跟IT行业有很相似的地方。要说世界上电商最发达的公司，在中国可能是阿里，全球也是阿里，还有京东、唯品会，这些都是大公司。它上面有很多商家，商家需要知道它的各种信息，所以你必须花很大的力气研究它、报道它。

但是你能被它左右吗？

答案当然是不能。我们内部曾经做过讨论，在白板上列出无数种我们已经拥有的竞争力，然后再做减法，减到只剩一种，绝大多数人选择了“中立性”。在很大程度上，中立性本身就是一种竞争力，尤其是在电商目前这个阶段，竞争非常惨烈，站队问题非常严重，甚至媒体也不得不站队。比如，阿里投资了太多媒体，并给出了大量的广告公关费用，以至于行业内一直在担心，阿里的负面，谁还敢写？

在自然界，有一个生态平衡的理论，就是草、鹿和狼之间的平衡；在信息领域，也应该有个“文态平衡”的理论，正面报道相当于鹿，负面报道相当于狼。如果负面全部被灭掉，正面太多了，对公司、对社会都不是好事。

所以，亿邦的理念是不能被左右的。反映在业务上，一个典型的场景是带公关性质的钱不能碰。亿邦的编辑团队是谢绝车马费的（当然这个原则也是逐渐树立起来的），也不能参与公关性质明显的商业项目。

这并非完全出于所谓节操和道德考虑，而是出于商业模式需要。内容必须免费，才能让商业项目系统的收费（比如商业论坛、在线课程、顾问培训等），从合作伙伴到门票，都是尽可能收费化。我们与阿里巴巴或京东等也有商业合作项目，是基于项目的，比如商业会议。

在内容免费的原则上，亿邦内容团队建立的内容筛选，也是很神奇的。可能别的媒体认为是广告的，我们会认真地当好内容来处理。我们只按照自己的原则去看待内容，原则只有一个——用户是否需要。

【第二部分】（采访于2018年3月）

一点晨光：距离上次对话已经一年多时间。今天对当初我们讨论到的很多东西有什么新的认知吗？

贾鹏雷：的确有变化！最大的变化是对“商业媒体”这四个字的理解。我最近发现，我的认知有三个阶段。

第一个阶段是关于“媒体”，即内容立命：做什么样的内容是有意义的？这就是价值；应该做给什么样的人群看？这就是受众；用什么样的方式呈现给用户看？这关乎介质或渠道。像我们上次聊过的亿邦动力网的早期探索，主要是在探索这件事。

第二个阶段是“商业媒体”，一边做媒体，一边要商业化。作为一个商业媒体，财务指标是证明你价值的关键指标，商业模型的设计和商业合作的开拓是所有商业媒体持续探索的方向。我觉得去年有一个好例子，就是创业黑马——它脱胎于媒体，用培训和咨询服务的形式去变现，很好。

人们说“才而不财非才也”，一个好的媒体，它的商业价值应该要体现。那么遇到的问题是：商业模型是什么？商业化的原则是什么？大规模商业化的临界点是什么？这个商业曲线怎么设计？在做媒体的过程中，无论你聚焦于内容还是商业变现，这个逻辑的构建是周而复始、无穷无尽的。

第三个阶段，我会更从“商业”本身出发来看“媒体”的价值。商业媒体通常是垂直型媒体，无论是垂直于某个行业还是某个职业。今天的商业发展中，“价值”和“伪价值”并存，“方向”与“伪方向”齐飞，如何立足于自身健康发展的主节奏，同时保持着对新事物的敏锐度，理性地设置好“观察期、试水期、退出期”都很关键，甚至这会是常态。

作为媒体，经常看到身边的媒体急剧转型，由于媒体人自带的“浪漫的理想主义”特征，因过于频繁的转型而受伤的同道比比皆是。这个过程挺痛苦的，我感觉需要经历一些切身的经验。

一点晨光：感觉这一年亿邦经历了不少事情。

贾鹏雷：的确，吃了不少苦。

上一篇文章发布后，看有读者说好像亿邦做媒体“有一种好像很轻松的感觉”，这种感觉可真是不敢当。亿邦是电子商务媒体，行业兴衰，感同身受。电商成长固然高速，但电商之难，亿邦也感同身受。这一切都是因为这是一条新路，没有经验。

2017年亿邦经历了很多事，不少新业务因为探索期太长停掉了，随之而来的是不少老同事离开了。现在回头来看，这点收获（教训 + 经验）还挺珍贵的。

第一个收获就是“风口的保鲜期”。做互联网媒体碰到的风口之多，真的是难以想象的，此起彼伏，层出不穷。因为是媒体，所以你必须保持对新鲜事物的好奇心；那么很多风口都需要去甄别，然后去探索，甚至去投入运营。一旦投入运营，成本就产生了；一旦产生，如何退出就是个难题，背后是一大串的产品投入、人员投入、技术投入、营销投入的问题。退出的时候，决心难下、成本难收。去年关停了不少新业务，都是这个坑。我现在的经验，一个风口的生命周期从7天到3个月不等。要全心投入3个月，但是6个月就要决定是否退出。

处在这种状态中，你的媒体动作（报道、运营、会展、产品开发、用户运营等）都是需要极大的勇气和成本的（啊，一提到成本就心疼）。这里头的一个前提就是：护好你的大盘，再去创新。

记住有一种死法叫“创新死”。

这个考验对亿邦的管理层而言，最大的认知就是“自己能力的不足”。当业务急剧变化的时候，如何在开船的同时修船，对船员们的要求是非常非常高的，绝不是几个简单的教科书动作就可以搞定的。心态、认知、方法论、精力分配、复盘能力、团队力等等，个个都可以搞死你。我们几个人复盘，说一千道一万，首先要检讨的就是自己能力的不足。其次就是沉淀经验，形成方法论，继续开始。

第二个收获：流量和用户的认知。2017年，我们还发现了一件事，我们的运营方式和商业变现方式之间的矛盾点在于“2C式的运营” 和“2B式的营收”之间的鸿沟。我今天可以说，这两个之间的差别是巨大的，也是绝对要想办法统一的，统一的关键点就在于如何区分“流量”和“用户”。我记得罗振宇好像讲过一次这个话题，很透彻，大家可以去找找那个文章做参考。

亿邦现在对流量的追求不像前几年那么痴迷，而是更注重“用户价值”的确认和挖掘。这里头需要技术投入。还好类似一点资讯这样的公司是2C的，否则依你们的技术，我们压力好大。谢谢不杀之恩。

第三个收获：充分重视人工智能对媒体的影响。我的个人理解，人工智能这个风口的周期非常大，十年是肯定的。它崛起的背后并不仅仅是技术自身的迭代，更是一个人口学和社会心理学的迁移。今天的中国，年轻人自我价值的确认方式跟实体产业的发展模式之间的落差越来越大，这会让组织变革的螺旋发生不可逆的扭转，人工智能的价值将越来越大。按照“古典互联网”的逻辑来运营一个媒体，构建它的成本与收益模型，靠谱程度大幅下降了，需要站在更前沿的地点回望，面向未来组建内容生产方式、信息传递和呈现方式、用户获取方式。这个功课大了，得持续摸索。

一点晨光：是的，我感觉需要更多的案例来拆解上述这几个问题。但因为篇幅所限，能不能集中地介绍一下内容生产和内容分发的关系？

贾鹏雷：认知都在进展中，没有对错，只有摸索。从内容生产方面（不包括运营、分发，只说生产），我们一度用的方式就是摞人。开一个业务线，那就上几个优秀人。但是有一天，我发现，最大的成本、最不确定的风险，往往不是行业，恰恰是人。

人出现问题的原因有很多，我关注的是其中一个关键点：从职业角度而言，人们对媒体代表的价值的认同度正处于一个调整期。老早之前的传统媒体时代，认同度来源于“社会价值驱动、商业价值托底”；过去这些年，媒体价值的模型逐渐变成了“商业价值驱动、社会价值托底”。现在，我感到未来的模型可能会变成“商业价值第一，社会价值没那么重要”。

在这种情况下，内容生产和分发的逻辑都需要度过这一个困难时期。既然媒体基本的“信息传递”的价值没有消亡反而更加旺盛，那么，要么通过机器来重新构建内容生产的成本结构，要么通过机器来解放内容分发的效率问题，最终解放人。人更应该来解决复杂的“隐性知识”，而不是解决简单的“显性知识”，在更复杂、更有难度的“隐性知识”层面，人和媒体的价值才能得到再次放大和确认。

我们这个模型，一年半之前我曾介绍过，经常会出现一天生产上百篇原创的问题。由于是2B的类型，所以每一篇原创的价值都不在于广泛，而在于聚焦与专业。现在通过亿邦自己开发的机器人Ebrun Go，我们很快就可以做到每天200篇以上的原创量，满足行业人士的显性知识的需求。我们投入的人力仍然要聚焦在高价值的原创内容上。与此对应，分发方面会更强调渠道的匹配度，基于数据处理系统，通过用户标签、内容标签、行为标签的运营，实现用户的打通，在线上内容和线下服务之间打通，形成更高价值的用户库的运营。

一点晨光：电商圈儿今年最热闹的话题就是“AT站队”了，你们怎么看？怎么想？怎么做？

贾鹏雷：我们的基本立场你是知道的，没有变化。但是我们大家都在合作。虽然每家有每家的立场，其实最重要还是一个商业问题，你自己觉得跟谁的气场合，那就跟谁走近点，很合理。

我自己会更在意将来。大概在今年过半——比如7月份左右，站队的情况可能就会有很大变化。这个行业就是这样，每天都在调整，也总有消停的一天。

从我们自己来说，最大的追求依然是“自身的价值”。2017年秋天的时候，我们又拿了一笔小投资。陆陆续续的其他投资也会有吧，现在还都不重要，毕竟你是否值钱，最终还是要看你的价值。看现有价值，那就是营收；看未来价值，那就是入口——你背后的资源估值。严肃的媒体越来越少，行业壁垒越来越高，所以我感觉我们将来还是挺值钱的，哈哈！

一点晨光：2016年我们对话的时候，你给了不少亿邦的数据，类似月活用户、微信独立粉丝、主要营收指标等。今天，这个数据有什么变化？换句话说，亿邦是不是在成长？

贾鹏雷：成长还是在成长，但数量上的成长增速不如2016年那么明显。这里有原因，既然明确了“2B”的思维，那么，我们看数据的维度就变了，从以前十分关注UV（网站独立访客）这类数据，变成了更看重数据的来源、质量、标签完整度等。

所以从成长性上来看，外部间接访问的数据量的增长主要得益于渠道平台的拓展、更多细分公众号的开通；内部数据的主要得益于“用户运营”这节课开始补。坦白地说，以前我们在线上线下数据打通方面做的工作很少，标签完整度也很欠缺。

这一年多，亿邦App还是给了我们很多惊喜，虽然运营投入和水平还远远不够，但是因为产品功能的完善、用户使用场景的增加，从获取用户和用户参与度的表现上都有了明显提升。

在用户数据对商业价值的直接贡献上，我们虽然在探索，但还没形成什么系统的方法论。留点遗憾，等“一点晨光”第三次访谈的时候再说吧！

本文是根据作者的公号“一点晨光”对亿邦动力网负责人贾鹏雷的两次采访综合而成。

第一次采访是2016年年中，彼时亿邦动力刚刚上市。时任总编辑的贾鹏雷兴奋地表达了对自己所在媒体和“资讯情报站”的理解，作者则用了“不认干爹也能活得很好”的标题，来描述当时的状况。

2018年3月，已经晋升总裁的贾鹏雷再次接受了作者的采访。此时他所表现出来的视野、格局，以及对网站的认知，比一年半前上升了不止一个层次。但经历了2017年的起落之后，这位负责人有一种“渡尽劫波”的感觉。把前后两次访谈对比来看，相信会让不少内容创业者的心中泛起波澜。

——编者注

一是通过内部“立法代表”机制，部门决策层、中层和一线员工1:1:1选立法代表，每年3月2日开会表决，产生了内部制度性文件《亿邦基本法》。

二是去官僚化，用“建议权和决策权分离”的管理模式，将业务经营决策权下放到部门和对应的人，建议权在全公司放开，从CEO到一线员工共三级管理架构。

三是公司拥有积极的价值观，即“简单、执着、说到做到”，通俗翻译之后是：要疯、要傻、要靠谱。

《亿邦基本法》摘抄

1. 依法协作原则：制度面前，人人平等；市场法则；法不容情，法外有情。

2. 最低约束原则：少管管住，刚性底线；尊重个性，充分释放创新。

3. 上位法原则：下位法规服从上位法，第一级：立法法；第二级：基本法；第三级：部门制度、协议、行政通知。

4. 遵循价值观原则：简单、执着、说到做到。

5. 建议权与决策权分离原则：建议人所提建议仅供各项事务决策人参考，建议人可保留意见，但须尊重决策人最终决策。

第三章　政务号&企业号：要权威不要官话

闫永

编者按

回想20年前，我们获取政务信息的渠道是什么？《人民日报》、新华社、中央电视台，应该是前三大选择。

那么企业信息呢？一定是类似《中国经营报》《中国企业家》这样的老牌报纸和杂志。

今天，当信息传播途径已经发生根本性变化时，大多数公众的首选变成了“两微一端”。在这些主路径上建立政务号、企业号，也成为党政部门和企业的重要工作。

有业内人士总结了政务新媒体和企业新媒体的几个功能：

（1）宣传阵地。体现政府亲民形象和服务地位。如中央政法委官方账号“长安剑”以“长安君”形象示人，代表权威立场，通过网络化的表达，解读政法工作、弘扬法治精神、维护国家利益。

（2）舆论引导。第一时间对突发事件进行舆论引导，使权威信源得到有效传播，避免产生谣言。

（3）互动平台。如出台“网约车”细则，各“地方发布”及交管部门通过政务号征集网民意见。

（4）协同办公。政府部门可在平台上形成矩阵，可以整合系统内资源，做到话语权最大化。如“网信中国”矩阵——中央网信办可以联动全国多个省级网信办发声。

（5）紧急救援。如国家地震局、中国气象局等部门接入一点资讯等平台，可以把地震灾情、天气预警等消息通过Push的手段推送给相关地域用户；公安部打拐办通过今日头条精准的用户画像和兴趣引擎推荐技术，实现寻人。

但是，运营好一个政务号或者企业号并不简单。因为一贯的身份和地位，在很多环境下，它们难以放下架子……

今天，几乎每个平台——包括微信、微博、一点资讯、今日头条、搜狐、网易、凤凰等等，都为政务号和企业号开辟了入口。所以，党政部门、企业及其他组织机构在享受着社交和人工智能分发红利的同时，也面临着运营账号多、粉丝黏性低、用户增长慢、互动效果差等瓶颈。要解决问题，就要从管理变革说起，从思维、战略、组织、结构、行为等维度出发进行转型，按照“定位、聚焦、运营、创新”的方法论，开展人格化传播、智能化服务、社群化运营，形成机构自身的互联网基因。

而在具体操作上，主要包括五个方面：

（1）运营主体要从实体组织向虚拟组织转型；

（2）功能要从品牌传播向智能服务转型；

（3）运营平台要从单一账号向集群矩阵转型；

（4）传播模式要从新媒体互动传播向全媒体分众传播转型；

（5）表达要从官话向人格化转型，塑造有用、有趣、有情、有颜值、有担当的机构自媒体品牌，不断提升用户心智份额，提升传播的有效性和服务的满意度。

一、理念：在去中心化的趋势下努力成为新的中心，在去中介化的生态中重构关系链

（一）面对变局，以变应变

从平台演进的格局（见图1）看，政务号和企业号的运营同样需要找准用户。用户在哪里，机构就要去哪里。这和此前的以我为中心、高高在上的理念截然相反。这就如同信息高速公路修好后，我们要去思考：路上跑什么车？车里装什么货？这些货物是否能够满足用户不断增长的美好生活需要？研究表明，大数据时代93%以上的人类行为是可以被识别、预知的。因此机构必须细分受众需求，并匹配相应的服务。

从运营实践的困局看，机构自媒体运营需要人格化。机构自媒体不同程度地存在着技术、人才、机制、内容四个短板，也容易步入“新瓶装旧酒”“王婆卖傻瓜”“内宣外部化”等误区。从传播的五要素来看，更是存在着一些亟待突破的瓶颈（见图2）。

那么，出路在哪里？就是运营机制创新，把传播还原到人，开展人格化传播。

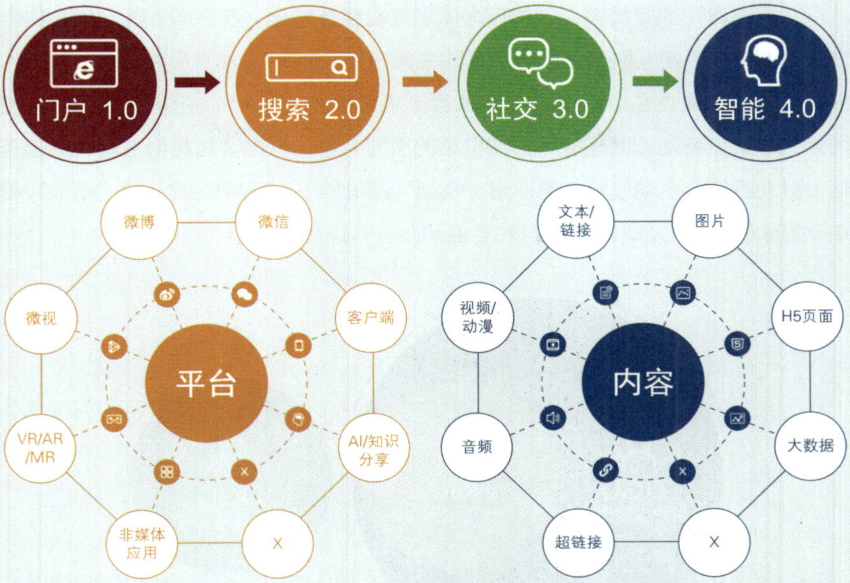

图1 平台演进的格局

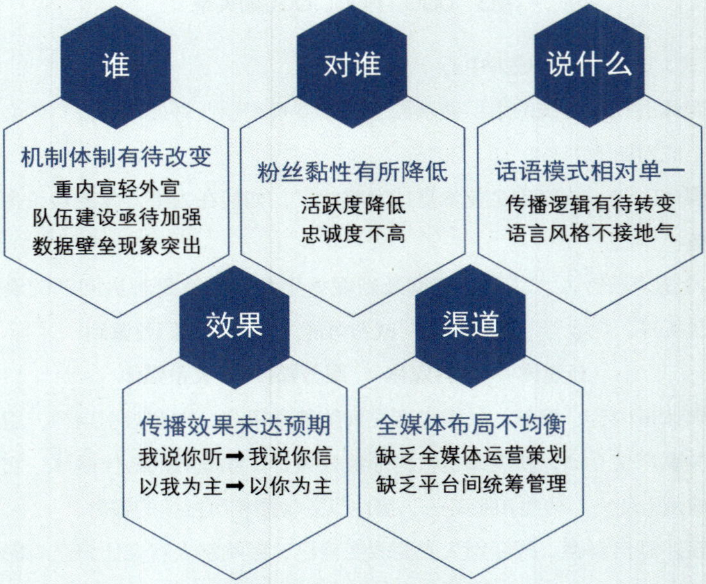

图2 从传播五要素看机构自媒体的瓶颈

从网络舆论的变局看，机构自媒体运营需要社群化。互联网70%～80%的内容来自网民。当前互联网的内容生产的主体已经从UGC（用户生成内容）转变为PGC（专业生成内容）和OGC（职业生成内容）（见图3），用户社群化、消费场景化，意见领袖和网红成为影响舆论的重要力量。机构要想赢得主动，必须走网上群众路线，主动设置议题，用“众创”和粉丝一起玩转UGC，用“众包”和专家媒体做活PGC，用“外包”和专业团队合作连接OGC。

图3　UGC、PGC、OGC的关系

（二）重构关系，成为中心

新媒体时代，传统的组织被解构了，政务号和企业号如何在没有中心的移动互联网上成为新的中心？

新媒体时代，政府和企业本身成为媒体了，如何在去中介化的舆论生态中重构关系链？

解铃还须系铃人。移动互联网及新媒体平台本身就是解决问题的最好的途径，让政务号、企业号“变道超车”成为可能。因此，我们要做到：

新媒体 = 内容媒体 + 服务媒体 + 关系媒体

新媒体是内容、服务、关系三者之间的能量集合。内容吸引用户，服务带来流量，关系产生互动。新媒体是机构形象公关、在线服务的最佳载体。它可以较好地完成两大使命：传播和服务——接地气的传播和可持续的服务。

打铁还需自身硬。改变别人先要改变自己，影响别人就要让自己有影响力。解决去中心化、去中介化的问题，核心是重建机构的关系链（见图4），并在此基础上重构服务链和传播链，成为新的中心和新的信源，让信息和服务在关系链中有效地流动。具体做法有以下几个方面。

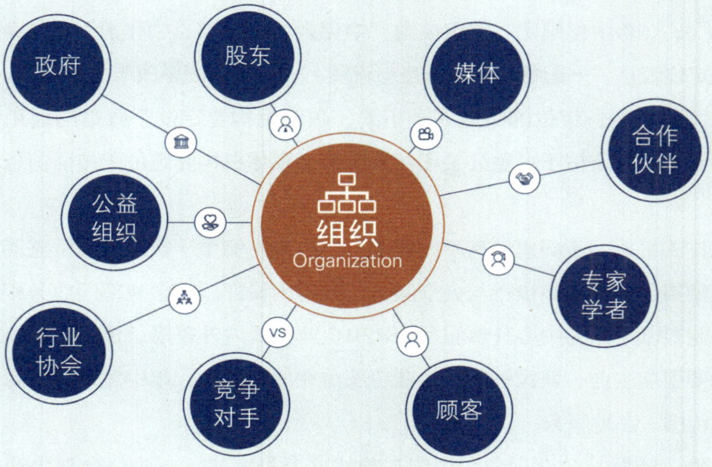

图4 机构关系链

第一是重构关系链，成为新的关系中心。谁离用户最近，谁在关系链核心，谁就能最大限度地分享社交红利。机构要根据自身优势，从利益相关方的需求出发，重新发现各方核心诉求，让自己回归关系链核心，着力成为一个被利益相关方需要的第一平台，成为一个“始作俑者”。

第二是重构服务链，成为新的服务中心。机构要从关系链出发，找准自己在产业链中的位置，根据粉丝需求，形成完整的线上服务响应、达成、反馈的管理闭环，为主要用户群体提供优质高效的服务，着力成为其所需服务的第一入口，成为一个服务链的关键节点。

第三是重构传播链，成为新的信息中心。新闻不是刚需，信息才有价值。政务号和企业号要围绕关系链，拉长传播链，除了权威发布独家新闻之外，还要做好政策解读、数据披露、舆情回应，讲好故事，当好媒体合作伙伴而非竞争对手，为受众和媒体提供有价值的第一手信息，着力成为第一信源，成为一个行业或领域离不开的“头部账号”。

二、定位：塑造一个个性鲜明的机构自媒体品牌

（一）一切从定位谈起

我是谁？为了谁？从哪里来？到哪里去？这不仅是一个哲学命题，更是政务号和企业号运营的根本战略问题——定位。

定位就是机构自媒体的核心价值观，是其安身立命的根本。政务号和企业号的自身定位最好能用一句话明确。比如，“@中国石化”的定位就是“为美好生活加油”；“@中化集团”的定位为“中化人、中化事、中化情”；“@国资小新”的定位就是“一起参与国资监督与管理，一起推动国企改革与发展”。

不同的机构，定位的重点完全不同。政府机构要定位于政策沟通和政务服务，企业机构要定位于形象公关和营销服务，媒体机构要定位于传播信息和服务受众。

同样的机构，不同属性有不同侧重。中央政府侧重于宏观政策垂直落地，地方政府侧重于本地政策执行与公众服务，政府内设部门则聚焦部门业务和服务；B2C企业要以用户为中心开展服务，B2B企业则要内外兼修、传播文化，混合型企业则要聚焦主业、兼顾辅业；企业总部重在战略引领、集中发声，下属企业重在圈层传播、在地服务。

另外，还要从公众视角和用户视角找准自身定位。一个公众视角的机构自媒体，要努力做到“公众利益代言人”“网上发言人”“微公益发起人”和“朋友圈知心人”四位一体的身份认同，用心沟通、用心服务；一个用户视角的机构自媒体，要想明白“想影响谁、想为谁服务”，在受众的媒介组合中找到自己的合适位置，在用户的服务需求中拿出自己的看家本领，承担起信息公开、在线服务、品牌传播、舆情引导等功能。

（二）起名是个技术活儿

名不正则言不顺，言不顺则行不远。围绕定位，取个好听好记、易传播的名字，是品牌化运营的关键因素，也是一个技术性很强的活计。从机构自媒体品牌和功能属性出发，认证名称大致有三个方向：

一是相对传统、有点正的名字。比如“@北京发布”“@国家地震台网速报”“@江宁公安在线”“@保利风采”等；

二是相对跳跃、有点活的名字。比如“@长安剑”“@打四黑除四害”“@侠客岛”等；

三是相对亲切、有点萌的名字。比如“@外交小灵通”“@国资小新”“@石化实说”“@学习小组”等。

当然，还需要有个接地气的昵称。起了一个“高大上”的名字，还可以用昵称来“接地气”补足。比如“@中国石化”自称“小石头”、“@国家地震台网速报”被粉丝昵称“镇长”、“@华润集团”昵称“嗨皮润”、“@上海发布”昵称“小布”，很好地与粉丝建立了情感认同。“@外交小灵通”的粉丝，就自称为“通心粉”。

（三）构建品牌识别体系

优秀的政务号和企业号，必须有自己的Style——品牌。机构要根据定位和昵称，规划设计一套能引起人们对品牌美好印象的联想物和符号，Logo和代言人等都是机构新媒体品牌化传播的载体，包括名称、标志、基本色、口号、象征物、代言人、包装等。这些识别元素形成一个有机、系统的结构，会持续对粉丝产生影响。构建品牌的终极目的是机构的互联网化，在移动互联网上培育出一个新的IP，从而实现政府和企业等机构的网络化生存。

（1）视觉识别是一个非常接地气的品牌代言方式，即明星代言人或人格化的虚拟代言人及其“表情包”、动画短视频等。

此前，一个机构的代言人，一般是领导人、新闻发言人或者广大员工。相比而言，虚拟代言人能够更好地代表机构形象——它有专门团队运营，有血有肉有感情，轻易不会“失言”。比如，国资小新这个萌萌的虚拟卡通形象（见图5），出自一位热心粉丝“@果冻的光影”之手。小新头顶电信WiFi信号，脸部由国资委SASAC官方Logo演化而成，手臂形似航天火箭，腿是特种钢材，工装裤象征默默奉献、踏实敬业的产业工人，胸前一颗红心代表爱与忠诚……这个卡通形象浓缩了国企所涉及的国计民生主要领域，是一个爱工作、爱公益、爱创新、有血有肉的小清新。受其影响，23家中央企业也分别设计了自己的卡通形象（见图6），扎堆儿卖萌。

公安部交管局新媒体账号，则请100位明星名人做文明交通代言人；中国联通新媒体邀请明星和粉丝互动，也是一种品牌化运营的手段。此外，机构自媒体如果没有专属表情包，似乎是一件很Low的事情。一些政府和企业推出了自己的表情包，既是运营的实际需要，也是和粉丝沟通的有效媒介。

图5　萌萌的国资小新卡通人物形象

图6　中央企业卡通人物形象

（2）听觉识别也是品牌识别体系的重要构成部分。拥有一首脍炙人口的机构/企业歌曲，即使是“口水歌”，也能带来粉丝的心理认同。2015年，国资小新从粉丝中征集了32首歌词，其中《我们都是小新》入选，被谱成歌曲，由国资小新团队和中央企业新媒体的编辑联合演唱，并被上传到音乐、视频网站。

（3）语言风格也是品牌区隔的重要手段。机构自媒体要说人话、为人服务，就要形成自己的语言风格，甚至创造一种属于自己的、粉丝参与的网络文体，不仅自己经常使用，网民也愿意自觉模仿、引用。网络流行语具有意识形态属性，有较强的代入感，粉丝每使用一次，就会加一次信任背书。它多是由网民无意识生产（比如咆哮体、任性体等）、随影视剧走红（比如甄嬛体、蓝精灵体等）、商业机构策划生产（比如凡客体、淘宝体等）。

2014年6月，国资小新尝试和网民一起创作了首个政务网络文体“小新体”。小新感慨了一句“清风起吟，荷香四邻”，倡导大家“一起清新，一起创新”，掀起了一股网友造句的热潮，一些粉丝、大V纷纷效仿这一句式，创造了800多个版本的“小新体”，受到海内外媒体关注，新加坡《联合早报》评论称“此举是中国政府用萌势力攻略民心”。2017年6月，新华社新媒体发布了“刚刚，沙特王储被废了”短短九个字，虽然三个编辑层层把关仍有纰漏，但是却创造了“刚刚体”。不仅流量爆棚，而且把一个简单的时间词赋予了别样的含义，体现了国家通讯社的时效性和权威性，随后被很多媒体、自媒体争相使用（参见本书下编第二章《刚刚，新华社“刚刚体”刷屏了》一文）。

三、运营：重构组织的最根本的保障

定位明确之后，机构自媒体就要基于战略定位，以人为本、以用户为中心，植入互联网基因，进行运营主体的组织转型、文化重塑和流程再造，从信息发布者、事件传播者、危机处理者、形象展示者向内容分发者、价值创造者、问题预防者、关系管理者转变，从而实现从一个工作者到内容生态培育者的蜕变（见图7）。

（一）团队运营：以自组织的力量穿透“无形的墙”

当前，政务号和企业号大都面临着难以逾越的内部的“无形的墙”：资源配置差、审核流程长、优质内容少、运营人才缺、内部沟通难等。要解决这些问题，可以从三个方面入手。

1. 组织转型，建立自组织，人人都是运营主体

机构自媒体的运营团队至少要由三部分组成：一是运营团队，包括核心团队和组织内部横向的平行部门、纵向的下属成员单位；二是协作团队，即关系链上

图7　机构自媒体身份转型

的利益相关方，包括媒体、专家、产业链、客户和粉丝；三是支撑团队，包括外部专业技术团队和外包内容制作团队。如此，机构自媒体就从职能部门变身为自我管理、自我发展、具有互联网基因的自组织，成为跨界、跨专业、跨地域的资源共享价值分享的虚拟团队。利益相关者都参与到运营中来、参与到内容生产中来、参与到互动中来。比如“@共青团中央”让粉丝直接参与内容的运营。又如国资小新在九寨沟地震后第一时间建立微信群，邀请30多家相关央企、地震台网、气象部门、中央主流媒体、四川地方媒体、地方政务发布等方面，迅速开展连线直播、视频制作、内容整合、动态报道等工作，实现信息共享、资源共用、内容共产，推动抗震救灾工作的有序开展。

2. 文化重塑，激发团队内生动力和创新活力

优秀的机构自媒体，必然要重塑自我、拥有优秀的团队文化，倡导“有组织，无领导”，奉行“谁对听谁的”，鼓励“You Can You Up！”。他们会经常“头脑风暴”、互相砥砺，凡事团队协作、优势互补，发挥每个人的能量，形成合力，团队成员以创业者的心态，把公事当私事干、把事情当事业做，形成一个“不需扬鞭自奋蹄”的工作氛围和一种“舍我其谁”的责任担当。

3. 流程再造，让听得见炮声的人去决策

在责、权、利统一的前提下充分授权，是一个“体制内”的机构自媒体得以创新发展的重要保障，即实行相对灵活的运作流程、相对精准的考核激励办法。国资小新运营之初，整个团队就一直在摸索一种能解放“生产力”的方法，内部有一条不成文的运营规则，就是“（领导）不审微博”。这样不仅保证了及时发

布、有效互动、快速响应粉丝的需求，而且“谁发谁负责”。领导高度重视、充分授权，团队协同创新、对结果负责，信息分类管理发布，一般情况编辑直接编发、主要内容团队把关、重点信息领导审核，最终实现了运营机制的转变，具备了市场化运营的能力和能量。

（二）平台运营：“双微一端”三剑合璧，多屏互动

在多平台的背景下，机构既要积极入驻社交媒体平台，拓展传播服务渠道，又要结合实际建设自有平台，掌控信息交互通道，还要完善全媒体平台，整合内外媒体资源。

（1）发挥不同新媒体平台的优势，开展“双微一端”一体化运营，用不同的平台满足不同的功能需求（见图8）。

根据微博“强传播、弱关系”的特点，把微博作为机构的“新闻发布厅”，侧重于传播和互动；

根据微信“强关系、弱互动”的特点，把微信作为机构的“办事服务大厅”，侧重于服务和社交；

根据客户端“强整合、智能化”的特点，把客户端作为机构的“掌上会客厅”，侧重于内容整合和智能分发。

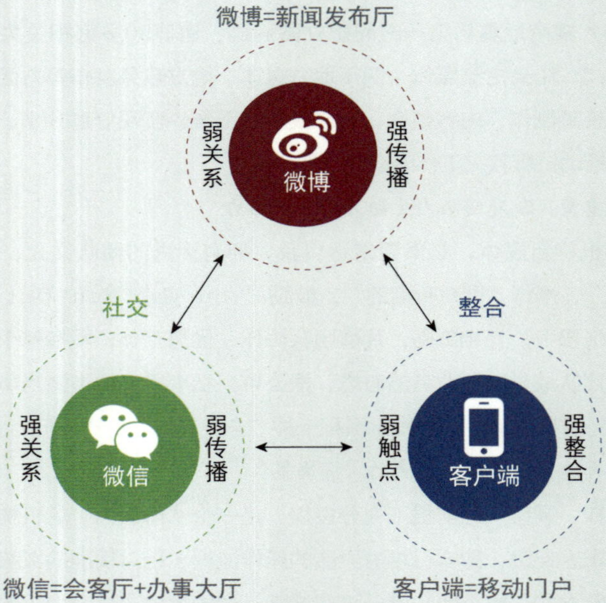

图8 “双微一端”一体化运营

（2）紧密跟踪新型技术平台及其用户需求，以“平台+内容”的形式进行多屏互动，用好视频直播、知识分享等应用。

以“微博＋直播”的方式，开展重大会议、重要活动的在线直播；

以“微博微信＋短视频”的形式，组织一些爆款内容产品的推送；

以“微信＋小程序”的方式，推进一些服务项目或活动的落地；

以“互动＋分享”为目的，充分用好知乎、分答等知识付费应用；

探索通过优质视频产品在B站等弹幕网站等开展社区交流；

探索结合机构特点利用AR/VR/MR技术制作虚拟场景体验产品。

（三）矩阵运营：集群发展，集体发声，共建共享共赢

（1）外拓关系，建立广泛统一战线。以机构自媒体为中心，线上紧密团结相关各方持续互动，包括政府部门、新闻媒体、专家学者、行业组织、企业、NGO、自媒体、网络名人等（见图9）。

（2）内组矩阵，建立联动服务机制。从机构自身管理服务领域出发，建立聚类的服务矩阵和联动发声平台，开展议题联动、内容联动、服务联动。矩阵一般包括本地化矩阵（如北京微博微信发布厅、成都服务等）、垂直化矩阵（如全国检察系统四级新媒体矩阵、央企微矩阵、中国联通省市县服务联动矩阵）。

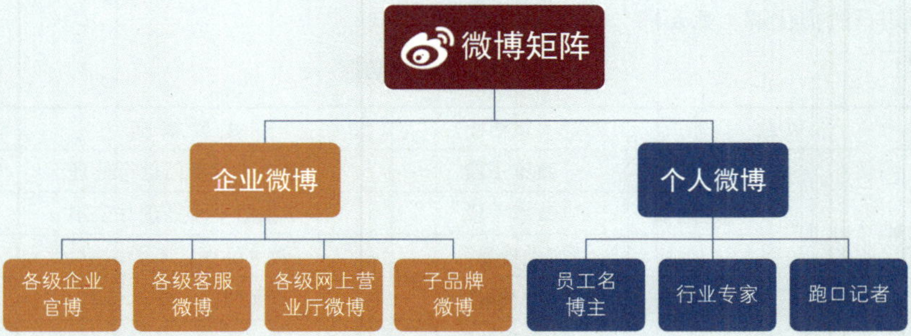

图9　矩阵运营

（3）对标管理，建立新媒体指数体系。用好新媒体矩阵，要有一套可以发展对标的指数体系。从受众接受度、活跃度、权威性、共鸣、责任等五个维度出发，建构机构自媒体评价的5A模型（见图10）。在此基础上，建立政府、企业等机构的新媒体指数，如中国企业500强指数榜等。

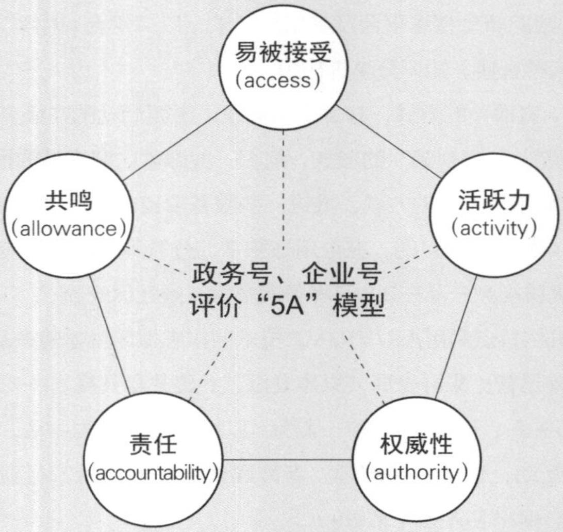

图10　政务号、企业号评价5A模型

（4）风险管理，多措并举，综合施策应对“三大挑战”。舆论生态复杂多变，各方诉求千差万别，新媒体运营是一个系统工程，主要面临着理论舆论上被“PK”、危机事件中被“围观”、业务服务被“@”等三个层面的风险，要发挥机构的组织、政策、队伍、资源等优势，分层分类，主动采取有效的策略和措施进行防范化解（见表1）。

表1　机构新媒体风险防控

风险		策略	主要措施
被“PK”	恶意诋毁	政策手段	通过主管部门进行处理
	刻意造谣	技术手段	举报给平台处理并公示
	有意攻击	“太极拳”	做冷处理，不予回应
		“少林拳”	正面回应，学术争鸣
		“形意拳”	团结争取，化敌为友
被“围观”	热点问题	主动发布	组织理论文章主动引导
			协调专家进行理论澄清
			发挥“统一战线”作用
	突发事件	妥善调控	坦诚回应说明
			及时公布真相
			其他账号策应
			组织引导舆论
	发错内容	积极更正	即时纠错，诚恳道歉

续前表

风险		策略	主要措施
被“@”	政策咨询	善意互动解疑释惑	整合归类，分类回复
	投诉建议		及时处理，认真回应
	恶意纠缠	直接拉黑	-

四、发文：平台欢迎什么样的政务号和企业号

谈完定位和运营，又回归到媒体的根本——如何发布优质内容？

一句话，要权威不要打官腔。权威指发布信息公正、准确、高屋建瓴；不打官腔指不说空话、套话，不以势压人。

（一）设置议程，紧扣热点，不回避、不抗拒，保持引导舆论的自信

一个不错的案例是中央政法委的“@长安剑”。这个政务号结合热点新闻，从“和颐酒店女子遇袭”到“疫苗之殇”，从“魏则西之死”到“南海仲裁案”，从“人大硕士‘嫖娼’猝死”到“八达岭野生动物园老虎伤人”……其运营团队会做好预判和备文，当日热点当日出锅，不“炒冷饭”、不转载改编，以生命力最强的原创内容，提供别人没有的角度和思想，成功收获了大量粉丝。

有网友评价，“@长安剑”舆情把握准确、政策思路阐释到位，契合了习近平总书记对宣传思想工作“理念创新、手段创新、基层工作创新”的要求。文风清新脱俗又不乏独家猛料，有强烈的说服力和感染力，既符合新媒体时代传播规律，又适应政法实际工作特点。

（二）表述要有时代感、网络感

（1）形式要更丰富，使用文字、图片、视频、H5，结合线下活动，强化内容的直观感和趣味性。

（2）以小切口表述大主题，讲述干货，文章故事化、细节化。

（3）可多使用网络热词，如“洪荒之力”“友谊的小船”“吃瓜群众”等，拉近内容与网民的心理距离。

（三）全面评价政务号和企业号的七个维度

为了全面评价政务号和企业号的影响力，一点资讯、今日头条等平台都推出了政务和企业榜单，平台会从传播、互动、权威、受众、规模、服务、成长七个维度来评价政务号的影响力。

（1）传播：代表政务号、企业号的文章能够辐射的范围，会根据统计周期内总体的曝光量、点击量和发文量综合评价。

（2）互动：代表用户对于账号发布信息的互动意愿，会根据转发、评论、

赞、踩等行为综合评价。

（3）权威：该账号对应的单位实体的权威性。比如，不同级别政府单位的影响力，辐射到互联网上，也需要量化描述和体现。

（4）受众：代表账号影响的人群规模、质量，会对政务号的关注群体依据用户画像进行划分，并对不同层次用户群体的质量、数量加权计算，综合评价。

（5）规模：具有创新性的账号影响力评价标准。目前，政务媒体已经呈现出规模化的发展趋势，政务号从单兵作战的“一枝独秀”，向相关政府部门“矩阵”联动作战的传播方式升级，从而实现立体化、网格化的政府新媒体宣传与服务。因此，政务号的矩阵规模会提升规模指数。

（6）服务：随着各个自媒体平台服务产品功能的建设完善，政务号和企业号可通过平台，为公众做更有力的服务。而政务号、企业号在平台上的服务能力、服务水平、服务意识，也将作为重要因素并入影响力模型。

（7）成长：随着政府、企业工作的加强，各项评价指数环对比上个统计周期的增长幅度，会作为评价工作成长的重要标准，纳入影响力指数。

作者简介

闫永，国务院国资委新闻中心主任助理，兼任中央企业媒体联盟副主席、秘书长。牵头建设运营“@国资小新”新媒体平台和国资新媒体矩阵，主持开发中央企业全流程舆情管理系统，参与编写《国企改革12样本》《国企改革热点面对面》《中国公共关系发展报告》等图书。

第四章　金榜题名时

商笑玉

编者按

《现代汉语词典》对于“榜”的解释是“张贴的名单”；而“榜样”则指作为仿效的人或事例。

按照这个说法，各平台发布的榜单，是对标志性内容进行广而告之的产品。它的价值主要在于以下几点：

（1）它会告诉用户：哪些自媒体是优质的，可以金榜题名；哪些自媒体很垃圾，需要在黑榜上曝光。

（2）它是自媒体行业的风向标。每个类型榜单的发布，都代表着平台发展的侧重点。

（3）它会让自媒体作者真正实现名利双收。

那么，自媒体应该怎么认知榜单？如何才能上榜？本章将从榜单的整体概况、评选规则、发布渠道、榜单与奖金的关系四方面进行解释。

（一）榜单的类型

一点号、头条号、企鹅号、UC大鱼号、百家号作为主流自媒体平台，发布的榜单类别从内容方面可归纳为垂直领域榜、视频榜、图集榜、政务榜等，展现形式为账号榜和文章榜两种（见下页图）。

垂直领域榜：针对社会、财经、科技、历史、娱乐、健康等用户关注度较高的领域内的自媒体进行排名。例如，一点号的“权V榜”、头条号的“最具影响力榜”、UC大鱼号的“意见领袖榜”等。

视频榜：近两年短视频风口正盛，5G时代即将到来，更使得各平台将战略重点转到对短视频自媒体的争夺上。一点号的“炫榜”、头条号的“金秒奖”、企鹅号的“璞玉榜”都是鼓励它们入驻的重要手段。

图集榜：图集也是自媒体创作的重要表现形式之一，可以极大提升PV（页面阅读次数）。尤其是在重大突发事件上，图片比文字更有冲击力。所以，各平台都很重视对图集自媒体的维护。目前，一点号和头条号的图集发榜频率最高。

政务榜：政务号的排行榜。所谓政务号，是指党政机关以及部分事业单位开设的自媒体账号，是政务公开的重要手段。

（二）怎样上榜

1. 平台方面——打造一个权威、公正的评选标准

（1）“指数”说明书。目前，榜单大都以“指数”的高低作为账号排名的重要依据。“指数”是基于自媒体发文产生的原始数据（比如点击量、转发量等），通过算法模型，并参考编辑意见，推导出的相应数值。例如，网易号政务榜的依据是“正能量指数”，头条号政务榜的依据是“端政指数”，企鹅号影响力榜的依据是“企鹅号指数”等。

具体而言，指数中的数据可分为单一维度和综合维度两种。

“单一维度”指仅以一个数据作为排榜的评判依据。比如今日头条的“健康自媒体榜单”“高校头条号阅读量榜”等，只以阅读量为唯一的评选维度。

但是，大多数平台的榜单是以“综合维度”进行评选的。平台重视的指标包括：展示量、点击量、分享量、评论量、收藏量等。此外，还会以用户停留时长、视频完播率、深度值、手动发文量等指标作为参考。

为保证指数的权威、合理性，在不同榜单的评选模型里，每个指标所占比例有所不同。比如，视频榜看重完播率——这是检验一个视频是否吸引人的重要标准；发文量则是政务榜的主要参考指标——政务号最大的弱点是发文率低，且大多是非原创内容。

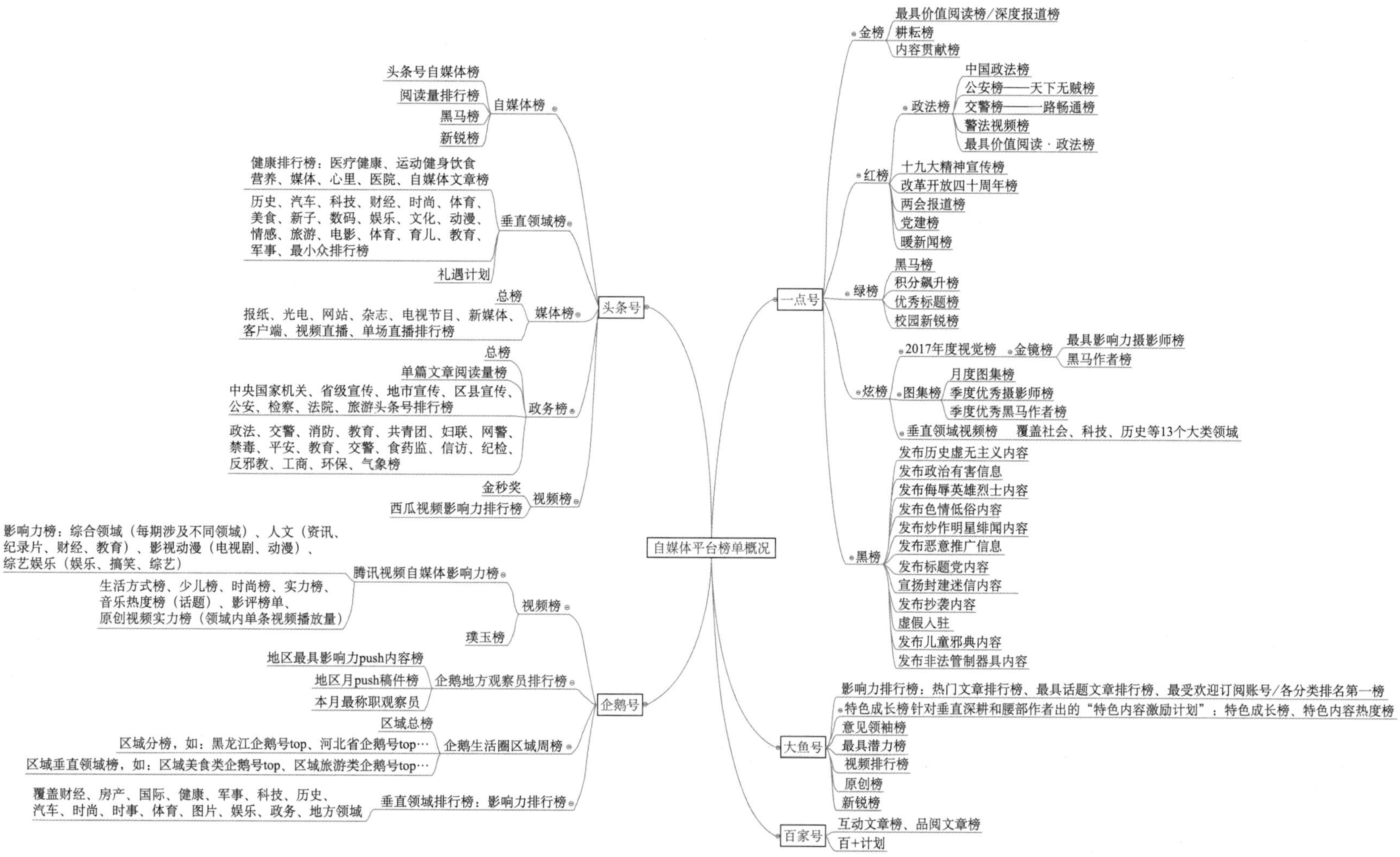
自媒体平台榜单概况
头条号
自媒体榜
头条号自媒体榜
阅读量排行榜
黑马榜
新锐榜
垂直领域榜
健康排行榜：医疗健康、运动健身饮食营养、媒体、心里、医院、自媒体文章榜
历史、汽车、科技、财经、时尚、体育、美食、新子、数码、娱乐、文化、动漫、情感、旅游、电影、体育、育儿、教育、军事、最小众排行榜
礼遇计划
媒体榜
总榜
报纸、光电、网站、杂志、电视节目、新媒体、客户端、视频直播、单场直播排行榜
政务榜
总榜
单篇文章阅读量榜
中央国家机关、省级宣传、地市宣传、区县宣传、公安、检察、法院、旅游头条号排行榜
政法、交警、消防、教育、共青团、妇联、网警、禁毒、平安、教育、交警、食药监、信访、纪检、反邪教、工商、环保、气象榜
视频榜
金秒奖
西瓜视频影响力排行榜
企鹅号
视频榜
腾讯视频自媒体影响力榜
影响力榜：综合领域（每期涉及不同领域）、人文（资讯、纪录片、财经、教育）、影视动漫（电视剧、动漫）、综艺娱乐（娱乐、搞笑、综艺）
生活方式榜、少儿榜、时尚榜、实力榜、音乐热度榜（话题）、影评榜单、原创视频实力榜（领域内单条视频播放量）
璞玉榜
企鹅地方观察员排行榜
地区最具影响力push内容榜
地区月push稿件榜
本月最称职观察员
企鹅生活圈区域周榜
区域总榜
区域分榜，如：黑龙江企鹅号top、河北省企鹅号top…
区域垂直领域榜，如：区域美食类企鹅号top、区域旅游类企鹅号top…
垂直领域排行榜：影响力排行榜
覆盖财经、房产、国际、健康、军事、科技、历史、汽车、时尚、时事、体育、图片、娱乐、政务、地方领域
一点号
金榜
最具价值阅读榜/深度报道榜
耕耘榜
内容贡献榜
红榜
政法榜
中国政法榜
公安榜——天下无贼榜
交警榜———路畅通榜
警法视频榜
最具价值阅读 · 政法榜
十九大精神宣传榜
改革开放四十周年榜
两会报道榜
党建榜
暖新闻榜
绿榜
黑马榜
积分飙升榜
优秀标题榜
校园新锐榜
炫榜
2017年度视觉榜
金镜榜
最具影响力摄影师榜
黑马作者榜
图集榜
月度图集榜
季度优秀摄影师榜
季度优秀黑马作者榜
垂直领域视频榜　覆盖社会、科技、历史等13个大类领域
黑榜
发布历史虚无主义内容
发布政治有害信息
发布侮辱英雄烈士内容
发布色情低俗内容
发布炒作明星绯闻内容
发布恶意推广信息
发布标题党内容
宣扬封建迷信内容
发布抄袭内容
虚假入驻
发布儿童邪典内容
发布非法管制器具内容
大鱼号
影响力排行榜：热门文章排行榜、最具话题文章排行榜、最受欢迎订阅账号/各分类排名第一榜
特色成长榜针对垂直深耕和腰部作者出的“特色内容激励计划”：特色成长榜、特色内容热度榜
意见领袖榜
最具潜力榜
视频排行榜
原创榜
新锐榜
百家号
互动文章榜、品阅文章榜
百+计划

各平台自媒体榜单图

最后需要说明的是，各平台对上述指标有着不同表述：点击量 = 阅读量，分享量 = 转发量，用户停留时长 = 阅读时长，订阅数 = 粉丝数，评论量则包括用户参与度、粉丝参与度。

（2）榜单评选流程。榜单的形成包括两种方式：

第一种，先在全平台范围内跑出数据进行排名，再由编辑进行矫正，这种方式多用于账号榜。其具体操作是，根据榜单类型，设置相应的评选规则，即确认参考指标（如点击量、分享量等），以及各项指标的占比，计算出每个账号的指数进行排名。有些榜单会以数据排名作为最终结果；有些榜单会再由编辑进行调整，剔除一些数据好但问题比较多的账号（如靠传播虚假信息吸粉），得出最终榜单。

第二种，先由编辑指定内容，再看这些内容的数据如何，最后按照数据进行排名，此种方式适用于文章榜。例如，一点号的“最具价值阅读榜”和“图集榜”，是编辑对评选周期内产出的好文、优质图集内容进行搜集后，再跑数据。这就要看自媒体能否抓住热点、找到好的选题、提供优质内容，获得编辑的认可。如果你没能打动编辑，数据再好也无法入围。

2. 自媒体人方面——你必须看到的几个维度

无论是文章榜还是账号榜，优质内容是上榜的核心要素。

文章榜——更注重爆文。比如独家爆料；或者在重大新闻发生时，能否在第一时间产出调查报道或者解释性报道。

账号榜——相较于文章榜，账号榜对自媒体人的要求更高，因为无论是月度榜、季度榜还是年度榜，都要求自媒体人持之以恒地发布优质内容，不是一时之功。原创度、活跃度、垂直度、关注度和整体质量，也都是入围的重要条件（具体参见本书下编第一章《3 000万自媒体人必读：内容分发新逻辑全揭秘》）。此外，还不能有任何因为标题党、发布虚假内容而产生的惩罚记录。

（三）如何知道自己上榜没？看这里

“我一直在你身边，而你却不知道我的存在”，很多上榜自媒体由于未能及时注意到榜单的发布而错过领奖，实属遗憾。下面为大家总结了各平台的发榜渠道。

官方微信公众号基本是各家平台的首发渠道，官方微博、App端Feed流、自媒体后台Banner图、公告、定向弹窗、PC端也是重要发布途径。

（四）上榜后自媒体能拿到奖金吗

在一点资讯，除了黑榜之外，所有上榜账号都有奖励！我们会根据榜单类型、平台发展的侧重点，以及自媒体人的需求给予不同奖励。

首先，我们注重深度、原创、垂直、优质内容。因为这些内容才是资讯平台长足发展的根本动力。所以，对于金榜中的最具价值阅读榜、耕耘榜、炫榜中的图集、视频榜上榜账号予以现金奖励。2017年年度金榜的部分上榜者获得了10 000元以上的奖励。

其次，我们注重成长。对于优秀的中小自媒体，平台愿意与他们一同成长、进步，因为他们是平台不断前进的直接动力。所以，对于绿榜中的积分飙升榜、黑马榜、优秀标题榜上榜账号，我们会予以1 000元以上的现金或等值手机充值卡奖励。

最后，我们尊重权威声音。对于为平台第一时间提供内容的政务号，我们予以荣誉奖励——奖状或证书，并将获奖消息在他们所在的系统里广而告之。

作者简介

商笑玉，毕业于哈尔滨师范大学，历史学硕士，一点资讯自媒体运营部主编。

第五章 “××计划”的几十个亿是怎么分配的

罗宁

编者按

“名利双收”是每个人的梦想，自媒体人也不例外。

在上一章，我们介绍了如何金榜题名；这一章，我们来讨论如何赚钱。

主流平台上，自媒体获利的方式包括以下几种：固定收益、CPM收益、电商变现、收费阅读、榜单收益、用户打赏等。流量是变现的基础，但仅仅有流量也不行——负责任的平台会进行层层把关，以防靠标题党和虚假内容骗取流量、骗取收益。

那么，什么样的公号和内容最容易变现？如何将变现最大化？希望本章的内容能给自媒体人带来切实的收益。

（一）各平台给自媒体人提供了哪些福利

为了争夺优质内容，各自媒体平台推出了不同的“计划”——比如一点资讯的“点金计划”、腾讯的“芒种计划”、今日头条的“千人万元计划”等。当入驻的自媒体达到一定标准时，就能拿到收入。

表1为主要自媒体平台的补贴策略及开通标准。

表1　各平台扶持计划及通过标准

自媒体平台	扶持计划	开通标准
一点资讯（一点号）	点金计划	（1）媒体类型为“个人”；
		（2）账号创建时间 ≥ 30天，且近 30 天手动发布原创文章篇数 ≥ 25篇；
		（3）无违禁惩罚记录（如有违规，处罚满 60 天后可再次申请）；
		（4）外部等级 ≥ 25级；
		（5）责任编辑评审过关。
	点金计划-升级（广告分成、运营鼓励金、圈子邀约收益、奖金等）	（1）媒体类型为“个人”；
		（2）账号创建时间 ≥ 30天，且近 30 天手动发布文章篇数 ≥ 20篇；
		（3）已开通“原创”功能；
		（4）无违禁惩罚记录（如有违规，处罚满 60 天后可再次申请）；
		（5）最近30天无申请开通收益记录；
		（6）外部等级 ≥ 15级；
		（7）责任编辑评审过关。
	固定收益	一点资讯定向邀请知名账号（详见后文）。
UC浏览器（大鱼号）	大鱼奖金	（1）开通大鱼号≥15天，且近30天内“机器已推荐”，图文＋短视频 ≥ 20篇；
		（2）开通大鱼号 ≥ 15天，且近30天内“机器已推荐”，短视频 ≥ 5篇；
		（3）已开通“原创保护”功能；
		（4）累计订阅用户量 ≥ 1 000。
	年度协议	大鱼号定向邀请知名账号。
	广告分成	已通过试运营转正，近30个自然日内无运营违规记录，且符合以下任何一个条件的作者：
		（1）五星大鱼号；
		（2）已开通原创保护功能；
		（3）内容推荐及阅读量达到平台一定标准。

续前表

自媒体平台	扶持计划	开通标准
UC浏览器（大鱼号）	大鱼合伙人（针对MCN机构推出了业内独创的对赌激励模式，年播放量达到约定数值即可获得100万元奖励）	（1）旗下至少5档优质节目；
		（2）每季度全网播放量超1亿；
		（3）供给原创内容，具版权资质；
		（4）邀请参与制。
今日头条（头条号）	千人万元	（1）注册类型为“个人”；
		（2）已开通“原创”功能；
		（3）开通头条号≥ 90天；且在过去三个月，每月“已推荐”发文量 ≥ 10篇；每个月发布 ≥ 10篇“原创”文章（具体数目经双方协商确定）；
		（4）全网首发，即上述原创内容应第一时间在头条号平台发布，3小时后才能发布到其他平台；
		（5）如在其他平台发表已在头条号发表的文章时，要注明：××系头条号签约作者（××为账号名称）；
		（6）无抄袭、发布不雅内容、违反国家有关政策法规等违规记录。
	头条广告	（1）适用范围：个人、群媒体、新闻机构、企业类型的正常号；
		（2）入驻时间 ≥ 30天，累计发布内容 ≥ 20篇；
		（3）内容质量好且原创性较高；
		（4）定位明确，所发布内容与定位一致；
		（5）无违禁惩罚记录。
		注：因账号违禁扣分至50分及以下而被关闭头条广告和自营广告权限的，不可再自主申请开通。
	自营广告	（1）适用类型：个人、群媒体、新闻媒体、国家机构、企业、其他组织；
		（2）入驻时间 ≥ 10天，累计发布内容≥10篇；
		（3）内容质量好且原创性较高；
		（4）所发布内容与定位一致；
		（5）无违禁记录。
	千人百万粉	尚未公布标准。
	礼遇计划（为优质上榜内容提供的奖金）	（1）已开通“原创”功能；
		（2）未签约“千人万元”计划、“百群万元”计划；
		（3）无抄袭、发布不雅内容、违反国家有关政策法规等违规记录。

续前表

自媒体平台	扶持计划	开通标准
腾讯（企鹅号）	流量主	（1）正式运营 ≥ 30天；
		（2）转为正式运营后，被推荐文章 ≥ 20篇（即单篇文章/视频推荐量大于0）；
		（3）文章/视频质量优，发文与媒体定位一致；
		（4）信用分100（即无扣分记录）。
	补贴保底	企鹅号定向邀请知名账号。
微信	流量主	（1）开通“原创”功能的公众号粉丝数达到1万，能申请开通；
		（2）未开通“原创”功能的公众号粉丝数达到5万，申请开通。

（二）如何从平台获得更多的收益

1. 固定收益

这种方式是平台方（如一点资讯）与自媒体进行协商，通过某种价格（比如某账号在一点资讯每月至少发表五篇文章，一点资讯支付该账号10 000元）购买版权的模式。

固定收益包括一点号的“签约收益”、头条号的“千人万元”、企鹅号的“补贴保底”等。固定收益的金额为每月3 000～30 000元。

能和平台签订固定收益合同的自媒体，一般都是行业公认的优质内容生产者，并有一定知名度。

例1

以一点号为例，签约固定收益的作者需要满足以下条件（见图1）：

A. 账号级别在4级+（一点资讯账号分为1～6级，4级及以上为优质账号）；

B. 必须是原创内容，并经过了本平台的原创认证；

C. 必须是独家或全平台首发（根据不同情况要求）；

D. 每月发文篇数达到平台要求；

E. 作者应将所发内容按一定比例分享至社交平台（如朋友圈）；

F. 作者有较高的知名度；

G. 不能在账号上发布PR稿。

甲方： 北京一点网聚科技有限公司 **乙方：　　　　　　身份证号：**	
1. 甲方和乙方具有履行本协议项下权利义务的资格和能力，双方经协商自愿订立本协议。 2. 本协议的附件是本协议不可分割的组成部分，与主协议具有同等法律效力。如有条款冲突，以主协议为准。 3. 本协议自甲方盖章、乙方签字后于合作期开始之日起生效，有效期至合作期届满之日止。	
合作内容	1. 乙方在一点资讯开通“一点号”（账号名称：　　媒体编号：　　）并由乙方主动编辑、上传账号内容（包括但不限于文字、图片、音频、视频等内容）。乙方授权甲方在甲方平台发布及使用上述内容。 2. 乙方应保证每月通过“一点号”账号手动上传并发布带有原创标签的内容不少于____。 3. 乙方保证其上传并发布在“一点号”账号中的内容应按一定比例分享至朋友圈，并截图反馈给甲方“一点号”平台运营人员，具体分享的比例或数量为____。
	1. 甲方应向乙方按月支付费用人民币RMB____元（大写：___元整）（税前），

图1　一点号部分条款截图

例2

以企鹅号为例，签约固定收益的作者需要满足以下条件：

A. 符合流量主的基本要求（流量主即为企鹅号的广告分成，详见前表中企鹅号流量主开通标准）；

B. 必须是原创内容，开通了企鹅号平台图文/视频原创标签；

C. 有良好写作背景、内容优质；

D. 账号内容类型决定收益的不同金额；

E. 根据金额不同，每月不同内容类型的账号发文篇数达到平台要求（15～40篇）。

2. 广告分成/流量分成

如果用户（读者）在阅读资讯时看到了广告，广而告之的效果就达到了。所以平台方要把一部分广告收入分给自媒体人，鼓励他们生产更多优质内容，以吸引用户阅读。如此，就能形成一个良性循环（见图2）：

所谓“广告分成”，是指文章页插入的广告被展示、点击后带来的分成（具体广告内容如图3中方框所示）。

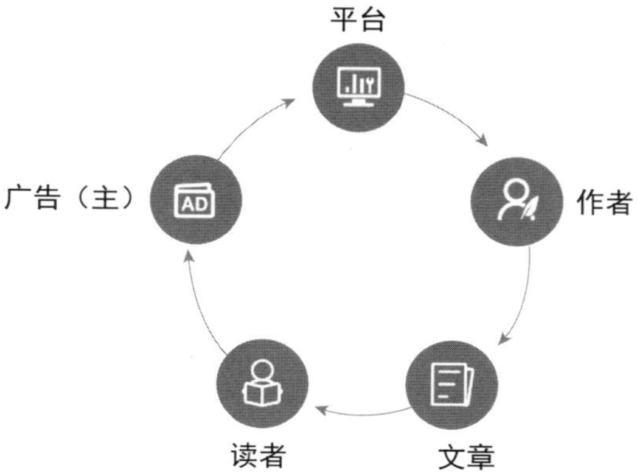

图2　“五方关系”的正向循环

图3　文章页插入广告示意图

所谓“流量分成”，是文章的点击带来的分成。无论是广告分成还是流量分成，都与以下的因素有密切的关系。

（1）推荐量/点击量。点击量是衡量文章是否吸引人的一个重要指标，决定着流量分成和广告分成的多少。推荐量直接影响点击量，根据算法推荐的基本逻辑，点击量又会反向影响推荐量。

例3

某平台分成与点击的关系如图4所示：

图4（1），单篇阅读3.3万次，广告展示7 616次，广告分成9.5元；图4（2），单篇阅读1 142次，广告展示134次，广告分成0.16元。这说明，点击量与广告分成呈正比。

（1）

（2）

图4　某平台分成与点击关系图

如本书下编第一章所述，与点击量相关的因素包括：

（a）标题。精彩的标题可以刺激用户的点击欲望。就好比本科学历是进入某家公司的敲门砖。如果没有读过大学，即使这个人再有能力，用人单位看不到，也无法施展才华。

例4

下面是关于标题的一组数据对比（来自一点资讯）（见表2）：

表2 关于标题的数据对比

1		
	修改前	修改后
标题	吴英获减刑　由无期减为有期徒刑25年	亿万富姐吴英再减刑：死刑—死缓—无期—25年
展示数	8 231 862	11 974 851
点击数	535 071	1 604 630
点击率	6.50%	13.40%
2		
	修改前	修改后
标题	福建莆田市市长：造鞋要有中国自信，莆田鞋我就一直穿着	市长为莆田鞋代言：穿了不想换下来
展示数	4 462 903	7 804 503
点击数	370 421	1 225 307
点击率	8.30%	15.70%
3		
	修改前	修改后
标题	这届京东公关不够“六”	面对六六　这届京东公关不够“六六六”
展示数	5 551 373	11 266 976
点击数	283 120	1 430 906
点击率	5.10%	12.70%

（关于标题制作技巧，请参阅本书上编第三章《不靠标题党，还是10万+》）

（b）内容类型。内容分为文字、视频、图集、音频等。5G即将商用，给制作成本高但阅读成本低的短视频带来了又一个风口。

例5

以某平台相似内容产生的数据为例，视频内容播放13万次，而图文内容阅读只有1.2万次，如图5中方框所示。

视频：

图文：

图5　视频内容、图文内容阅读情况对比

例6

相似内容在一点资讯的阅读情况如下（见表3）：

表3　相似内容在一点资讯的阅读情况对比

	视频	图文
标题	《烈火如歌》大结局：银雪满血复活，如歌银雪终于在一起！圆满了	《烈火如歌》的大结局到底是什么意思，你看懂了吗？一个细节说明真相
展示数	597 668	60 272
点击数	75 296	6 800
点击率	12.50%	11.20%

当然，这不是说图文作者就没有希望了，而是需要让自媒体根据所在的领域以及主题选择适合的表现形式，让用户更容易接受。

（c）报道领域。

表4列出了某平台点击量Top10 的频道：

表4　　某平台点击量Top10的频道

序号	频道	序号	频道
1	娱乐	6	情感
2	社会	7	体育
3	搞笑	8	时尚
4	军事	9	健康
5	历史	10	国际

娱乐、社会、搞笑都是老少皆宜的大众领域，用户量很大，算法会给出更多的内容推荐。

（d）文章首发。相似的内容——比如一起重大突发事件的消息稿，首发者会得到更多的推荐、点击，晚发的则会受到系统的推荐限制。

（e）负反馈。如果一篇文章被用户投诉，如标题党、抄袭、旧闻等，它被推荐的概率就会很小，点击量自然会很低。

（2）原创。各家平台都增加了对于原创的扶持力度，包括一点号的 “原创加权”、头条号的“原创倍增”，以及企鹅号 “三倍流量主收益”。

例7

图6为大鱼号平台原创加权的收益界面，原创图文特权收益是广告图文的两倍。如2018年4月5日收益，广告图文为7.25元，原创增加7.25元，总收益为14.5元。

每日收益

日期	图文广告收益	原创图文特权收益	视频广告收益	每日合计收益（税前）
2018-04-05	7.25	7.25	0.00	14.50
2018-04-04	20.14	20.14	0.00	40.27
2018-04-03	235.81	235.81	0.00	471.62
2018-04-02	21.08	21.08	0.00	42.16
2018-04-01	7.99	7.99	0.00	15.99

图6　大鱼号平台原创加权的收益界面

以下为各家平台原创认证标准（见表5）：

表5　　各平台原创标准

自媒体平台	原创认证标准
一点号	自主申请： （1）账号入驻资料完整； （2）开通账号 ≥ 30 天； （3）近 90 天无违规惩罚记录； （4）自媒体等级 ≥ 15级。
	快速通道： （1）在微信公众号/微博/头条号（暂时仅支持这三个媒体平台）拥有已获得“原创”功能的账号； （2）在一点号有账号，且内容和在其他自媒体平台获得“原创”功能的账号内容定位一致； （3）90天内无违规惩罚记录。
企鹅号	图文原创： （1）等级 ≥ 3级； （2）信用分为100分。
	视频原创： （1）转正≥ 30天； （2）发布视频文章被系统推荐 ≥ 20篇； （3）原创度70%以上（原创度 = 原创视频数量/总视频文章数；此处原创视频指的是系统识别原创，仅做参考；原创视频必须为上传者拥有版权的作品）； （4）无违规记录； （5）视频优质，符合企鹅号鼓励方向。
头条号	（1）已实名认证； （2）累计粉丝数达到5 000； （3）最近30天，已发文＞10篇； （4）在发布内容中，原创比例 ≥ 70%； （5）最近30天内没有原创标签的审核记录； （6）无抄袭、发布不雅内容、违反国家有关政策法规等违规记录。
大鱼号	图文原创： （1）活跃发文 ≥ 30天； （2）信用分 = 100； （3）三星以上的大鱼号； （4）近期无违禁处罚记录。
	视频原创： （1）三星及以上的创作者； （2）自2017年5月31日起至今，在大鱼号平台上传视频总数 ≥ 5个。

（3）订阅量（粉丝数）。微信公共号的粉丝订阅、一点号的“关注”功能、头条的“千人百万粉”计划，都在强调粉丝的重要性，并且在收益开通以及结算过程中，对粉丝的阅读有一定加权。所以，自媒体用心运营自己的粉丝——比如积极回复他们的评论，会获得更大收益。

例8

图7为头条号关于粉丝收益加权的界面，从中我们可以了解到：

25 713个阅读收益为5.53元，平均千次普通阅读为0.22元；

86个粉丝阅读收益为0.73元，平均千次粉丝阅读为8.48元。

这说明在某种环境下，粉丝阅读的价值为普通用户阅读价值的38倍。

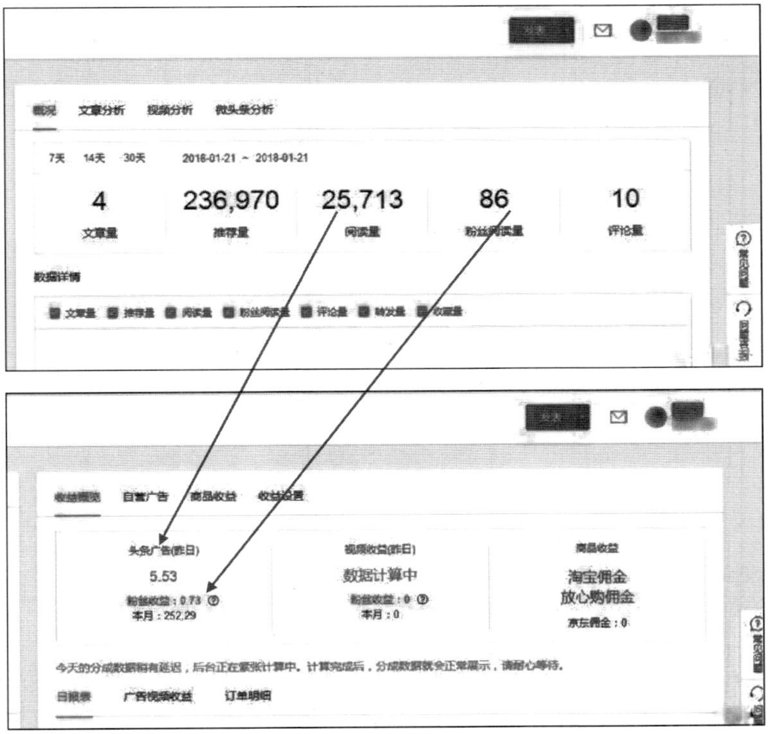

图7　头条号粉丝收益加权界面

（4）账号的级别及指数。一点号的“等级制度”、头条号的“指数”等，都是在分成中起到一定的影响的因素。

例9

在一点号的收益数据模型中加入了等级的权重，也就是在同等条件下，等级越高，收益越高。

目前，一点号被分为六个级别，从一级到六级，分别对应着垃圾号、低质号、普通号、优质号、精品号和超级号。不同级别的一点号拥有不同权限——包括文章得到的展示权重、得到的服务，以及能获得的报酬。

我们从原创度、垂直度、活跃度、关注度、知名度及内容质量上对账号进行分级。

3. 赞赏

用户的赞赏也是收入的一种。当然，比收入更重要的是阅读者的认可——它会让读者成为你的铁粉。目前，赞赏功能做得比较好的是微信。

想获得更多的赞赏，有如下几点建议：

（1）深度内容更容易让人感受到作者的用心，也容易引起情感上的共鸣。所以，读者更愿意为这类文章付费；

（2）实用性强、能让人得到价值的内容，读者更愿意为之付费。

（3）打赏金额的多少，与“死忠粉”的数量关系很大，但和阅读数的关系不成正比。

4. 榜单

很多平台给予上榜者以现金奖励，包括一点资讯。关于如何上榜，请参阅上一章。

5. 内容电商

（1）自媒体软文。广告主选择行业内知名自媒体，付费撰写软文。

（2）广告佣金。作者通过文章、视频、图集等形式将内容与售卖对应的商品相关联，成功卖出后获得分成佣金。

例10

自媒体作者通过图集的形式，在“选品模块”中选定大衣为售卖的商品，对大衣进行描述（见图8）。用户看了这篇文章，点击图片直接跳转到淘宝，下单成功买到大衣，平台会根据相应的佣金比例，支付给自媒体对应的商

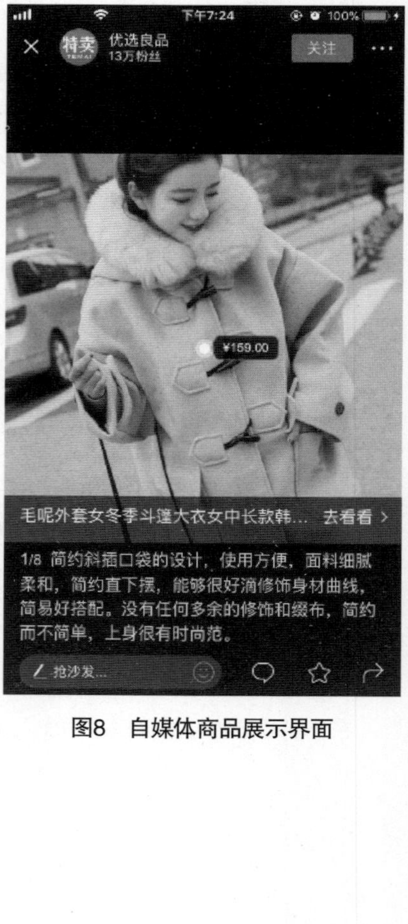

图8　自媒体商品展示界面

品佣金。

（3）互选视频广告。由平台牵线，优质自媒体与广告主双向选择达成合作意向。由广告主提供视频广告，自媒体作者决定植入位置。比如在插播广告前，制作创意性内容进行引导，让广告呈现“原生化”效果。广告支持电商跳转，实现消费链条的打通。

（4）内容付费。包括专业知识的内容付费、会员制的内容付费。

（a）专业知识的内容付费。

例11

在行App——一个知识技能的共享平台，邀请一些知名的行业KOL（关键意见领袖）讲解自己专业领域的问题，为需求方传道、解惑，需求方需向KOL付费（见图9）。

图9 行业KOL界面

（b）会员制的内容付费。

以喜马拉雅FM、知乎旗下知乎Live为代表的知识付费产品，都是以月度会员或者年度会员的方式，让入会者获得专业知识。

例12

知乎Live，一年只需支付259元，就能选听上千场精选Live（见图10）。

图10　内容付费界面

（三）**自媒体如何把握赚钱机会**

1. 坚持原创

目前，中国共有超过3 000万家自媒体，每天供应的内容量不计其数。随着内容同质化日益严重，平台越来越注重版权问题，只有原创内容才能活得更加长久。

2. 增强公信力

与机构媒体相比，自媒体最大的问题是公信力不够，依靠标题党吸引用户，甚至传谣、造谣。所以，打造自身的公信力非常重要，特别是对信息源的引用和对所表述内容的核实。

3. 形成持续的生产能力

只有持续的内容产出，才能保证一定的行业竞争力。三天打鱼、两天晒网，即使能产生几篇爆文，也无法形成持续的盈利。

4. 多平台分发

不同平台上的用户群体不一样，对内容的偏好也不一样。选择不同的内容、不同的表现形式，制作不同的标题，有针对性地在某个平台上进行运营，才能收到好的效果。特别是在以微信为代表的社交平台和以一点资讯为代表的算法平台上，内容的分发逻辑完全不同。所以自媒体人需要了解并找到适当的运营手段。

5. 根据平台需求定制内容

平台方在运营自媒体时，如遇重大事件或重要话题，往往会与自媒体做直接沟通，提出“定制”要求，自媒体要把握机会。

6. 从“个体户”走向矩阵化、团队化

内容创业是场持久战，实力雄厚的战队才能成为最后的胜利者。

以千万粉丝的咪蒙为例，这个自媒体之所以能隔三岔五地写出如《致贱人》《职场不相信眼泪,要哭回家哭》《致Low逼》等爆文，离不开团队的分工合作。从开始一人包揽全部到目前员工已有13人，外加8个实习生，就是一个实力不断扩张的过程。

头部自媒体在招兵买马之后，还可以积极布局矩阵，以大号带动小号，迅速扩张内容领域版图。只有将多个IP聚集起来，形成影响力，才能产生更大价值。

以Papitube为例，2017年4月前后，Papi酱所在团队——Papitube已签约了近30个短视频创作者，并孵化出若干粉丝过百万或者接近百万的账号，成为名副其实的MCN。Papitube旗下签约的短视频创作者，沿着介绍生活方式的方向做垂直化运营，最终打造出一个自媒体矩阵。

7. 内容变现多元化

要抓住多元化的变现手段，不断拓宽新的盈利渠道。目前，越来越多的自媒体开始尝试内容电商、知识付费等变现途径。

但另一方面，自媒体在通过不断创新营销手段获得商业利益的同时，相关的监管体系也在不断完善。自媒体需要随时关注行业动态，适应变化。

作者简介

罗宁，一点资讯自媒体运营部主编，自2016年起负责“点金计划”项目。

第六章 Qian车之鉴：自媒体融资指南

宁霜巍

编者按

在对比中西文化时我们总说，以美国为代表的西方国家是“钱本位”社会，而中国社会是“官本位”的。但随着中国市场经济的不断发展，“才而不财非才也”的观念逐渐注入整个社会的评判体系中。人们愈发认为当一个人的“才力”转变为“财力”时，才具有最终说服力。

坊间一度流传着许多版本的、靠运营自媒体实现财务自由的名单，大号们的头条广告价格从几十万到上百万，估值从几千万到几个亿……仿佛只要赶上这个风口，一个普通自媒体也能“大鹏一日乘风起，扶摇直上九万里”。

但随着公众号热度不断消退，人们的目光也逐渐回归媒体的本质，即优质内容的生产。曾国藩说，天下事要做成样子，必须有两样，一是规模，一是精熟，两样都要从勤与恒中来。没有什么灵机一动、当下就悟了的真理。资本的热度已过，一个故事再难套回账单上趴着的七位数。归于理智的投资人们，偏爱可以持续高质量生产的自媒体，期盼着他们能在关键时刻抓住机会“守正出奇”。一个自媒体人如果在得到了两三轮资本青睐后，还无法将个人身份转化为可复制、可延展的平台力量，资本也就不再会光顾这间小作坊了。

本章真实记录了一些在各领域具有代表性的自媒体在与资本融合时的切身体会。这些自媒体都曾获得投资人的青睐，并因此有了自己的感悟。今天，他们有的已经明晰了发展的方向，甚至超越了“自媒体”身份，也有的还在焦虑中继续耕耘。

我们希望本章的问答实录，能够解释自媒体人在资本面前的疑惑，安抚焦躁的心灵，为无处施展的拳脚指明方向。正如在我们在2016年12月非公开出版的《自媒体之道——一点号操作手册》中给出的祝福：不忘初心，方得始终。

受访者（按拼音首字母排序）：

“老道消息”创始人“老编辑”（简称“老道消息”）

“老道消息”明势资本投资经理燕普（简称“明势资本”）

“量子位”创始人孟鸿（简称“量子位”）

“摩登中产”创始人王鹏（简称“摩登中产”）

“摩登中产”投资人韦炳方（简称“投资人韦炳方”）

“市值风云”创始人杨峰（简称“市值风云”）

“市值风云”投资人高樟资本范卫峰（简称“高樟资本”）

“星火财经记者联盟”CEO杨涛（简称“星火财经”）

“足球部落”创始人唐诗（简称“足球部落”）

“醉鹅娘”创始人王胜寒（简称“醉鹅娘”）

“醉鹅娘”投资人李康林（简称“投资人李康林”）

Q1：一开始，我（自媒体）有什么？

1. 老道消息：投资人给的钱

我没有（从36氪）离职就拿到钱了。一个朋友给了我50万。没有任何限制和附带条件，甚至也没有投资协议。

2. 量子位：投资人给的钱

我没拿自己一分钱（创业）。我之前的老板，他曾经是新浪科技的一个主编，很早就跟我说：“你要出来做事情，你不管做什么，我都给你一笔钱。”我们刚开始做这个事情几天，李开复也问我：“你们是不是搞了一个新事？”啥都没有的时候，创新工场就投了一笔钱。

3. 摩登中产：个人投入 + 投资人投资

初始资金分成两块：一块是我个人的投入；另一块是一家基金机构的创始人，他投资了一部分。

4. 市值风云：内容征服资本

最初就是工作之余写写文章，往（公众号）上一放，当时的影响还可以，写了第一个月就盈利了。

写了大概不到两个月，天使投资人就在后台留言，说我这个文章写得很专业，未来很有前途，约我聊一下。然后，他就从深圳跑到北京来跟我见了一面。第一次大概聊了两个小时，然后就决定投资，投360万。

5. 星火财经：五个记者，十万块钱

初始资金其实就是靠自有资本，我们五个记者凑了十万块钱。我们主要就是做内容，没有那么多支出要去办多大的场面什么之类的，那时候连办公的场所都是跟人家合租的。

6. 足球部落：不到100万

一开始我们两个创始人自己拿了不到100万。想着自己真金白银投进去，别人才会相信你。

7. 醉鹅娘：网红经验

我没自己投过钱。创立醉鹅娘之前，2012年我在真格实习过，那时候，徐小平（真格创始人）就很看好我做红酒这件事。因为之前我做“纽约留学女”，在前网红经济时代当了个网红，徐老师就觉得，能把自己搞火的人，应该创业挺好的。所以他那时候就说，如果我要是做红酒的话，他就会来投我。所以，我2014年学酒归来就去找徐老师。他当时就投了100万。

Q2：什么样的自媒体容易得到资本青睐？

1. 老道消息：正确的时间和领域，“自己人”，好公司，没对手

2014年“双创”达到高潮，总理去了中关村大街。从那个时候开始，互联网拿钱比较容易，还有体育领域。

自媒体启动资金，大多是圈子里的“自己人”给的。媒体人他一定是要在这个领域已经写了几年了，不管是他写作的内容还是方式，都已经能被这圈子接受了，拿钱就比较容易。另外这也有助于建立起自己的流量，种子用户很重要。

真格本身就是个互联网基金，他们一向喜欢投那些（互联网）人，喜欢投海归，喜欢投PR项目比较强的人。真格的投资人经常会去几个固定的公司找离职的人，比如36氪。因为36氪是互联网中一个比较重要的媒体，从36氪离职的人他们

可能会聊一聊。

我们最大的亮点在于我们做这个东西是没有对手的，是空白的。

2. 明势资本：投让资本好奇的人

我们投老道消息的原因是对“老编辑”比较好奇。当时我们老板（明势资本负责人）和圈子里的人都一直看他的文章，觉得讲了很多内幕，感觉这个“老编辑”是一个经历了各种起起落落的互联网圈老人。一次因缘际会认识了“老编辑”，我去！跟我同年，1989年的啊！“老编辑”对于信息的挖掘、梳理能力，对于文字的驾驭能力、逻辑思辨能力，那种成熟感，超越了大部分他的同龄人。所以我老板就对他很感兴趣。

3. 量子位：好平台、好领域

我的种子轮投资人是我之前供职新浪时候的主编，还有工作上有交集的李开复。而且2016—2017年这个阶段，整个人工智能的势头是比较强劲的。

创新工场一直在布局人工智能，媒体也是其中的一个环节。

4. 摩登中产：生产内容的能力，获客能力

自媒体和自媒体人最吸引投资人的亮点，无外乎两个：第一个就是生产内容的能力，第二就是获客能力。自媒体人，很多都是传媒人转型的，对投资人来说，你过往的单位、你过往的作品固然重要，但是他最关心的是你能不能出产想投身的这个自媒体领域的作品。比如说我过去是个调查记者，但我现在开了一个育婴的公号，你过去的内容能力和你现在的领域可能并不相匹配，对投资人吸引力不是特别大。

相反，比如说你过去一直是纸媒，专门做海外版的，你现在开了一个公号，其实也是围绕着海外相关的，那投资人会比较喜欢。

第二点，除了你会生产内容之外，你还要懂得传播，因为现在是一个流量越来越贵的时代，酒香也怕巷子深。

5. 投资人韦炳方：有能力、有人品

投资摩登中产这个项目，是基于对创始人能力的欣赏以及人品的信任，当然还有对行业资源（包括人脉，产业上下游）的整合能力，对受众人群需求深刻把握的能力。

6. 市值风云：有前途

天使投资人感觉我们这个项目前途比较好，因为它专业度很高、门槛很高，所以他也愿意投更多的钱，同时拿少的股份。天使投资人原来是《证券时报》的，干了十多年，对上市公司类、证券类的新闻特别敏感。他知道什么好、什么不好，什么样的文章有前途，什么样的商业模式有前途。因为这个原因，他很快地就看中了我们。

7. 高樟资本：优质内容、垂直媒体、“四气”、“三力”

高樟资本选择投资以新媒体为主的精神消费产业，最主要的原因是我们判断从技术、社会环境和产业本身的发展来看，这些行业孕育着巨大的投资机会。

第一，当前的新技术不断更新换代，新的渠道和新的平台不断产生，继而催生了一大批优质的内容。优质内容始终是市场中的稀缺品，这些优质的内容具有很高的投资价值。第二，如今85后人群已成为消费的主力军，而90后和00后的势力也正在崛起，文化产品消费领域缺乏新的内容和品牌为他们服务，因此新的优质文化产品在市场中也很有机会突围。第三，现在大众对于物质和精神的消费都在不断升级，目前市场上涌现了许多物质消费升级的项目，但用户面临的精神消费升级需求却远远没有得到满足，这对于内容、娱乐的蓬勃发展也是新的机会。

回到产业本身来看，传统媒体正在土崩瓦解。以报纸和电视为代表的传统大众综合媒体受制于旧的采、编、发体制，面对的用户不够垂直细分，载体、渠道正在被脱媒。在垂直化、移动化的新媒体时代，它们的广告将面临严重的分流。越是垂直人群定位明显的行业，越是会向垂直新媒体加速倾斜，因此也给了新媒体很大的发展空间。

早期投资对于人的判断尤为重要，我们总结，优秀创始人必须具备“四气”和“三力”。“四气”是指志气、正气、灵气和杀气；“三力”是指创始人必须拥有“总编辑能力 + 总经理能力 + 资本家能力”。

8. 醉鹅娘：个人IP是把双刃剑

对于一些品类来说，个人品牌是帮助公众加速认知的最好途径。我希望未来大家能够把我和红酒（等同起来），每次想到红酒就想到我，一想到我也就想到红酒，但这个模式不可复制——老实说，我们现在做的红酒这摊事，如果不是我的个人品牌，我们从模式上就是不成立的。所以，像我这样一天到晚就特别特别疲惫（不好意思地笑）……

对于很多投资人来说，他觉得公司太依赖创始人了，这个事情很有风险。因为创始人个人形象和公司的价值关联度太高了。所以有些投资人在了解我们这个项目的时候，会担心以后转型和去个人化的问题，特别是如果他们想提高对管理层的控制，像我们这种依赖创始人的公司，他们是没办法的。但是早期就深刻理解我们公司的投资人，觉得不是问题，徐老师也说“很多美国的大公司，百年老店，都是以个人名字命名嘛”。

9. 投资人李康林：我看好的它不仅仅是自媒体

严格来说醉鹅娘不算是自媒体吧，它只是有这一块儿（业务）而已。红酒这个事情我比较看好，他们做得比较好，通过自媒体的方式做一部分红酒的教育。另外，就是自己通过平台直接对接产地，有资源可以做电商。

Q3：自媒体，你们都融了多少钱？

1. 老道消息：

种子轮几十万；天使轮300万，估值2 000万；Pre-A轮我们做了两批，总融资额近1 000万；Now，估值近亿。

2. 量子位：

种子轮，几百万（因为签了协议，不能说具体的数字），估值数千万。

3. 摩登中产：

初始的启动资金（天使轮）大约是百万量级。

4. 市值风云：

天使轮360万；A轮1 200万，估值1.2亿。

5. 星火财经：

数百万天使轮融资，目前A轮融资正在对接某投资公司，估值几千万，预计两年后估值过亿。

6. 足球部落：

天使轮融资400万。

7. 醉鹅娘：

天使轮100万，Pre-A轮400万，A轮目前融资1 500万，还在继续。估值没对外透露，Pre-A轮后，大概8 000万。

Q4：自媒体值多少钱（估值），这事儿谁说了算？

1. 明势资本：相互认可

早期的这个（估值）是很难确定的，更多就是一种商量或者说相互认可的一种情况。有一次大家随口就聊起这个事儿来，正好“老编辑”说，他准备融个资，想找一个机构来领投，又说了一下想要的估值和想要的钱，也不太多，我们也就很快地决定了。

2. 投资人韦炳方：没有估值模型

坦率地说，天使投资并没有估值模型。主要是综合考量创始人的背景、他选择的媒体受众价值，以及可预期的商业模式变现价值。

3. 市值风云：既往的业绩就是谈判的筹码

估值跟前景和既往的业绩有关。既往的业绩就是你谈判的筹码，比如你过去一直是盈利的，投资方就会很尊重你。

投资方自己也有个判断，你选择的方向、未来的商业模式，走得通、有前景，就给你这个估值。像我这样的财经自媒体估值给得高，是基于你这个行业所处的前景、所处的未来，能想象的空间有多大，也取决于你团队的以往的经验。比如说你确实盈利了、团队非常稳定、人员非常精干，你所计划的、规划的未来的商业模式都是能成立的，你的能力也是都可以实现的，他就会给你高的估值。

4. 高樟资本：看创始团队，也看赛道

天使轮阶段的投资其实主要是看创始团队和对赛道本身的认知，因而在估值方面我们并没有一套标准化的模型。我们会依据以下多方面因素，包括项目目前的运营数据和增长情况，财务数据，在业内的竞争力、地位，创始人过往的经历，项目的重置成本、潜在变现能力以及同类可比项目的估值等综合考虑，从而给予项目合理的估值，确保项目的估值有安全的边际和空间。

5. 醉鹅娘：投资人心里有价码

很多时候就是看市场给你的反馈。多跟投资人聊，甭管你觉得自己应该是多少估值，最后从投资人的角度，他心里对你就是有一个价码的，你也没有办法去逆着这个价码来。

而且我觉得，尤其在早期的时候，不要太追求估值。很有可能估值过高，公司没能发展起来，会对未来后续融资造成很大的困难。因为估值太高，没有人愿意去接盘的。我的想法就是尽快拿钱，尽快把事做起来，这个比较重要。投资人能够提供的帮助，在早期阶段也是有限的，更多的还是靠团队自己试错、摸索。

Q5：拿了钱，怎么花？

1. 老道消息：试错，办公成本

一开始花了20万找了一个外包公司做App。我想把互联网这个群体作为目标用户，把他们聚合起来，做一个社区型的产品，跟程维当年做滴滴一样。产品出来之后，有各种各样的毛病；另外一方面，当时微信小程序（当时叫应用号）已经在吹风了。所以我觉得一个社区性产品也没有那么大的必要，就停掉了。

第一笔钱50万，20万花在外包上，剩下10万就是零零散散地买些办公用品，租办公室什么的，还剩十几万的时候想出去找点钱吧。后来真格给了我们天使轮的投资。

2. 明势资本：试错

越往前期走，很多的投资或者说有很大比例的资金其实本来就是用来试错的。比如说我们投了老道消息，也不多，就200万，他可能有一大半都是用来试错的。用这些资金当成本，找到一条正确的路。

3. 市值风云：没花完

招人、建团队、公司的日常运营。很早的时候我们就盈利了，所以那360万最初的投资我们也没花掉。

4. 星火财经：做App

因为我们想搞点事情，天使投资人又不缺钱就投了。2018年想主推App，对接了一些基金，我们给基金上面引资金，拿分成、佣金。另外，还做二级市场爆料，我们的内容可以称得上是比较独家了，比一般市场上的消息要快差不多半天左右。还有社交功能，我们自己准备做一个封闭的社交圈，很厉害的！

5. 足球部落：试错App

开始做App，烧了不少钱。我们拿钱的时候，也还没确定最后的方向是怎样的，这400万其实是给我一个信心去尝试。后来有朋友在一点资讯这边，说他们需要一些头部的自媒体账号，我们可以在他们那儿开，签固定收益。这样能回点钱，缓解一下资金压力。

6. 醉鹅娘：供应链真的很烧钱

我们一直到2017年才开始有净利的，在此之前都是烧钱的。电商其实不赚钱（醉鹅娘一开始是做200元每月红酒订购起家的，随后做内容电商——作者注），而且没有经验，电商非常考量供应链能力和成本控制能力。对于一个做自媒体出身的人来说，是很难在供应链和电商上面做到真正有竞争力的。

2016年年底，我把这件事情想通了——不是靠网络流量，导点流、卖货这样的模式。我们是要深入红酒行业里，扎根。无论是从供应链还是从改变销售模式的角度，都开始有自己的比较独特的东西了。这个探索过程是非常烧钱的，因为在规模还没有起来的时候，不可能找到实力雄厚又低成本的垫资方，或者采购方。当然，这是个阶段性问题，我们的量现在比较稳定了，就可以把钱从（供应链）周转上面释放出来，投入真正需要发展的业务，包括小程序，真正把我们公司变成互联网公司，而不是贸易公司。

Q6：投资人给你钱，是财务目的还是战略目的？制约和帮助是什么？

1. 老道消息：财务投资

肯定都是财务融资，没有战略融资这一说。因为都是个体和机构投资人来投。

我没有给过投资人变现的承诺，所以他们也不会要有一个什么退出机制、对赌机制。过一段时间如果大家真的想退出，我也会安排退出，找人去接盘，这是一个很松散的口头承诺，没有说过白纸黑字写出来。

2. 明势资本：PR（公关推广）需求

我们当时确实处在一个需要PR的时期，在一些方面上可以和被投者有协同效应，正如凤凰网投资你们一点资讯。

3. 量子位：战略投资，不接触VC（风险投资）

肯定是战略投资。李开复包括其他人跟我们讲，如果单纯做媒体业务的话，不会赚大钱。创新工场直接明确地说：“我们是战略投资，绝对不要求退出。”李开复建议我们在后面融资的时候，对投资方有所权衡考虑。VC一般都需要回报，会给我们一些压力，现在单纯地靠媒体这个形态的话，不是一个理想（接受VC）的状态。

4. 摩登中产：接受战略投资，但要自由度

天使投资肯定是战略投资。无论是财务投资还是战略投资，有一个基本因素：我要判断这个投资人对我整体项目的一个干预度，肯定是希望自由度越高越好。同时我对投资人的另外一个判断就是他有没有相应的资源，或者相应的一些能力，能对未来发展予以扶持和指导。

5. 投资人韦炳方：战略投资——了解某一类人群

开始我就有一个基本的判断：基于国情的现状，自媒体不会是一个纯粹的商业项目，这意味着商业变现不会是超预期的回报。所以，通过投资一个自媒体项目，而了解某一类特定人群，是我更关注的结果。

6. 市值风云：战略投资，无须太大帮助，年龄、地域的战略布局

天使投资人是战略投资。但实际投了之后，我们发展很快，基本上不需要太大的帮助。

我们在选A轮投资方的时候，特意考虑了很多东西，挑了一些适合我们的机构。四个投资方，各个年龄层都有：50后一家，60后一家，70后一家，80后一家；（地域上）北上广深都有；（行业领域上）有做实业的、做金融的，这对我们未来公司扩张——比如设办事处、分公司都很方便。

7. 高樟资本：战略投资 + 财务投资

高樟资本选择投资以新媒体为主的精神消费产业，最主要的原因是我们判断从技术、社会环境和产业本身的发展来看，以新媒体为主的文娱行业孕育着巨大的投资机会。

我们的投资团队会通过研究国内外文化传媒娱乐的历史和发展趋势，判断出空间巨大、时机成熟的潜力赛道，通过对赛道内选手的“饱和覆盖、精准狙击”锁定顶尖选手。

此外，我们有一套雷达监测系统，信息源全面地覆盖各创投数据库、创投媒体及行业细分媒体，第一时间捕捉新出现的项目。加上因基金品牌和人脉作用慕名而来的项目，因此对于新媒体项目也会有一些被动筛选的机会。

8. 星火财经：如果是财务投资，根本没必要

维辰（天使投资人）是我们的主播之一，他自己有两家金融公司，不缺钱的。我们现在真的也不缺钱，靠财务投资的话，根本没必要。主要的还是身边的融资项目太多了，以前都是我下面的，现在慢慢都干过我了，比我速度快了，我就急了。

9. 足球部落：肯定是财务投资

我的投资人是之前搜狐的领导介绍给我的。投资人他曾是搜狐的股东，投过畅游、拉卡拉一些比较好的项目。投我们是因为关系比较好，当时市场上的钱比较热，体育项目也比较热。投资人没给我们任何压力，我们也就只有这一轮融资。后来有人找过来，尤其是到今日头条“创作空间”来了以后，会定期举办一些活动，给团队找一些投资人之类的过来聊。我现在基本收支平衡，每月还能多挣点，当时投过来的400万，现在账上还有200万左右。

Q7：自媒体的投后管理怎么做？

1. 老道消息：要人脉

他们（投资人）会通过人脉帮我们牵线一些合作。

2. 明势资本：精神支持

老道消息也并没有太多需要我们帮忙的地方，整体上讲，属于一个他自己发

展就比较顺畅的状态，我们也蛮省心的。

在公司发生变动时，我们能给的更多可能就是精神上的支持吧！（笑）

3. 量子位：放任自流，但给背书

非常放任自流。我们这两个投资方，从来没有问过我们钱怎么花，没有查过我们的账，也不参与我们日常运营。只是李开复看到一个好玩的事情，有时候就扔给我们，说可以做个选题建议。如果我们不采纳，也就算了。

我们也没有太多向投资人寻求帮助的时候。可能在最初会约一个李开复的采访，顶多是这样了。提供创新工场的办公地点给我们，还是很有好处的，确实可以给到背书。我们遇到什么问题时，问这些AI工商院的人很方便，也有种协同感。

4. 摩登中产：三级汇报

我们采用的是三级汇报制。

每天都会有一个动态的沟通，但是并不会对工作的细务进行汇报，而是讨论一些行业环境，或者是整个一个大的发展方向；月度，会做一些简报给投资人；每一个季度，会跟投资人有一个面对面的深入汇报和沟通。

5. 市值风云：投资人最大的优点就是信任

我的天使投资人是个老媒体人，对有媒体背景的人的性格非常了解，比如说我就不喜欢做什么商业计划书。那就不做嘛，他说，本来天使投资人投资就是冒险。天使投资人投了我之后，从来没有干预过我。

实际的帮助，他倒是给我们提供了很多，但是我基本上也没怎么接受。因为你要知道他为什么投你，是因为他做不了这个事情。他来投你是让能做这个事情的人把这个事情给做了。基于这个前提，投资人得尊重我，信任对我而言很重要。

6. 高榕资本：三条线联合进行投后管理

我们的投后管理由合伙人、投资经理以及财务经理三条线构成。合伙人主要对项目公司的战略规划给予建议和指导，确保公司沿着正确的轨道前进，并对接各种资源，包括后续融资方。投资经理则对其经手的投资项目进行业务层面的全面监测，比如用户增长及活跃度、产品研发进度、用户反馈、竞品动态等各种跟

项目业务密切相关的情况。而财务经理则从项目本身的财务情况进行关注和风险提示，包括收支情况、现金流管理以及财务的合规性。

我们预计的退出方式为上市和并购。在未来的3～5年内，将有越来越多的新媒体公司独立上市。同时市场中也会形成几个大的媒体集团为主的格局。

退出周期大致在5～7年，回报率可以拭目以待。

7. 足球部落：上次见面是一年前了

投完我以后，资方那边来人，也就见过两次。上一次见面我已经不记得是什么时候了。反正起码是一年以前了。

投资人给的自由比较高，他从没问我过营收状况，我基本上会每年年底向他汇报一下。

8. 投资人李康林：会主动聊天

定期向股东交一些财报之类的材料，这是醉鹅娘那边主动的。所谓投后管理是资方主动的，比如我会定期找项目方聊聊天：最近怎么样？发展得怎么样？阶段性的考虑是什么？包括我们有些经营是不是可以对接起来？具体的帮助也没什么，就是大家一个月多通几次电话，聊聊天，看看在这个阶段碰到了什么问题，有没有具体的事情需要我们来一起商量，分析利弊。

Q8：什么样的自媒体需要找投资？

1. 老道消息：不太赚钱的

建议不太赚钱的自媒体去找投资，或者开始不容易挣钱的。如果短期内非常明确知道自己怎么赚钱的话，反而不需要找投资。

2. 明势资本：拥有战略价值

自媒体去融资，走风险投资这条路确实比较困难。一般来说现在投媒体，很多的时候都有战略目的。所以要先想清楚你对谁有战略价值。

3. 摩登中产：完整商业模式

有完整商业模式的自媒体。现在有很多媒体人创业，他们往往是把自媒体做成了媒体，并不包含特别复杂的商业模式，更多的是以广告为主体。这样的话，完全没有必要去融资。相反，如果你只是把自媒体作为一个获客的手段，商业模式是基于获取的用户，那我建议去寻投。

4. 市值风云：自问“不融资，能不能活下去”

先评估一下自己的商业模式能不能走得通，对这个行业有没有贡献作用。有的人把因果关系弄反了：觉得必须融资，才能活下去；或者必须融资，才能快速地扩张，才能成功。我认为这个逻辑应该是反过来的：就是你必须成功，你才能去融资。商业逻辑是成功的，融资的时候才会非常快，融来的钱才会非常有作用。

我就问你，假设你三年之内都融不到钱，能不能活下去？如果你活不下去的话，我就建议你别融，你融来也活不下去。自媒体创业考验的并不是你的融资能力，而是你的商业模式。

5. 醉鹅娘：做产品要走心

跟个人情怀有关系。如果自媒体想要变身成功，最后一定要做产品。但是做产品是个很累的事情，不是所有做内容的人都能够去做运营和产品的。我们身边有一些自媒体做得很棒的朋友，但是轮到死磕供应链，能坚持下来的没几个。你得有这份心去做这件事，因为它会是一个特别苦的事，也会是大量分心的一件事。

如果这个行业已经给你提供了非常稳定的变现手段的话，你就可以考虑不用融资了。譬如咪蒙，她只要接广告就很舒服，因为也确实没有其他更好的变现方法了。咪蒙说过，有些创业公司想找她做广告，又出不了这个钱，就说一次给咪蒙多少股份，用股份来换广告。徐小平老师就说，千万别信他们的！

另外同道大叔，他们就很聪明，做IP授权。说白了，就是把形象做起来，用这套IP去不断地授权给其他产品。这样就把最有利润的部分留给自己，把做产品的压力都留给别人。

Q9：拿钱经验，来一波！

1. 老道消息：投资也是个玄学

不能表现出来我特别想拿这个机构的钱，要给投资机构一种你可能没有那么需要他的钱，但是他们可能会比较需要你的感觉。因为投资也是个玄学。

2. 量子位：做好内容，别想太多

如果你内容做得好，一定会有人找上门来。如果抱着一个找投资的心态，心中有所求，你会非常的分心、痛苦。融资这件事，如果你不是所谓的"独角兽"企业，都是相当随缘的。那些现在已经很成功的企业，腾讯也好、小米也好，都经历过很困难的时候，没有人在特别早期就能够看懂这些企业。

在做融资选择的时候，如果有余地，第一要看资本背后有什么样的资源能够帮助你，而不是完全看这笔钱和他给你的估值。第二就是，做出自身的价值。不断地去问：自己到底在干什么？是不是这个行业里最好的？能不能做到最好？需要这笔钱干吗？

3. 摩登中产：BP（商业计划书）简洁明了

首先你的BP要简洁明了。并不需要太多说你过往的一个媒体人的身份，也不需要说太多作品的某一个内容或某一个创作的方向。投资人更关注的是，你对用户画像的了解和熟悉程度，以及当你获取流量之后如何变现。没有一个投资人是在做公益，所以我要把商业模式和资金使用的方式做得更清晰些。

4. 市值风云：打铁还需自身硬

有没有能力在排除情感、排除讨好、排除其他的任何非经营实力之外的能力就能融到钱？如果有，你去跟投资方谈判的时候，就可以很强势。永远记住，投资人最喜欢这种人！他不喜欢不自信的人，不喜欢自己的商业逻辑都说不通的人。如果我跟几个投资人聊天的时候，卑躬屈膝，或者汇报我的商业模式时，他们问到什么，我就顺着他们高兴的话说，甚至改变初衷，那不可以。

Q10：关于未来

1. 老道消息：可能不需要下一轮融资

我没有那么期待着下一轮融资的到来，我现在做的所有事情都跟下一轮融资没有关系，甚至有可能我们永远不需要下一轮融资了。

2. 明势资本：没有短期回报诉求

没有特别强的短期回报诉求。但是也不是说投着玩儿。还是对老道消息背后的商业逻辑比较认可——老道消息会成为一个创作平台，代表着生产高质量内容的编辑团队，改变过去“大记者，小编辑”的行业痛点。

虽然我们也知道回报这个事情比较长期，但觉得还是有希望做成的。以“老编辑”对于这个行业和方向的思考和成熟度，注定它不会是一个赔钱的项目。

3. 量子位：还是先想清楚要做什么吧

我们现在还没有很明确我们下面要做什么。媒体的新业务探索本来就是有挑战的事情。等我们下一步确定了之后，再找融资。

4. 摩登中产：公司质变前提前融资

我们现在有进一步的融资计划，已经在进行之中。我觉得每一次启动融资计划，都应该是公司的形态发生过一次变化，或者说即将推出新的产品的时候。

5. 市值风云：不要把身家性命都放在别人的平台上

财经自媒体去渠道化，这个趋势应该是比较明确的，你要么就做App，要么就做小程序。在微信公众号那个环境下，很多商业模式是无法开展的，有很多商业模式是走不通的。最恐怖的问题就是微信公众号封号问题。

所以我的建议就是，只要已经超越了早期创业的阶段，都应该出去做自己的平台。不能把身家性命都放在别人的平台上，因为这里的伤害是非常巨大的，而且是不可逆的。

6. 高榕资本：未来5～10年会有一批文化新巨头产生

真正深度切入新媒体投资后我们得以深度观察新媒体产业发展，看到新媒体的商业模式变得日益多元化。同时，我更加坚信最初的判断：随着人口变化、社会变化、技术变化这三大驱动力不断发生化学反应，未来5～10年，中国市场有望出现一批文化传媒领域的优质公司，并通过并购等形式成为新一代巨头。

7. 星火财经：进行正向循环

变现能力、路径都比较清晰了，再去融资比较好。去进行一个正向的循环。如果真的缺钱，也没必要做下去了。这代表了你自己的变现能力不行。就算融了一笔钱，能做什么？这个商业化的市场已经告诉你，要把你淘汰了。

8. 足球部落：收支平衡，强调共赢

我们目前没有进一步融资的计划，基本上收支平衡。除了在这个平台做自媒体之外，还做一些体育经纪之类的事，比如签球星、替球星运营微博，一个月能有一两个新的项目进来。另外还做一些周边收益，比如说帮意大利球星皮尔洛卖红酒，他自己有一个酒庄，我们之前就进了他一集装箱的红酒，市场不错，以后可以做起来。

9. 醉鹅娘：抓住微信电商的红利期，做好用户服务，把自己工具化

把小程序跑通了，是我们这个月重点要做的事情。现在是个微信电商的红利期，我们想更多地基于微信平台去发力，做销售。在这个阶段，这对我们公司进一步的业务增长是最重要的一个点，尤其是通过微信平台，真正把用户运营做到极致。这就已经不是一个传统的电商模式了。传统的电商是你有些货，然后想办法卖出去。我们现在已经从流量池的思路变成用户池的思路，直接去运营用户。而自媒体变成了一个更好地让我们去做内容、用户运营的工具，而不是仅仅去吸引流量。

红酒本身的流量的天花板是很明显的，它作为一个垂直、小众的品类，没有办法做出真正意义上的大流量平台。中国人在消费酒、特别是葡萄酒的时候，其实并不是在单纯地消费一个产品，葡萄酒的社交属性非常明显，所以能够帮用户买到合适的酒，解决他们平时喝酒的时候的一些场景化的问题，是更重要的。所以，提供场景化服务会是我们接下来的一个重点。所以接下来融资的话，也是更多地基于怎么能够成为拥有中国最多红酒用户的这样的一个平台去做。之前我们更多的是通过内容，吸引了第一批红酒用户，未来我们会通过服务，把自己工具化。

Q11：肺腑之言

1. 老道消息：焦虑是应该的，所以不要焦虑

中国人长期处在一个生存有很大压力的阶段，所以一直向往着那种所谓的财富自由，或者那种不焦虑的状态。但我认为焦虑不就是应该的吗？人无远虑，必有近忧，就应该处在一个焦虑状态。经常会有些人要脱离自己擅长的事情，非要去做自己不擅长的事情，然后美其名曰有格局，我觉得没有必要。不要着急，不要

焦虑，不要慌张，是我创业最重要的体会。巴菲特之前跟50个对冲基金的经理去打赌，说从10年周期来看，你们没有一个人能跑赢大盘——指数增长得快，你们的财富也就增长得快。10年过去了，巴菲特说得一点没错，没有人能跑赢大盘。

2. 明势资本：没想清楚千万别融资

大多数自媒体都会面临的一个问题，就是天花板比较清晰。比如老道消息，如果产品就是单一的微信公众号，可以说已经差不多到顶了。但是，后面他又开发出了其他的渠道，短视频、漫画，都是不同的产品线。从原来的互联网单一角度，变成了更丰富的文娱、金融……更广的一些方向。最后大家走的路是一样的：就是从个人向平台去转化，或者说从单一的业务类型向一个多元的业务类型转型。

我更想奉劝自媒体人：不想清楚，千万别融钱。自己活得开心，一个月赚几万块钱挺好的，不要瞎融钱。融了钱之后都是负担，你拿了风投的钱是有很大成本的，最终你要想着怎么样还钱给别人。另一方面，拿钱一定是为了让业务快速增长，否则拿钱没有意义。如果拿了钱又不用，对钱本身来说也是一种浪费。

3. 摩登中产：内容和资本相互促进

进行自媒体创业，内容就是一个产品，甚至说就是一个商品，那么肯定要和资本结合。只有和资本结合，才能把内容更好地呈现给大家。把内容更好地呈现大家，也会促进内容创作能力的提升。这是一个内容和资本互相促进的过程。

4. 投资人韦炳方：跟KOL（关键意见领袖）建立良好关系

身为投资人，我会找到行业内部KOL并保持良好关系，这样自然有很多信息汇聚。

5. 市值风云：先在同一领域找投资

内行人跟外行人讲话，一是很痛苦，二是外行人也看不懂。他看不懂，给你的估值就是不正确的。开启融资的时候，领域内有大量被你影响的人想过来投你，这个时候就有选择权。只要你成功了，把应该影响的领域都掌握到了、穿透了，这个时候你才有资格跳出去。

反之，你所从事的领域一个都没影响到，同领域的投资人都不投你，跑到其他领域找投资，这是失败的表现。

我的天使投资人最打动我的，就是他对媒体这个行业的规律和特点很熟悉，也很尊重我。找一个其他领域的投资人过来，不懂传媒行业，就需要你把计划书写得特别详细、特别透彻。这个事情本来就有很大的风险，我自己也想象不出来，怎么去给你做计划书？

6. 高樟资本：三条务实的建议

首先，在寻找投资前，尽可能地精心打磨内容，提高内容质量。单篇爆款的作用大于很多很多篇平庸的推送的选题。要树立目标，做所属领域内单个选题的终结者。有极致的内容和漂亮的数据，才能征服投资方。

其次，创始人要注重总结运营方法论，逐步建立公司壁垒。

最后，创始人要注意提高个人和公司的曝光度。许多新媒体创始人专心打造内容，但是过于低调，不善于进行个人和项目的宣传。

7. 星火财经：A轮前都不按套路出牌

自媒体投融资在A轮之前都是不按套路出牌的。资本看中你了，就投了。而且投之前肯定也就想好了，这笔钱亏了也就打水漂了。

8. 醉鹅娘：找个有认同感的投资人，很重要

找个认同你理念，并且对未来发展方向这件事情有共同目标的投资人，很重要。

在早期没有什么实际层面压力的时候，对投资人不会有太大感受，因为毕竟你还是公司的大股东。等到公司做大，当你不占多数股权的时候，就会迫于压力做很多妥协。所以要拥有很支持你的投资人。

另外有些投资人，条条框框特别多。公司刚开始做的时候，都属于不很规范的阶段，这个时候让你去做很多正规化的工作，就是添乱。并且在接下来融资的时候，会导致整个进程特别慢。身边很多的创业者都会遇到这样的问题——之前的投资人影响到下一轮融资。所以说，找一个不添乱的投资人很重要。

9. 投资人李康林：消亡与否，是自媒体人的选择；没做到头部的，也不用做了

自媒体的高速成长期应该已经过了，红利期已经没有了。站在旁观者的角度看，头部自媒体的日子过得还是很好。随着大家关注度发生转移，慢慢地自然而然就消亡了。如果到现在还没有做到头部的话，我觉得也不用做了吧。

自媒体是一个内容提供者，内容本身的这种持续性是不是风尚化，跟自媒体

人自己选择的方向是有关系的：有一些品类很容易做到头部，另一些品类就不容易。在选择赛道的时候，或者说自己的资源和能力所匹配的事，跟成功的概率有直接关系。如果你选择的是一个生命力很长的方向，自媒体内容本身又是一个经久不衰的话题，拿投资的概率就更大，自然可以做得更远。

作者简介

宁霜巍，泛媒体工作者。所谓“当局者迷，旁观者清”，虽未一直在媒体供职，但始终保持着对这个行业独到的观察与见解，特别是对媒体投融资有着浓厚兴趣。

第七章　水源生态的平衡之道：治App如治国

吴晨光

编者按

本章其实是一篇自问自答的文章。它是从2015年一点资讯“水源计划”提出到2017年“水源生态”概念提出的两年里，作者所有思考的总结。

如果把内容比作水、用户比作鱼，很怕出现一种情况：鱼只有两三条，而水有一池子。这样会导致大量的内容分发不出去、没人阅读，自媒体得不到流量和收益；相反，如果是鱼多了、水不够，用户看不到自己想要的内容，也就走光了。

数据的重要性怎么形容都不为过；否则，马云也不会把数据称为新的生产资料。数据的统计、分析可以从三方面进行评估：准不准、细不细、深不深。

现在我们应该做的是媒体上的“供给侧结构性改革”。习近平总书记在十九大报告里说：“不忘初心，方得始终。”一个媒体人——包括自媒体人的初心，就是生产优质内容，并把它传播得更广泛。

“自媒体之道”的“道”是什么？其实就是运行的规律。把握规律才能掌握平衡，才能建立一个真正清朗的水源生态系统。而这种道永无止境，因为一切都在发展变化，包括道本身。所以，还是要不停地在事物中修炼自己的内心，让它变得更为通透、安静。正所谓“此心光明”，夫复何求。

问：一点资讯从“水源计划”到“水源生态”概念的提出，历经了两年多时间。这是一个怎样的过程？

吴晨光：先下一个定义——在这里，水源指内容的生产、创作。所有媒体人，也包括自媒体人，工作的重点都是它。

我对水源的理解，经过了三个阶段。

在那个“一纸风行”的时代，我供职的中央电视台、《南方周末》、《中国新闻周刊》等机构媒体，既是内容生产者，又是内容分发者。不过作为一个记者，我不需要对内容分发操心，因为那是发行部的事情。

所以，我当时对水源的理解是生产更多优质内容，从选题、采访、写作、包装四个维度去审视它们的好坏。当年《南方周末》月度、年度好稿评选时，记者、编辑们恨不得打破脑袋，也要争一个名额。现在回想起来，这种执着大多是自娱自乐、闭门造车，并没有和用户（读者）评价发生真正的关系。

门户网站时代，水源的概念被扩大了很多倍。2012年5月，当我进入搜狐担任新闻中心总监时，门户的绝大多数内容来自合作机构媒体，包括央视、《中国新闻周刊》等。当时，搜狐网每天分发的内容以新闻为核心，大约有两万条稿子。

水源的优质与否决定了门户品质，这是总编辑和编辑们最关心的问题。比如，对重大事件的报道，新华社发稿是不是最快的？《环球时报》的评论是不是最独家的？哪些媒体的尺度更大？哪些媒体的专业性更强？哪些媒体更有深度？哪些发过假消息？……

我们会通过是否进行版权购买或者流量合作的方式表达我们喜欢哪家、不喜欢哪家。针对不同媒体的特点，我们还要有调动他们发稿的能力。但这种态度已经不同于平面媒体的自说自话，因为网站可以通过后台流量来判断哪篇稿子更受用户欢迎、哪家媒体能带来更好的流量。

编辑们每天要做的事情则是把其中优质的、吸引眼球的内容选出来，做成一张新的“报纸”。这张报纸主要展示标题和图片，“狐首”“闻首”的页面，就是这么形成的。在内容导向正确的前提下，哪些文章能上重要位置，一是依赖于编辑的判断，二是看稿件的流量——也就是用户的反应。编辑们可以通过后台随时查看某一篇文章的点击量。这让编辑对水源的判断多了一个依据，也是媒体进一步市场化的标志。

我也把平面媒体的一些操作手段带到了门户，比如开设类似《新闻当事人》《点击今日》《数字之道》等栏目。但这种原创“水源”没有特权，也需要和购买的内容竞争，谁能够更吸引用户，谁才能上到更显眼的位置。

关于自媒体水源的概念，最早来自搜狐CEO张朝阳。我还清晰地记得2014年内容部门“媒体融合”改革时的一个场景——他坐在我对面，兴奋地用手比画着一根管子。“我们要把这个管子压瘪，”他说，“让用户直接看到自媒体人生产的内容，而不用经过编辑再加工。这样又快、又鲜活。”他后来又发微博称：产品团队是做杯子的，内容团队是做水的。头部水源由机构媒体提供，长尾内容由自媒体提供。

我带着这个概念离开搜狐，来到一点资讯。那是2015年5月的事情。我发现，一点资讯App对水源的需求与门户相比，又增加了很多倍。因为一点采用的是千人千面的分发模式——在首页，每个用户看到的内容都不一样。一点有多少DAU（每日活跃用户），你就要办出多少报纸、杂志、电视台来。只靠机构媒体的供稿远远满足不了多样化、个性化的需求，所以必须开发出新的水源。行之有效的办法就是把自媒体作者拉进平台生产内容。

我们逐步改变了靠抓取获得内容的模式，建立了“一点号”的发文系统，邀请自媒体人入驻；同时建立了拓展团队，邀约优质自媒体入驻平台发文，我们称之为“拉客”——这就是2015年12月开始的水源计划。今天，一点资讯已经有接近60万个自媒体账号，涉及30多个一级领域、220多个二级领域，上千种分类，自媒体每天发文超过15万篇。

但现在回想起来，2015年“水源计划”提出时，我们的做法还是比较粗放的。拓展部的人拼命“拉客”，主编们根据这些账号的原创度、垂直度、活跃度、稿件质量等指标进行分级，但却忽略了入驻之后的核心问题——发文的阅读情况，以及阅读与收益之间的关系。既然有那么多平台可以选择，比如微信、头条、百度，自媒体为什么会在一点资讯发文？

其实，和天下所有熙熙攘攘的人一样，自媒体人入驻发文无非为了两件事——名与利。写稿子要挣工资，这是利；作品上了头版、有了反响，这就是名。（关于“名与利”的详细论述，可以参阅“一点晨光”2017年8月的文章《2 000万自媒体人必读：内容分发逻辑全揭秘》。）维护平台上的自媒体作者，和在平面媒体管理记者没有本质区别。如果平台只知道索取，没有想到要付出，自媒体很快就走了。一旦对方离开这个平台，让他二次入驻的成本要远远高于第一次——人家都被骗过一次了，为啥会再上当呢？

为了更好地调控自媒体的入驻与发文，我们随后提出了“水源生态”的概念。

问：“生态”的概念具体是什么？

吴晨光：鱼缸，就是一个生态系统。作为养鱼的人，你要了解这个缸有多大，它能装多少水、装什么水；能养多少鱼、养什么鱼。里面放的沙子、种的水草，都是生态系统的组成部分，还包括水的过滤循环系统、加热系统等。而这个系统，最重要的是平衡——特别是鱼和水的平衡（*参见文前彩色拉页——右边是“需”，左边是“供”，中间是调节杠杆*）。需与供之间的平衡，如同水和鱼之间的平衡。

在“需”一侧，我们可以看到这些指标：

（1）DAU——每日活跃用户，MAU——每月活跃用户，还包括用户的次日留存率、7日留存率、30日留存率，这些都是用户忠诚度的体现；

（2）用户平均停留时长；

（3）用户平均阅读篇数；

（4）用户的阅读方向、兴趣，它又可以拆解为很多指标，比如文字、图片、视频的比例，时效性内容和非时效性内容的比例，本地内容的比例——包括城市维度、商圈维度、社区维度、道路维度，还包括用户个性化的偏好等；

（5）用户的其他属性，比如性别、年龄、职业、使用的手机型号——如果他是注册用户的话等等。

在“供”的一侧，我们则可以看到这些指标：

（1）媒体及自媒体的入驻数量；

（2）媒体及自媒体的发文数量，以及日、周、月的活跃度；

（3）媒体及自媒体发文的形态——文字、图片、视频、短内容、问答等的比例；

（4）媒体及自媒体的发文领域—— 一级领域、二级领域、三级领域，乃至更为细分的领域；

（5）媒体及自媒体的发文质量和阅读情况——以编辑和用户给出的各种评判为基准，比如自媒体的分级、积分、点击、分享、收藏、搜索和订阅数……

如果把媒体内容比作水、用户比作鱼，很怕出现一种情况：鱼只有两条，而水有100吨。这样会导致大量的内容分发不出去、没人阅读，自媒体得不到流量和收益，自然流向其他平台；相反，如果是鱼多了、水不够，用户看不到自己想要的内容，就都走光了。

更重要的是，“供”与“需”每时每刻都在变化，我们需要随时掌握平衡点。这个平衡远远复杂于一个鱼缸，更像江河大海或者一片森林里的生态平衡。

习近平总书记曾经说过，治大国如烹小鲜。一个App内的生态平衡，和治国理政是同样的道理。DAU，相当于一个国家的人口数量；用户兴趣，相当于一个国家人民的不同需求。而机构媒体、自媒体数量及发文数相当于GDP，发文的不同形态和领域又相当于政府和市场提供的不同产品和服务——水电煤气、衣食住行、教育大病养老等等。在新时代，我们要解决人民日益增长的美好生活需要和不平衡不充分的发展之间的矛盾，而在互联网信息流里，就是要建立内容的优质、丰富与分发的公平、精准之间的最佳数据模型。

问：看来，数据很重要。

吴晨光：在互联网时代，数据的重要性怎么形容都不为过。否则，马云也不会把数据称为新的生产资料。我认为，数据的统计、分析可以从三方面进行评估：准不准、细不细、深不深。

准不准，就是数据统计的精确度问题。我们看到过这样的现象，国家统计的GDP和地方统计的GDP对不上。这可能是统计口径的问题，但也可能存在着“埋点”错误、计算疏漏，乃至故意造假等原因。数据不准，直接影响平衡的判断和调控，伤害可能是致命的。

细不细，就是数据统计的颗粒度问题。比如，在自媒体的分类统计上，我们能够精细到什么程度？是一级大类还是二级大类？财经号有多少、娱乐号有多少、体育号有多少，这是最粗糙的拆解；体育号可以再拆分为综合、篮球、足球、搏击；搏击又可以拆分为跆拳道、泰拳、MMA、柔道等。账号的发文、点击、分享、收藏等数据也可以按照不同需求细分。正因为我们走入了一个千人千面的个性化阅读时代，对数据拆分的维度越多、了解得越细腻，供需的平衡才越容易掌握。

深不深，就是对数据的理解力问题。比如，每日活跃用户（DAU）的数量取决于很多因素——次日留存、7日留存、30日留存都会影响这个指标。如果次日留存率很低，原因是什么？如果次日留存率高而7日留存率低，又能说明什么？一份好的数据分析报告应该把这些分析得非常透彻，并能够给出应对的措施。有时候，我会和一些数据统计者说，不要再在你的报告里讲正确的废话了！因为你分析的东西没有超过我基于常识的判断，甚至还有错误的结论。

数据为什么重要？因为它是用户行为的反应。这些看似枯燥的东西，背后都是一个个活生生的人。他们的行为习惯被计入用户日志，并以数字的形式表现出来，才形成数据。珍视数据，就是珍惜用户。

问：这张图里，调节供需之间的杠杆是什么？

吴晨光：一点资讯以数据为依据，主要靠两个杠杆调节。第一是编辑，第二是算法。如果是在社交平台上——比如朋友圈，每个用户都是编辑，这属于第三种调控模式。

编辑对内容的调控在平面媒体时代就开始了。它包括选择哪些稿子上头版、哪些稿子上头条，也包括标题的制作、提要的写作等。门户时代，选择文章、排序、做标题是值班编辑的三大职责——具体到什么样的稿子上到什么位置、在什么时间上、上多长时间、使用什么标题等，都是对水源的一种态度，也会形成一种风向标，引导作者按照这样的方向去创作。

而在千人千面分发模式的App里，算法、人工智能的作用一下子显现出来，甚至一度有取代编辑之势。算法如何分发文章？唯一的依据是数据。它其实是在做一个“对比测试”。比如，两篇文章同时投放给10个人，先看点击率（CTR）。如果5个人点击了A文章，A文章的点击率为50%；只有一个人点击了B文章，B文章的点击率为10%。那么，如果从算法的原理上讲，被继续分发、扩大推荐的一定是点击率50%的A文章，因为算法看的就是效率。当然，这只是一个最初级的算法模型，实际应用的算法公式远远比它复杂。

自媒体作者，也会根据算法分发得到的结果来调整自己内容创作的方向——包括报道领域、选题、角度、表现形式、标题等。某些平台已经能够在编辑后台为自媒体人提供类似“热点分析”的功能，根据大数据和算法分发的结果指导自媒体人创作的方向。

所以如何运用好这两个杠杆进行调节，需要深刻思考。同时，我们也要考虑两个杠杆之间的使用平衡问题。如果说算法解决的是效率，编辑解决的就是公平。放弃任何一方面，都会导致问题。这与市场经济的理念一致：我们追求效率，同时强调公平。而且，编辑的意志在某些时候代表着国家意志。新闻有一个基本定义：应知、欲知、未知的信息，如果说算法是满足用户欲知而未知的内容，那么编辑就应该满足应知而未知的内容。这样，在一个用户的世界里信息才是完整的。

编辑和算法所做的融合也不仅是对不同的文章进行调控那么简单。这是一种高度的、水乳交融式的工作协同，要化学反应而不是物理反应。比如，一点资讯的编辑要做几件非常重要的事情：重大新闻的分级及启动、自媒体稿源分级标准的确立、“精品池”的建设及文章的加精工作。这三件事情都和算法密切相关：

当我们启动重大突发事件处理机制时，算法对相关稿件的“闸门”就要放开，以保证更多内容能进入到信息流里面去，而且要根据不同的启动级别决定闸门开放的大小；自媒体高评级稿源——比如六级源，它所发布文章的推荐权重要高于二级、三级源，高多少也需要编辑和算法共同商定；精品池内加精内容权重的升降，也需要编辑和算法工程师进行密切沟通。

同样，当算法决定做一件事时，编辑的配合也非常重要。比如，算法要加强一种分发模式——兴趣图谱，也就是给一个喜欢A内容的用户精确推荐B内容。如果按照百科的逻辑，计算机可以这样去搭建一个构架：明星—男明星—李晨；明星—女明星—范冰冰。但编辑知道，李晨和范冰冰是男女朋友关系，所以就帮助算法完善了这个图谱。于是，喜欢李晨的用户就可能看到涉及范冰冰的内容。固然，机器学习能够完成这些东西，但编辑判断的速度、专业程度会胜于机器学习，特别是在重大新闻突发的时刻。

上面说的是编辑 + 算法对流量的调控，对“利”的调控也是如此。目前，不少App对自媒体人的分成都会采用CPM进行分成（所谓CPM，是指文章页最下面插入广告，只要读者能够看到广告，就算一次点击。以1 000次点击为一个CPM，每个CPM给一定的收益，比如2元钱、3元钱）。按照这种方式计算“利”，主要是根据用户的点击数量；但每个CPM多少钱，调控手段掌握在运营人员手里。比如，平台可以对原创文章加权——我们称之为“原创倍增”；也可以对某个领域的内容加权——比如历史领域自媒体的CPM要高于时尚领域；还可以给高级别账号、发正能量文章的账号的CPM加权；等等。

很多自媒体人没有基本工资，只能靠平台收益带来生活的基本保障，所以能给他们带来多少钱，是他们是否会选择你所在平台发文的基本点。为此，各个平台展开了“砸钱”竞赛。你出一千万，我给一个亿，下一个就是10亿、20亿，还有人打出了100亿的招牌。但钱真的是越多越好吗？未必！如果钱都分给了“做号党”，那就是适得其反；而且这样砸下去终有一天会砸完。所以，在砸钱之前，我们必须定义优质内容。

生态调控的概念，同样是治国理政的概念。中国目前正处于社会主义初级阶段，我们走的路是有中国特色的社会主义市场经济的道路。市场经济与计划经济最大的区别在于靠市场调控而不是国家计划。但计划能消失吗？当然不行，因为我们的市场远远不够成熟。即使是市场经济发达的国家，计划依然存在——比如涉及国家安全的能源、粮食等领域，还要靠国家来负责。所以，在现阶段，算法和编辑都不可缺，这就相当于有中国特色的社会主义市场经济。

问：能够再详细说一下，从水源调控的角度，如何看待算法的作用吗？

吴晨光：数据是算法决定推荐内容的唯一依据。如果只从效率上讲，这种模式的点击率（CTR）要远高于编辑推荐。这就如同市场经济的效率高于计划经济一样。正如马云所言，人工智能是一种更先进的生产资料、生产力和生产关系的组合。但如果过度依赖于算法，忽略专业编辑的价值，就会严重影响内容导向，具体会导致三个问题的产生。

第一，标题党文章泛滥。

读某些客户端常有这样的体验：标题极具煽动性，诸如“震惊”“火爆”“出大事了”，乃至“不转不是中国人”之类。但点开看了毫无信息可言，甚至夸大其词、无中生有。一个实验室里的研究成果，可以说成大规模投入生产；一个普通规章出台，可以说成“影响世界”；一场军事演习，可以说成把某国家吓得屁滚尿流。

之所以有这样的体验，是因为海量数据的运算是基于点击，很多用户是因为耸动的标题被吸引过去了，但看了以后立刻走人。虽然他个人的体验很不愉快，但这个点击行为留下来了，又被算法捕捉到，进而推送给别人。如此一来形成了恶性循环，被吸引的人越多，给这个新闻的权重越大，这个新闻越会被推荐出去。

第二，低俗内容及情绪化内容泛滥。

与标题党泛滥的原因相同，人本身有窥视和猎奇的欲望，所以涉及性、暴力、血腥、八卦的内容点击率自然高于其他文章。而算法也会将这种情形捕捉下来，进一步推给其他用户，于是造成低俗内容的泛滥。

情绪化内容的泛滥也是如此。比如中日钓鱼岛的矛盾，大多数中国人会同仇敌忾，民族主义情绪血脉偾张，这一类内容就会得到大量的点击。再比如说转基因案，现实中实际上存在着鲜明对立的观点，但由于民粹主义的盛行，有大量阴谋论，反转基因的观点在网上获得巨大的点击量，如果仅仅基于网络点击，你会获得大量的关于反转基因的推荐文章，那些理性的科学家和政府在这方面澄清解释的文章，你根本看不到。

更可怕的是，这种口水文章或者情绪化文章会被阅读者分享到朋友圈、微博等社交媒体上，并加以非常情绪化的点评；点评和文章又会影响更多人，导致新一轮的分享、点评的产生。如此一来，说严重点，有可能会导致整个社会情绪的失控，也违背了互联网“平等和自由”的基本精神。

第三，让用户陷入“茧房”阅读—— 一叶障目、不见泰山，党和国家的大政方针、重大民生决策得不到有效传递。

在千人千面的算法阅读下，尤其是用户的兴趣图谱被绘制得越来越精细，我们可以敏锐地捕捉到用户非常细小的兴趣需求。但如果不能在人的共性阅读和个性阅读、人的时间敏感度、新闻和非时间敏感度信息之间取得一个平衡的话，“信息茧房”就会形成。

如果回归信息的基本定义，它应该是人们“应知、欲知而未知的东西”。算法能够满足欲知而未知，但无法满足应知而未知。于是，很多重大政治事件、影响国计民生的经济政策改变等在手机屏幕上得不到权重和体现。久而久之，一个拥有几千万甚至上亿用户、承担着传播主流价值观的App，就变成一个纯个人消遣的阅读器，媒体“上情下达、下情上传”的功能变得越来越弱，个人与党、国家、政府、社会之间的鸿沟越来越深。

但这种完全依靠算法推送信息的传统模式，却一度被某些企业以漂亮的说辞进行洗白。一方面，他们强调机器所谓的“客观公正”：“我们不生产信息，只做信息的搬运工。”一年半之前，这个观点变成了“我们就是个邮局，发行什么样的杂志我们不管”。此后，它又逐步演变为千人千面的没有价值观的信息推送模式；网站也没有总编辑和编辑，一切靠算法决定。

另一方面，如果某人的屏幕上充满着低俗甚至黄色内容，App的开发者又会把责任推给用户——这是你个人兴趣、个人层次决定的，与开发者无关。

果真如此吗？对算法稍有了解的人都会知道，冷启动是推荐中最为基础、也是最重要的一个环节。所谓“冷启动”，就是一个新用户打开App后看到的第一屏内容。因为用户刚刚登陆，App并不了解他的兴趣爱好。如果用户对隐私进行了设置，对他的地理位置甚至都不清楚，在这种情况下，为了追求更高点击率以留住用户，算法——确切地说是由人掌控的算法模型——会选择此前点击率较高的内容推荐。于是，那些已经被推荐过的、低俗但会激起更多人阅读欲望的内容就会作为“冷餐”上桌。如果用户点了，那么系统默认你是一个喜欢这类内容的人，相似内容就会源源不断地被推荐。

“无善无恶心之本，有善有恶意之动。”冷启动时，不负责任的算法其实调动了人意念中“恶”的一面。

问：怎么保证冷启动提供的内容用户喜欢点击，但又不会那么低俗呢？

吴晨光：这个问题要综合看待，又是一个效率和公平的关系。其实我们可以把冷启动分为三种：第一，用户的冷启动——就是新用户第一次打开这个App看到的内容。第二，文章（也包括视频等）的冷启动——某文章第一次投放到用户那里后，最初的分发逻辑。第三，水源的冷启动——某个自媒体刚刚入驻后，平台给它的推荐和分发的情况。这三者要结合起来看。

对新用户而言，平台方还是要试图去了解他的更多信息，比如地理位置和手机型号。精准的定位会给他一种久违的感觉。当日的热点也是有最大概率吸引用户的内容，尤其是在热点里埋藏着情绪的内容。在一点资讯，我们有一个“精品池”机制——就是把经过用户检验的、点击率高但不低俗的内容推荐给用户。但这里还有一个标准，就是情绪的底线、低俗的定义，在每个人心中都不一样。总编辑和编辑的“看门狗”作用就在这里显现出来。一点资讯还使用了一种叫“浮层”的功能，在用户冷启动之前让他们选择自己的兴趣，以做到更精准的投放。这种手段在很大程度上降低了低俗内容在新用户上的投放比例，引导用户真正迈向“兴趣阅读”。

文章的冷启动同样关键。因为它决定着平台是否将某一篇文章做更大规模的推荐。有些优质文章，就是因为在最初投放时选错了对象，导致点击、评论、分享等指标很低，限制了进一步的扩大投放。所以，我们正在研究“二次投放”功能的使用，就是让好文章真正找到喜欢它的人。

自媒体账号的冷启动，我们称之为“新手期”引导。首先我们需要对某一个自媒体进行评估，依据它此前在其他平台上的发文情况——特别是内容质量，给它评定级别。高级别的账号一定会获得更大权重的推荐，这其实也是对优质内容的扩大推广方式。

问：说着说着，又回到了文章的质量上。

吴晨光：确实。在最近几年，随着诸多大平台的崛起，我们把更多目光聚焦到了内容分发上，聚焦到了用户的需求上。现在我们应该做的是媒体上的“供给侧结构性改革”。习近平总书记在十九大报告里说：“不忘初心，方得始终。”我觉得，一个媒体人——也包括自媒体人的初心，就是生产优质内容，并把它传播得更广泛。

很多自媒体人都在问这样的问题：究竟什么是优质内容？什么样的文章能在平台获取更好的分发？是否有规律可循？我觉得，这些问题可以拆解为以下四个维度：

一是选题。这取决于时效性、贴近性、趣味性、地点的显著性、矛盾与冲突的激烈程度等要素，特别是选题的角度非常重要，如果你能发现“黑天鹅”或者“灰犀牛”，那真的是高手了。

二是采访写作，要能够从权威人士那里拿到核心素材，或者独家的观点，并以严密的逻辑、优美的文字表达出来。

三是标题的制作。标题是用户产生点击行为的关键，算法会根据文章的投放效果来评判它是不是会被进一步分发。视频作者主要侧重于封面图的制作。所以，在处于冷启动状态时，文章的选题、角度、封面图都会起到很重要的作用，都会影响分发。

四要善于抓住情绪，但绝不能忽视真相。缺了前者，就没了传播；缺了后者，就是无本之木。

自媒体要想走得长远，还要注意以下几点：

一是准确判断所关注领域的发展前景。“六神磊磊读唐诗”之所以能够做起来，一是因为唐诗是中华民族的传统文化，有很深的积淀，我们每个人从小就开始背诗；二是旧诗新读，表现手法更符合自媒体平台的需要（*参见本书下编第二章六神磊磊自撰文章*）。

二是注意粉丝下沉。当大城市的用户趋于饱和时，应该启用三、四、五线城市的用户，在三、四、五线城市获取用户要比在一、二线城市获取用户容易得多。

但很显然，在这个自媒体公号已经超过3 000万个的时代，下面这些做得并不理想——选题一哄而上、缺少自己的角度，标题党泛滥，不去追寻真相而是爆炒公众情绪，这些都是亟须解决的问题。如果任凭这样的内容泛滥，阅读者会变得越来越狭隘、越来越弱智、越来越冲动。因此，我们会提供一些工具，帮助自媒体人总结、分析什么样的文章在平台上会受欢迎，比如“热词分析系统”。基于系统内的大数据，这套系统可以指导他们发什么样的文章、找什么样的角度、起什么样的标题，才能获得高的数据和收益。当然，同步启动的系统是信用积分系统，如果作者发了虚假或者违规信息，就会给你扣分。这样，在水源使用的效率和公平上又会建立起一个新的平衡点。我们的编辑也会把选题、写作、标题的制作技巧发给自媒体人，或者与他们一起讨论如何能写出10万+的文章、运营出100万+粉丝的大号，在媒体人的指导下，自媒体在专业领域的优势才能更大程度地发挥出来。

问：未来，一点资讯对自媒体有怎样的规划和目标？

吴晨光：还是在名与利上做文章。为了提高自媒体人入驻、发文的积极性，2018年一点将继续耕耘收益分配、流量分配这两块。同时优化后台系统，为自媒体人提供更便利的工具——这就相当于水源生态中鱼缸里的水草、加热器，非常重要。

收益分配方面，在保持现有头部账号固定收益扶持策略基础上，启动广告分成（CPM）补贴策略，并实行优质内容、正能量内容的人工加权调控，增加更多周期性奖励金措施，包括问答型奖励金、自媒体榜单奖励金、用户自荐文章奖励金、赞赏奖励金等。

在后台工具系统方面，将进一步完善等级积分体系策略，最大限度地刺激自媒体发文量和活跃账号数量；深化用户数据体系，指导他们撰写高流量文章，并提升分发效率；此外，从粉丝数据角度出发，让自媒体人了解自己粉丝的口味，拉近两者的距离。我们还打算开放平台，让自媒体人能够在这个平台上像微信一样自己运营账号——也只有开放了平台，整体的水源生态才能形成。

在这里，特别说一下榜单。“一点号”自媒体榜单已经形成体系，包括金榜、红榜、黑榜、绿榜、炫榜。

金榜——优质内容推荐榜，特别是其中的“最具价值阅读榜”是我们着力推荐的，希望这个榜单能够复兴深度报道。说实话，现在很多内容实在是太浅薄了。

红榜——专注于党建和改革开放40周年，希望能对国家大政方针以民间视角进行解读，传递“政能量”。

黑榜——打造自媒体行业的“3•15”，将垃圾违规账号进行全网曝光。2017年，我们一共禁封了10万多个账号，这对于净化水源生态有非常重要的意义。

绿榜——按照自媒体在一点资讯上成长的速度打造的榜单。

炫榜——优质视频和图集榜。

榜单的价值在于树立优质内容的标准。它会引领自媒体追逐金榜、红榜，远离黑榜，相当于水源的辅助过滤器。而标准的制定，来源于权威的数据和编辑的专业判断。

问：《自媒体之道》相比之前会有什么样的变化？

吴晨光：《自媒体之道——一点号操作手册》是在2016年12月非公开出版的，是一点资讯自媒体运营手册。现在回看这本书，有很多东西还是非常扎实的，比如说关于选题、采访、写作、包装、排版、校对等的内容。但也有很多东西在现在看来是比较浅的，比如说对自媒体的运营、对算法的解释，特别是对于水源平衡的理解，基本是零。

但这并不能证明我们当时肤浅。因为自媒体运营本身就是一个新东西，从我个人来讲，接触、分析、理解这套逻辑也是一个由浅入深、螺旋上升的过程。平面媒体时代，我们把更多视角聚焦在内容生产上，这是传统思考模式。但再好的内容分发不出去也枉然。算法时代，我们又将很多注意力放在内容分发上，但你传播的东西究竟怎么样呢？于是我们又发现，自己的初心还是要放在生产优质内容上，于是重新聚焦内容生产。如此循环往复，就得到了水源生态的体系、供需平衡的概念。

去年除夕那天，我画了一张描述内容生产与内容分发之间的逻辑图，这是一个标志性的跨越；今年元旦又画出了另一张图——水源平衡图（见书前彩色拉页），又是一次跨越。每次跨越，都是内心修为提升的表现，也是不停“格物穷理”的结果。

“自媒体之道”的“道”是什么？其实就是事物运行的规律。把握规律才能掌握平衡，才能建立一个真正清朗的水源生态系统。而这种道永无止境，因为一切都在发展变化，包括道本身。所以，还是要不停地在事物中修炼自己的内心，让它变得更为通透、安静。正所谓“此心光明”，夫复何求。

任何自由都要与责任统一

吴晨光

自《超越门户：搜狐新媒体操作手册》后，《自媒体之道》从策划到成书，又是整整三年时间。在这段日子里，我们见证了自媒体的疯狂增长，以及千人千面、精准推送带来的阅读新体验，也目睹了管理滞后和缺乏行业自律导致的乱象迭出。可以说，自媒体已经彻底地改变了中国的传播生态甚至社会生态，而这种改变还将长期持续下去。

最理想的状态是既让自媒体百花齐放、百家争鸣，又杜绝有害、垃圾内容。但很显然，这在短时间内是不现实的。因为即使在“三审三校”执行相对严格且内容源远远少于今天的传统媒体时代，依然还会有有害、虚假内容流出。

但这并不能成为一种任由自媒体野蛮生长的借口——事实上，任何事物生长都有范畴，都有边界。自媒体也是媒体，它跟传统媒体一样不能想说什么就说什么，更不是法外之地。传统与非传统、自与非自，其实都无关宏旨：言论的边界在哪里，自媒体的边界就在哪里。不管是怎样的媒体形态，只要面向社会公众，就具有大众传媒的特征和性质，就需要管理和规范，就要向主流价值观看齐。

一句话，任何自由都要与责任统一。享受多大的自由，就要担负多大的责任。

为规范自媒体发展，在国家层面，正努力完善互联网传播法律体系。2017年6月1日，《中华人民共和国网络安全法》施行，这是为保障网络安全，维护网络空间主权和国家安全、社会公共利益，保护公民、法人和其他组织的合法权益，促进经济社会信息化健康发展而制定的。在这部法律的框架下，2017年10月，主管部门又颁布了《互联网用户公众账号信息服务管理规定》，这个拥有18条细则的法规，对自媒体的管理提出了具体要求。

依据这些法律法规，规范自媒体的很大一部分责任落到了平台身上。“快播案”的宣判让“技术无罪、平台中立”的理念终结。道理很简单：橘生淮南则为橘，生淮北则为枳——开什么花结什么果子，和你所处的土壤有很大关系。微信、一点资讯、今日头条等平台相当于报社，自媒体作者相当于记者。报社应该对记者的言论负最终责任，并为规范他们的行为制定相关的规则。

不管是在国家层面还是平台层面，除了使用关停、删除等手段之外，引导更为关键。从以往的经验看，对敏感时政内容，应该由主流媒体垄断发声；对重要社会话题，应该对自媒体进行舆论引导。同时要鼓励自媒体在垂直领域——比如体育、教育、健康、美食等，多多发布优质文章。很多自媒体人都是行业专家，并掌握着更接地气的表达方式。相对机构媒体而言，这样的文章更能够打动用户。提供丰富而优质的内容，也是满足新时代人民日益增长的美好生活需要的一种方式。

我们可以采用管理报纸、电视台的类似手段，对导向正确、内容优质的自媒体进行认证并颁发牌照。这种发证的权力，可以逐步移交到负责任的平台手里。这样，就能实现责、权、利的统一。

当然，想最终实现自媒体内容的“清朗”，需要让自媒体人认识到，网络环境是公共空间，需要大家的维护。就像在现实生活中，如果每个人都往大街上丢垃圾，那我们居住的城市很快就会变成一个垃圾堆。

1992年，有中国特色的社会主义市场经济诞生之初，也曾涌现出大量问题，比如假货泛滥、食品安全堪忧。为了规范市场，国家一方面制定游戏规则，另一方面以法治之手进行调控管理，公众对规则的认知也随时市场经济的发展而不断成熟。今天，算法和自媒体发展初期，会经历同样的过程，但“青山遮不住，毕竟东流去”，网络的清朗和自由必将随着社会的发展不断前进。

附录1　自媒体“八大乱象”乱在哪里

2017年7月18日，北京市网信办依法约谈10余家知名新闻门户网站及相关互联网企业负责人，责令其立即对自媒体平台存在的“八大乱象”进行清理整治。

这些乱象包括：“曲解政策，违背正确导向”“无中生有，散布虚假信息”“颠倒是非，歪曲党史国史”“格调低俗，突破道德底线”“惊悚诱导，标题党现象泛滥”“抄袭盗图，版权意识淡薄”“炫富享乐，宣扬扭曲价值观”“题无禁区，挑战公序良俗”等。随后，各平台对相关自媒体账号进行了统一禁封。

官方公布的自媒体平台“八大乱象”典型案例如下。

一、曲解政策，违背正确导向

某平台栏目刊发特约文章《北京政府给楼市三个月上涨预期，房价岂能不涨？》。文章称“各城市房价的疯狂上涨，基本上是政府各种房地产政策推出的结果，北京市政府对这种房价操控更是具体”。文章否定了政策调控是为了维护北京房地产市场平稳健康发展的初衷，不负责任地攻击政府的调控目标。

二、无中生有，散布虚假信息

某平台账号“鄢氏散打”发表文章《教育局长落马，有多少女教师的老公失眠？》。该文章全文都是毫无事实依据的主观揣测和臆断，作者不仅对反腐新闻进行了庸俗化的解读，同时也对整个教师队伍造成了侮辱。

某平台账号“百科育儿经”发布消息称一两岁男童被父亲在七楼楼顶抛下后身亡。文章的五个W的新闻要素很齐全，但当地并无相关新闻发布。经过搜索发现该稿件是从2013年一则旧闻改头换面重新编纂而来。

某平台账号“军迷趴”发布消息称“中国战机南海撞上美军航母，三名美军丧生？”。阅读文章发现其实这只是一部电视剧的剧情，但被其用新闻的形式发表出来误导读者。

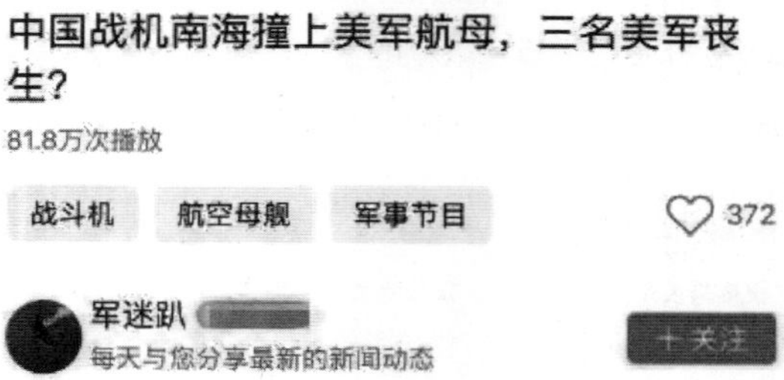

三、颠倒是非，歪曲党史国史

某平台账号“萨沙1912”撰写文章《站在民国法律的角度，看看刘胡兰被杀事件》。该文章从所谓民国法律角度分析，认为刘胡兰被杀是被国民党政府依法处置，其本质就是以所谓“重新评价”为名,歪曲近现代中国革命历史、党史、国史、军史。该文发布后，多个自媒体账号均有转发，造成了恶劣的影响。

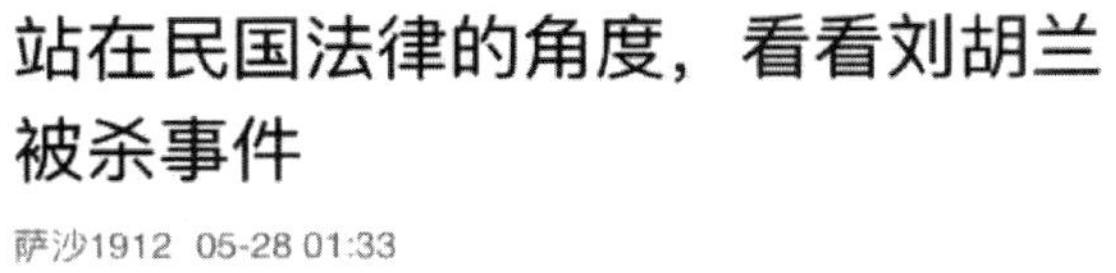
站在民国法律的角度，看看刘胡兰被杀事件

萨沙1912 05-28 01:33

四、格调低俗，突破道德底线

2013年，波兰举办了某性博览会，会上的一次比赛因低俗猎奇，近期被多家网站自媒体号大量翻炒、转载，造成极坏的影响。

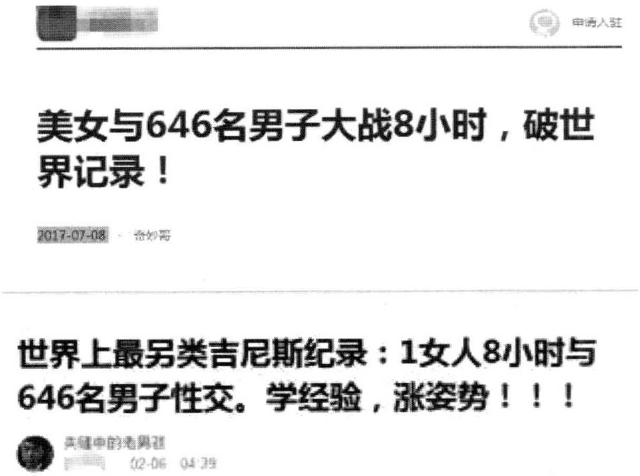

美女与646名男子大战8小时，破世界记录！

2017-07-08

世界上最另类吉尼斯纪录：1女人8小时与646名男子性交。学经验，涨姿势！！！

02-06 04:39

某平台账号“6点说历史”发布文章《脸红！变态皇帝选妃，前阴后阴都要检查，连肛门里面也不放过》。文章假历史之名，实则是在传播软色情信息。

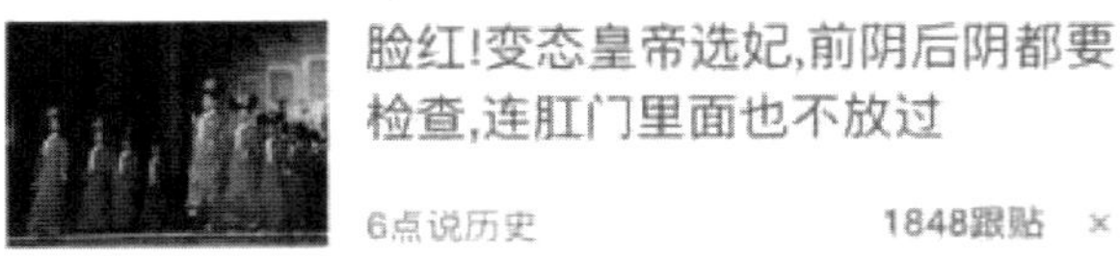
脸红!变态皇帝选妃,前阴后阴都要检查,连肛门里面也不放过

6点说历史 1848跟贴 ×

某平台账号“女爱男欢”发布大量淫秽色情信息：

针对他们发布的信息，网民表示：

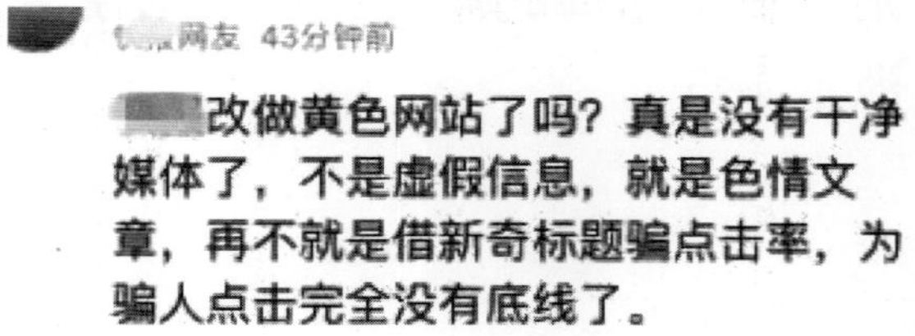

五、惊悚诱导，标题党现象泛滥

某平台账号“褚师振说军事”发表文章《女司机提新车后车内阵阵“尸臭”，经过维修师傅检查，女车主羞涩不已》。用“尸臭”这样耸人听闻的字眼做标题，吸引网民点击，实则只是车里有一只死老鼠。

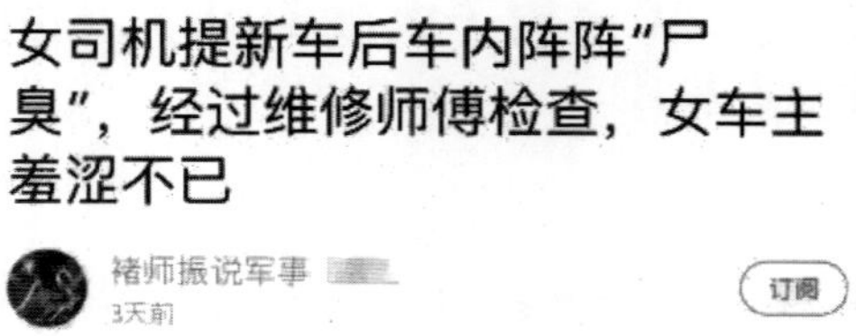

某平台账号“大国之翼”发表文章《印度懵了！解放军早做好摊牌准备，而且是陆海空三军齐出动》。文章标题耸人听闻，仅从标题来看，人们会误以为中印两国之间战争一触即发，但文章内容只是将近期中国海陆空三军的演习等情况进行了整合。此类标题容易干扰中国外交大局。

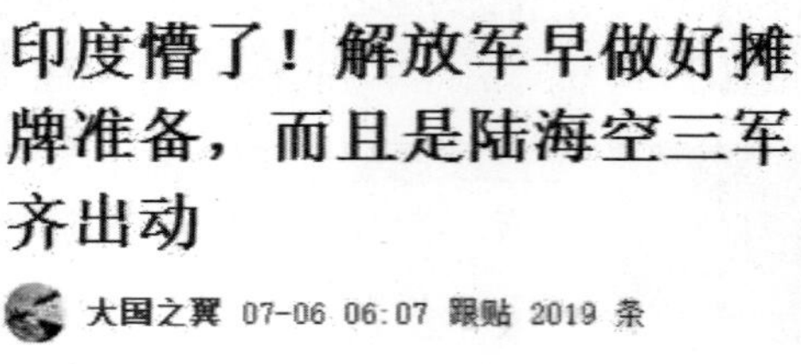

某平台账号“明明说故事”发表文章，恶意用“器官”一词来吸引眼球，而文内说的仅仅是旧社会妇女的裹小脚问题。

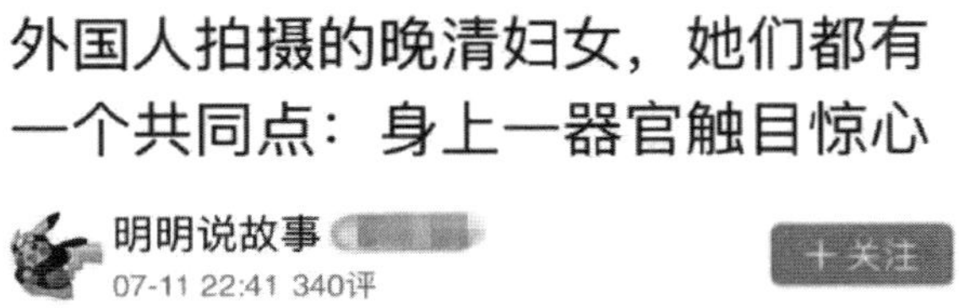

六、抄袭盗图，版权意识淡薄

传媒学者陆高峰不得不通过认证微博账号维权：自己在A平台发布的原创文章被他人抢发到B平台上，以致原作者连续三天发不出。该学者感慨：自媒体就是抄媒体、剽媒体、窃媒体。

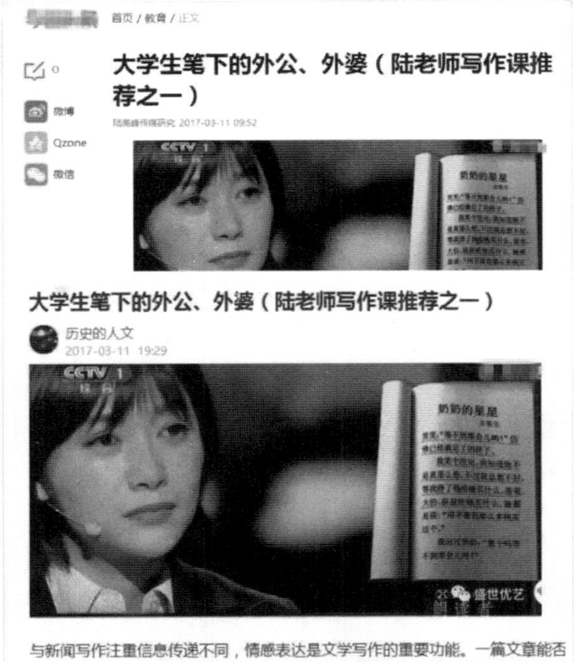

某平台账号“感情线上”发表文章《得知爸妈为给弟弟凑彩礼，竟然要把我卖给50岁的鳏夫，我连夜逃跑》。文章使用一个小女孩的照片做配图，读者理所当然会认为该图片就是文章的当事人，但文章最末加了一句话：图片来自网络，与本文无关。这种做法严重侵犯了图中女孩的肖像权。

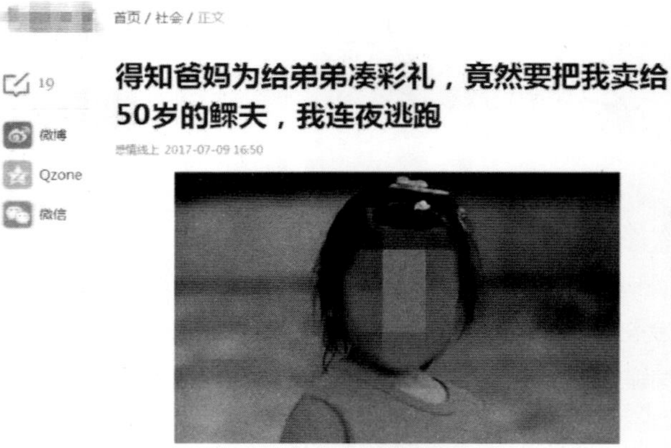

某平台账号“男神Plus”发表低俗文章并配图后，在文末加了一句话：本公众号素材部分采取网络分享，图文无关。如侵犯你的个人权益请联系客服删除，谢谢理解。

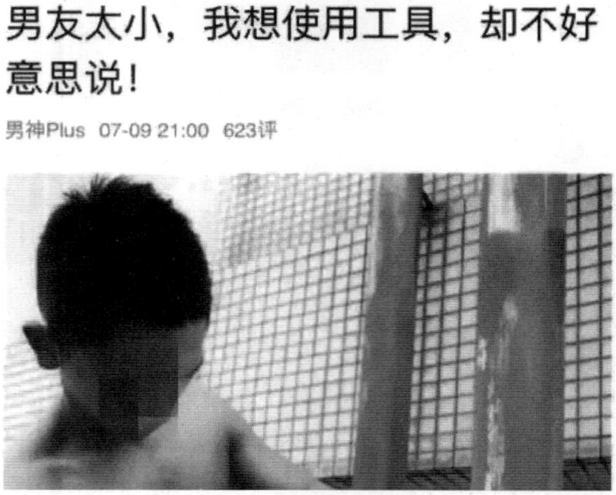

七、炫富享乐，宣扬扭曲价值观

某平台账号“命理八字相”“易经风水八卦”发表文章《你能嫁给富二代吗？》《这几种面相的女人天生好命，会嫁给富二代》等，赤裸裸地宣扬了金钱崇拜的价值观和封建迷信信息。部分自媒体号为追求点击量和关注度，渲染演艺明星绯闻，炒作明星炫富享乐信息，严重背离了社会主义核心价值观。

用“有钱任性”作为关键词搜索，几乎每个自媒体平台都充斥大量价值观有问题的文章，同时不少文章极力渲染对富豪生活的炫耀及向往。

八、题无禁区，挑战公序良俗

某平台账号“茶味品人生”发表文章《直击：日本火葬场火化遗体全过程》。这样的文章无视人类生命的尊严，用越过道德底线的方法吸引网民关注，同时已经对社会的公序良俗形成了挑战。

某平台账号“朝天门历史”发表文章《黑镜头：民国死刑犯处决现场曝光，各种手段令人咋舌，触目惊心！》。文章以死刑处决现场为内容，图片血腥。

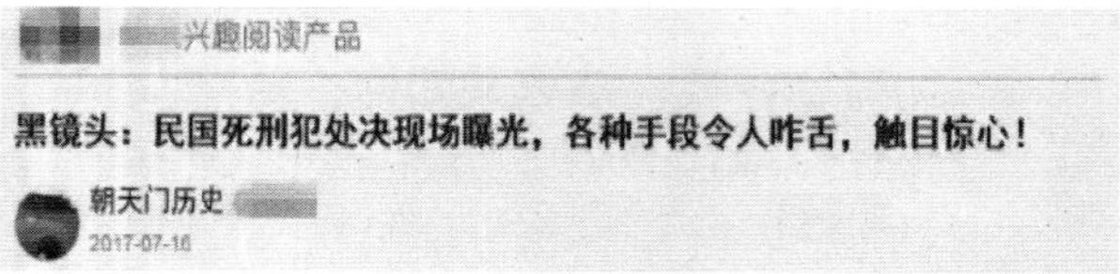

附录2　互联网用户公众账号信息服务管理规定

《互联网用户公众账号信息服务管理规定》是根据《中华人民共和国网络安全法》《国务院关于授权国家互联网信息办公室负责互联网信息内容管理工作的通知》制定的规定，由国家互联网信息办公室发布，自2017年10月8日起施行。

第一条 为规范互联网用户公众账号信息服务，维护国家安全和公共利益，保护公民、法人和其他组织的合法权益，根据《中华人民共和国网络安全法》《国务院关于授权国家互联网信息办公室负责互联网信息内容管理工作的通知》，制定本规定。

第二条 在中华人民共和国境内提供、使用互联网用户公众账号从事信息发布服务，应当遵守本规定。

本规定所称互联网用户公众账号信息服务，是指通过互联网站、应用程序等网络平台以注册用户公众账号形式，向社会公众发布文字、图片、音视频等信息的服务。

本规定所称互联网用户公众账号信息服务提供者，是指提供互联网用户公众账号注册使用服务的网络平台。本规定所称互联网用户公众账号信息服务使用者，是指注册使用或运营互联网用户公众账号提供信息发布服务的机构或个人。

第三条 国家互联网信息办公室负责全国互联网用户公众账号信息服务的监督管理执法工作，地方互联网信息办公室依据职责负责本行政区域内的互联网用户公众账号信息服务的监督管理执法工作。

第四条 互联网用户公众账号信息服务提供者和使用者，应当坚持正确导向，弘扬社会主义核心价值观，培育积极健康的网络文化，维护良好网络生态。

鼓励各级党政机关、企事业单位和人民团体注册使用互联网用户公众账号发布政务信息或公共服务信息，服务经济社会发展，满足公众信息需求。

互联网用户公众账号信息服务提供者应当配合党政机关、企事业单位和人民团体提升政务信息发布和公共服务水平，提供必要的技术支撑和信息安全保障。

第五条 互联网用户公众账号信息服务提供者应当落实信息内容安全管理主体责任，配备与服务规模相适应的专业人员和技术能力，设立总编辑等信息内容安全负责人岗位，建立健全用户注册、信息审核、应急处置、安全防护等管理制度。

互联网用户公众账号信息服务提供者应当制定和公开管理规则和平台公约，与使用者签订服务协议，明确双方权利义务。

第六条 互联网用户公众账号信息服务提供者应当按照“后台实名、前台自愿”的原则，对使用者进行基于组织机构代码、身份证件号码、移动电话号码等真实身份信息认证。使用者不提供真实身份信息的，不得为其提供信息发布服务。

互联网用户公众账号信息服务提供者应当建立互联网用户公众账号信息服务使用者信用等级管理体系，根据信用等级提供相应服务。

第七条 互联网用户公众账号信息服务提供者应当对使用者的账号信息、服务资质、服务范围等信息进行审核，分类加注标识，并向所在地省、自治区、直辖市互联网信息办公室分类备案。

互联网用户公众账号信息服务提供者应当根据用户公众账号的注册主体、发布内容、账号订阅数、文章阅读量等建立数据库，对互联网用户公众账号实行分级分类管理，制定具体管理制度并向国家或省、自治区、直辖市互联网信息办公室备案。

互联网用户公众账号信息服务提供者应当对同一主体在同一平台注册公众账号的数量合理设定上限；对同一主体在同一平台注册多个账号，或以集团、公司、联盟等形式运营多个账号的使用者，应要求其提供注册主体、业务范围、账号清单等基本信息，并向所在地省、自治区、直辖市互联网信息办公室备案。

第八条 依法取得互联网新闻信息采编发布资质的互联网新闻信息服务提供者，可以通过开设的用户公众账号采编发布新闻信息。

第九条 互联网用户公众账号信息服务提供者应当采取必要措施保护使用者个人信息安全，不得泄露、篡改、毁损，不得非法出售或者非法向他人提供。

互联网用户公众账号信息服务提供者在使用者终止使用服务后，应当为其提供注销账号的服务。

第十条 互联网用户公众账号信息服务使用者应当履行信息发布和运营安全管理责任，遵守新闻信息管理、知识产权保护、网络安全保护等法律法规和国家有关规定，维护网络传播秩序。

第十一条 互联网用户公众账号信息服务使用者不得通过公众账号发布法律法规和国家有关规定禁止的信息内容。

互联网用户公众账号信息服务提供者应加强对本平台公众账号的监测管理，发现有发布、传播违法信息的，应当立即采取消除等处置措施，防止传播扩散，保存有关记录，并向有关主管部门报告。

第十二条 互联网用户公众账号信息服务提供者开发上线公众账号留言、跟帖、评论等互动功能，应当按有关规定进行安全评估。

互联网用户公众账号信息服务提供者应当按照分级分类管理原则，对使用者开设的用户公众账号的留言、跟帖、评论等进行监督管理，并向使用者提供管理权限，为其对互动环节实施管理提供支持。

互联网用户公众账号信息服务使用者应当对用户公众账号留言、跟帖、评论等互动环节进行实时管理。对管理不力、出现法律法规和国家有关规定禁止的信息内容的，互联网用户公众账号信息服务提供者应当依据用户协议限制或取消其留言、跟帖、评论等互动功能。

第十三条 互联网用户公众账号信息服务提供者应当对违反法律法规、服务协议和平台公约的互联网用户公众账号，依法依约采取警示整改、限制功能、暂停更新、关闭账号等处置措施，保存有关记录，并向有关主管部门报告。

互联网用户公众账号信息服务提供者应当建立黑名单管理制度，对违法违约情节严重的公众账号及注册主体纳入黑名单，视情采取关闭账号、禁止重新注册等措施，保存有关记录，并向有关主管部门报告。

第十四条 鼓励互联网行业组织指导推动互联网用户公众账号信息服务提供者、使用者制定行业公约，加强行业自律，履行社会责任。

鼓励互联网行业组织建立多方参与的权威专业调解机制，协调解决行业纠纷。

第十五条 互联网用户公众账号信息服务提供者和使用者应当接受社会公众、行业组织监督。

互联网用户公众账号信息服务提供者应当设置便捷举报入口，健全投诉举报渠道，完善恶意举报甄别、举报受理反馈等机制，及时公正处理投诉举报。国家和地方互联网信息办公室依据职责，对举报受理落实情况进行监督检查。

第十六条 互联网用户公众账号信息服务提供者和使用者应当配合有关主管部门依法进行的监督检查，并提供必要的技术支持和协助。

互联网用户公众账号信息服务提供者应当记录互联网用户公众账号信息服务使用者发布内容和日志信息，并按规定留存不少于六个月。

第十七条 互联网用户公众账号信息服务提供者和使用者违反本规定的，由有关部门依照相关法律法规处理。

第十八条 本规定自2017年10月8日起施行。

图书在版编目(CIP)数据

自媒体之道 / 吴晨光主编. -- 北京 : 中国人民大学出版社, 2018.7
ISBN 978-7-300-25971-0

Ⅰ. ①自…　Ⅱ. ①吴…　Ⅲ. ①传播媒介－网络营销　Ⅳ. ①G206.2

中国版本图书馆CIP数据核字(2018)第148444号

自媒体之道

吴晨光　主编

Zimeiti zhi Dao

出版发行	中国人民大学出版社		
社　　址	北京中关村大街31号	**邮政编码**	100080
电　　话	010-62511242（总编室）		010-62511770（质管部）
	010-82501766（邮购部）		010-62514148（门市部）
	010-62515195（发行公司）		010-62515275（盗版举报）
网　　址	http://www.crup.com.cn		
	http://www.ttrnet.com（人大教研网）		
经　　销	新华书店		
印　　刷	天津中印联印务有限公司		
规　　格	170mm×240mm　16开本	**版　　次**	2018年7月第1版
印　　张	17　插页2	**印　　次**	2018年8月第2次印刷
字　　数	281 000	**定　　价**	49.80元